Schadenswiedergutmachung gem. § 46a Nr. 2 StGB
über anwaltliche Schlichtungsstellen

Criminalia

Herausgegeben von Klaus Volk

Band 37

Peter Lang

Frankfurt am Main · Berlin · Bern · Bruxelles · New York · Oxford · Wien

Ingo Jeckel

Schadens-wiedergutmachung gem. § 46a Nr. 2 StGB über anwaltliche Schlichtungsstellen

Schlichtungsablauf
und Auswirkungen
auf das Strafverfahren

Peter Lang
Europäischer Verlag der Wissenschaften

Bibliografische Information Der Deutschen Bibliothek
Die Deutsche Bibliothek verzeichnet diese Publikation in der Deutschen Nationalbibliografie; detaillierte bibliografische Daten sind im Internet über <http://dnb.ddb.de> abrufbar.

Zugl.: München, Univ., Diss., 2003

Umschlaggestaltung:
Pierre Mendell

D 19
ISSN 0945-1811
ISBN 3-631-51785-8

www.peterlang.de

Criminalia

Abhandlungen aus den gesamten Strafrechtswissenschaften

Der Herausgeber der Reihe ist Vorstand des „Instituts für die gesamten Strafrechtswissenschaften“ der Universität München. Das Programm der Reihe ist im Untertitel genannt. In ihr werden veröffentlicht Schriften zum Strafrecht und Strafverfahrensrecht, zu Kriminologie und Kriminalpolitik, zu den rechtstheoretischen und rechtssoziologischen Grundlagen des Strafrechts und zu seiner Geschichte. Die Reihe läßt deutsche und ausländische Wissenschaftler zu Wort kommen und will dazu einladen, an der Fortentwicklung aller Bereiche des Strafrechts über die Grenzen hinaus mitzuwirken.

Meinen Eltern

Vorwort

Die Juristische Fakultät der Ludwig-Maximilians-Universität zu München hat diese Arbeit im Sommersemester 2003 als Dissertation angenommen.

Der Weg dorthin war bisweilen mühsamer als im Vorfeld gedacht. Mit der Zeit häuften sich Verzweiflungsattacken: sei es, weil ich bei der statistischen Auswertung zum wiederholten Male eine falsche Grundgesamtheit zugrunde gelegt hatte, sei es, weil ich feststellen musste, dass die zuletzt durchgeführten Änderungen nun wiederum älteren Textpassagen widersprachen. Bisweilen überkam mich die Frage, ob es das alles wert ist.
Als ich dann das fertige Werk ausgedruckt in den Händen hielt, dieses auf positive Resonanz stieß und ich den stolzen Blick in den Augen meiner Eltern sehen durfte - da war diese Verzweiflung vergessen und die Antwort klar: Ja, das war es!

Mein herzlichster Dank gilt somit all denen, die auf ganz unterschiedliche Weise dazu beigetragen haben, dieser Arbeit zu ihrem Abschluss zu verhelfen:

Den wunderbaren Lehrstuhlkollegen - Monika Askia, Dr. Bert Götting, Johannes Kaspar, Daniel Park, Verena Sabaß, Dr. Torsten Verrel, Dr. Henrik Vogel und Dr. Raik Werner -, die durch immer strahlende Gesichter und nimmermüden Diskussionseifer auf allen Gebieten für ein so angenehmes Arbeitsklima gesorgt haben, dass ich jeden Morgen gut gelaunt den Weg zum Dienst antrat.
Meinem Doktorvater, Herrn Prof. Dr. Heinz Schöch, dessen eigene Begeisterung für das Projekt „Ausgleich e.V." gar nicht erst ernsthafte Ermüdungserscheinungen aufkommen ließ und der immer ein offenes Ohr für Fragen und Probleme hatte.
Den Gutachtern Herrn Prof. Dr. Heinz Schöch und Herrn Prof. Dr. Klaus Volk, die im Gegensatz zu mir eigene Zeitangaben stets einhielten und durch zügige Korrekturen mir ermöglichten, einen Auslandsaufenthalt mit dem beruhigenden Gefühl eines erfolgreich abgeschlossenen Promotionsverfahrens anzutreten.
Den Damen und Herren in der Justiz, deren Offenheit für neue Ideen im Strafrecht den Weg zum Projekt „Ausgleich e.V." geebnet hat, den Schlichterinnen und Schlichtern, ohne deren unermüdlichen Einsatz das Projekt „Ausgleich e.V." nicht hätte funktionieren können.
Und Franz und Bernd, die als Garanten eines spaßigen Soziallebens für den nötigen Ausgleich sorgten.

Abschließend möchte ich ganz besonders denen danken, deren Unterstützung sich nicht auf die Zeit der Dissertation beschränkt hat – meinen Eltern, meiner Schwester Sonja und auch unseren Boxer-Damen Cora, Cindy, Dolly und Gina. Ohne das jederzeit harmonische und glückliche Familienleben wäre ich nie soweit gekommen.

Berlin, im Juli 2003 — Ingo Jeckel

INHALTSVERZEICHNIS

TABELLENVERZEICHNIS

ABBILDUNGSVERZEICHNIS

ABKÜRZUNGSVERZEICHNIS

a%	Anteil an allen Antwortmöglichkeiten (= Zeilenprozent bei Angabe von nur einer Antwortalternative)
a.A.	anderer Ansicht
BRAGO	Bundesrechtsanwaltsgebührenordnung
bzgl.	bezüglich
bzw.	beziehungsweise
CC	Kontingenzkoeffizient
d.h.	das heißt
Fn.	Fußnote
gem.	gemäß
grds.	grundsätzlich
GS	Großer Senat
H	Stunden
Hrsg.	Herausgeber
i.V.m.	in Verbindung mit
k%	Anteil bzgl. der zugrundeliegenden Kombinations- bzw. Fallzahl
Max.	Maximum/ maximal
Min.	Minimum/ minimal
N	Häufigkeitszahl
Nd	nichtdeutsch
NP	natürliche Person
n.s.	nicht signifikant
P	Irrtumswahrscheinlichkeit
R	Korrelationsmaß nach Spearman
Rd.	Randnummer
rk.	rechtskräftig
s%	Spaltenprozent
StA	Staatsanwaltschaft
Std.abw.	Standardabweichung
s.o.	siehe oben
Tab.	Tabelle
u.a.	und andere/ unter anderem
vgl.	vergleiche
w	weiblich
z%	Zeilenprozent
z.B.	zum Beispiel

A. DIE NEUENTDECKUNG DER WIEDERGUTMACHUNG

I. NEUBELEBUNG DER WIEDERGUTMACHUNGSIDEE

Mitte der '80er Jahre des 20. Jahrhunderts kam es zu einer sehr intensiven Neubelebung des Wiedergutmachungsgedankens im Strafrecht. Dabei machte die Vielseitigkeit der Erklärungsansätze die diesbezügliche Diskussion zu einer Massenbewegung der unterschiedlichsten kriminal-politischen Strömungen.

1. Viktimologische Erkenntnisse - das Opfer als Subjekt des Strafverfahrens

Ganz entscheidend in diesem Zusammenhang war die Entdeckung des Verbrechensopfers als Subjekt des Strafverfahrens.[1] Vor dem Hintergrund viktimologischer[2] Erkenntnisse, dass über 90% aller registrierten Delikte durch Anzeigenerstattung den Strafverfolgungsbehörden bekannt werden und dabei mehrheitlich durch den Geschädigten der Straftat selbst[3], wurde offenkundig, dass es nicht weiter angehen konnte, das Opfer lediglich als Zeuge des allein auf den Täter konzentrierten Strafverfahrens zu „missbrauchen", sondern vielmehr auch ein ureigenes Interesse am Verfahren selbst anzuerkennen sei. Die Bedeutung der Anzeigenerstattung für die Aufnahme von Ermittlungen wirft in Kombination mit der Dunkelfeldforschung die Frage auf, aus welchen Motiven heraus Geschädigte eine Straftat zur Anzeige bringen oder dies unterlassen. Dieser Frage wurde in zahlreichen Untersuchungen nachgegangen.[4] Befragungen Schwinds, Ahlborns und Weiß' ergaben, dass 74,2% der Opfer eines Diebstahls den Wunsch nach materiellem Schadensersatz als Hauptmotiv angaben, wobei es 43,4% vornehmlich um zivilrechtlichen Schadensersatz durch Täter oder Versicherung und 30,8% vorrangig um die Wiedererlangung des entwendeten Guts selbst ging.[5] Bereits hieraus ergibt sich die weitreichende Bedeutung, die der Wiedergutmachungsgedanke für die Geschädigten hat - zumindest bzgl. bestimmter Deliktsgruppen. Der Frage, inwieweit auch die Gesamtbevölkerung restitutive Bemühungen für ausreichend erachtet, ist u.a. Sessar in einer Hamburger Untersuchung nachgegangen. Im Bereich der leichteren Körperverletzungen waren 78% der Befragten der Meinung, dass es mit Aussöhnung unabhängig von den Strafverfolgungsbehörden getan sei.[6] Nimmt man den Bevölkerungsanteil hinzu, der Aussöhnung genügen lässt, diese aber von den Strafverfolgungsbehörden eingeleitet und überwacht sehen will, kommt man bei den Körperverletzungen auf über 90% und selbst bei schwereren Eigentums- und Gewaltdelikten (Raub, Einbruchsdiebstahl) auf knapp 50%.[7] Auch wenn die Untersuchung Sessars methodisch umstritten ist[8] und Kury bei anderer Konzeption zu einem durchweg stärkeren Strafbedürfnis

---

[1] siehe nur die Monographien von Weigend 1989 und Kilchling 1995.
[2] aus der Fülle an Literatur zur Viktimologie: Paasch 1965; Schneider 1975.
[3] Kiefl/ Lamnek 1986, 232; Kaiser 1997, § 36, 4.
[4] dies belegt die Literaturliste bei Schwind 2002, 15ff. sehr anschaulich.
[5] Schwind/ Ahlborn/ Weiß 1989, 263; mit diesem Ergebnis korreliert der Befund, dass die geringe Schadenshöhe mit 49,0% das meist genannte Motiv der **Nicht**anzeige darstellte.
[6] Sessar 1992, 91, 245.
[7] Sessar 1992, 91, 245.
[8] Kury 1995, 88 bemängelt insbesondere die einheitliche Vorgabe der Antwortalternativen, die zur überproportional häufigen Auswahl der ersten und letzten Alternative geführt haben dürfte; dagegen das Forschungskonzept verteidigend Sessar 1995, 99ff.

kommt[9], so ändert dies nichts daran, dass restitutive Einstellungen in der Bevölkerung weit verbreitet sind.[10] Aus beiden Untersuchungen folgt zumindest die Notwendigkeit, Wiedergutmachungsleistungen mehr Einfluss auf das Strafverfahren einzuräumen.

2. Wiedergutmachungsaspekte in der Rechtsgeschichte

Die stärkere Berücksichtigung der Interessen der Verbrechensopfer war kein völlig neuer Ansatz, sondern stellte vielmehr eine Rückbesinnung auf historische Verhältnisse dar.[11] So war es im vormittelalterlichen Recht der Germanen der Sühnevertrag, der an die Stelle der Rache im Sinne des Talionsprinzips trat. Das Recht auf Rache der Opfersippe konnte dieser durch die Tätersippe abgekauft werden. Da ein solcher Sühnevertrag der allgemeinen sozialen Befriedigung dienlicher war, wurde sein Abschluss durch die Obrigkeit bisweilen mit Zwang gefördert. Die Leistungen aufgrund des Sühnevertrages bildeten zugleich den Schadensersatz.[12] Im Laufe der Zeit vereinnahmte der Staat den strafrechtlichen Vergeltungsanspruch und verursachte dadurch eine Aufspaltung in Straf- und Zivilrecht. Insofern handelt es sich bei der Beschäftigung mit Wiedergutmachung im Rahmen des Strafverfahrens um eine behutsame Rückentwicklung. Bereits daraus wird deutlich, dass es sich bei diesem Thema nicht um eine Neuerfindung, sondern vielmehr um eine Neuentdeckung handelt.

3. Krise des überkommenen strafrechtlichen Sanktionensystems

Dem Wiedergutmachungsgedanken ebenfalls zuträglich war die Krise des geltenden Sanktionensystems.[13] Der Behandlungsgedanke, der in den '60er und '70er Jahren vorherrschte, verlor an Bedeutung, nachdem die erhoffte Besserungswirkung von bestimmten Maßnahmen nicht gefunden wurde.[14] Diese Krise ist mit den genauso bekannten, wie oberflächlichen Schlagworten „nothing works“[15] eindringlich umschrieben. Darüber hinaus ergab auch die generalpräventive Sanktionsforschung eine Austauschbarkeit der Sanktionen.[16] Wollte man aus diesem Tief der präventiven Strafzwecke nicht zurück zu einer zweckfreien, tatbezogenen Vergeltung[17], so musste nach anderen, neuen ambulanten Sanktionen Ausschau gehalten werden. Eine solche präsentierte sich mit der Wiedergutmachungsidee.

---

[9] Kury 1995, 97.
[10] auch bei Kury 1995, 97 billigen beim Raub 56% der Befragten restitutiven Elementen zumindest einen Einfluss auf das Strafmaß zu.
[11] einen ausführlichen Überblick bietet u.a. Weigend 1989, 26ff.
[12] Sessar 1980, 328f.
[13] dazu Schaffstein 2001, 1066f.
[14] Bock 1994, 94f., der allerdings mehr auf methodische Probleme der Effektivitätsmessung im Bereich der Spezialprävention abstellt; feststellend, dass die beschworene Krise sich zumindest nicht auf empirische Befunde stützen kann, Lösel/ Köferl/ Weber 1987, 263 für den Bereich der Sozialtherapie.
[15] Martinson 1974, 22ff.
[16] Kaiser 1997, § 11, 5.
[17] deren „metaphysischen Grundlagen [...] in einer säkularisierten, auf immanente Funktionalität ausgerichteten Welt weitgehend verschwunden“ sind - Baumann u.a. 1992, 10.

4. Internationale Beschäftigung mit Wiedergutmachungsaspekten

Der Belebung der Diskussion nicht abträglich war des weiteren die Tatsache, dass es sich bei ihr um eine globale handelte. In zahlreichen Ländern weltweit wurden zu dieser Zeit restitutive Elemente erprobt und eingeführt.[18]

5. Wachsende Relevanz der Mediation im Recht

Aus anderer Richtung, aber bzw. daher teilweise mit den vorangegangenen Erklärungsansätzen überschneidend, trug der Aspekt mediativer Elemente[19] im Recht zur Wiedergutmachungsdiskussion bei.[20] Zunächst im Wirtschafts-[21], später auch zunehmend im Familienrecht[22] setzte sich die Erkenntnis durch, dass ein gemeinsames Arbeiten an den bestehenden Problemen im Ergebnis für beide Seiten oft befriedigender und vor allem für das zukünftige Verhältnis erträglicher ist als eine Alles-oder-Nichts-Entscheidung durch einen Dritten. Es lag daher nahe, die ersten positiven Ansätze auch auf das Verhältnis Täter und Opfer im Strafverfahren zu übertragen, um zu einer gemeinsamen Aufarbeitung und so möglicherweise zu einer besseren Verarbeitung des Konflikts zu kommen.

6. Skepsis gegenüber der Integration von Wiedergutmachungsbemühungen

Nur vereinzelt waren kritische Stimmen gegenüber der Diskussion zu vernehmen. Albrecht bemängelte die versuchte Integration ambulanter Konfliktlösungen im Rahmen eines offiziellen Strafverfahrens als „bürokratische Erledigungsprozedur, die den Gleich- und Verhältnismäßigkeitsgrundsatz verletzen sowie abwägungsfeste Prinzipien rechtsstaatlichen Strafrechts ignorieren".[23] Oder prägnanter mit Naucke: „Wenn die Sache so belanglos ist, dass man die Straftat in einen Konflikt [...] umdeuten kann, dann ist das Strafrecht unzuständig".[24]

II. Der Alternativentwurf Wiedergutmachung von 1992 (AE-WGM)

Die Diskussion erlebte einen Höhepunkt mit der Vorlage des AE-WGM durch 18 deutsche, österreichische und schweizerische Strafrechtsprofessoren. Nicht nur verdankt man diesem Entwurf die dogmatische Einbettung des Wiedergutmachungsgedankens in das geltende Strafrechtssystem, sondern auch einen ausformulierten Gesetzesvorschlag.[25] Damit war ein weiter Schritt von der wissenschaftlichen Diskus-

---

[18] vgl. die Beiträge über europäische und außereuropäische Äquivalente der Wiedergutmachung im Sammelband von Eser/ Kaiser/ Madlener, 93ff.
[19] zum Begriff der Mediation Haft 2000, 244f.
[20] dazu auch Pfeiffer 1997, 7.
[21] Günther/ Hoffer 2000, 355ff.
[22] Fischer 2000, 309ff.
[23] Albrecht 1993, 82.
[24] Naucke 1990, 17; diese ablehnende Haltung entstammt der abolitionistischen Strömung, die statt einer Re-Privatisierung **im** Strafrecht eine Re-Privatisierung **statt** Strafrecht fordert – zum Abolitionismus Scheerer 1991, 287ff.
[25] die Kritik Schmidt-Hiebers 1992, 2002, der Entwurf kranke „an einem beispiellosen Perfektionsstreben und einem nachgeraden fanatischen Hang zur Detailregelung", spricht mehr für den Entwurf als gegen ihn - zurecht Schöch 2001, 1049.

sion hin zu einer möglichen praktischen Umsetzung über das Maß von Modellprojekten hinaus getan.

1. Wiedergutmachung als dritte Spur

Ausgangspunkt der Überlegungen des Arbeitskreises war die Erkenntnis, dass das bereits existierende Reaktionssystem neben der eigentlichen Strafe die Einstellung des Verfahrens sowie Maßregeln der Besserung und Sicherung umfasst. Daraus lasse sich erkennen, dass es gar nicht auf die Frage ankomme, ob Wiedergutmachung Strafe sei. Die Reaktionspalette mache vielmehr deutlich, dass gemeinsamer Ausgangspunkt lediglich das Anknüpfen an eine Straftat sei. Ziel der staatlichen Tätigkeit sei somit die kontrollierte Wiederherstellung des gestörten und die Sicherung des künftigen Rechtsfriedens.[26]
Dieses Ziel sei auch mit der Wiedergutmachung als autonomem und opferbezogenem Weg zu erreichen. Sie ordne sich quasi zwischen dem Reaktionsverzicht bei sozialer Erträglichkeit und der Strafe als autoritativer Verantwortungsauferlegung ein. Sie passe somit nicht nur in das geltende System, sie sei vielmehr aufgrund der Größe dieser bestehenden Lücke im Hinblick auf das ultima-ratio-Prinzip der Strafe als Ausgestaltung des verfassungsrechtlichen Verhältnismäßigkeitsgrundsatzes geboten.[27]
Wenn Wiedergutmachung in diesem Zusammenhang als dritte Spur[28] bezeichnet werde, beziehe sich das allein auf die zeitliche Implementierung. Systematisch stelle sie vielmehr die erste Spur nach dem Reaktionsverzicht vor der Strafe und den Maßregeln dar.[29]

2. Wiedergutmachung und Strafzwecke

Der Verhältnismäßigkeitsgrundsatz verlangt jedoch nicht, stets das mildere Mittel zu wählen; vielmehr ist dieses nur dann vorrangig heranzuziehen, wenn die verschiedenen Mittel gleich geeignet sind.[30] Es muss also weiterhin überprüft werden, ob und wenn ja unter welchen Voraussetzungen Wiedergutmachung geeignet ist, die mit der Strafe verfolgten Zwecke zumindest gleich gut zu erfüllen. Es darf dabei aber nicht übersehen werden, dass Wiedergutmachung nicht stets die Strafe ersetzen muss, sondern sie auch dazu geeignet sein kann, diese zu mildern, die Strafe also nur noch in einem Maße erforderlich zu machen, in dem die Wiedergutmachung die Strafzwecke nicht vollends erfüllen kann.

2.1 Wiedergutmachung und Schuldausgleich

Ausgangspunkt der Strafzumessung ist gem. § 46 Abs.1 S.1 StGB die Schuld, die jedoch nicht punktgenau bestimmt werden kann, sondern vielmehr einen Rahmen hergibt, innerhalb dessen präventive Aspekte das letztendliche Strafmaß bestim-

---

26 Baumann u.a. 1992, 22f.
27 Baumann u.a. 1992, 23f.
28 außerhalb des AE-WGM ebenso Frehsee 1987, 119; Roxin 1987, 52.
29 Baumann u.a. 1992, 24.
30 v.Münch/ Kunig- v.Münch, Vorb. Art. 1-19, Rd.55.

men.[31] Dabei ist in diesem Zusammenhang Schuld nicht nur als Tatschuld, sondern vielmehr im Sinne einer Strafzumessungsschuld zu verstehen.[32] Deshalb sind auch solche Umstände heranzuziehen, die zwar mit der Tat in Beziehung stehen, aber nicht nur das Verhalten bei der Tatbegehung selbst berücksichtigen, sondern auch das in der Zeit danach bzw. davor.
Bei der Strafzumessungsschuld unterscheidet man wiederum zwischen einer Erfolgs- und einer Handlungskomponente.[33] Wird die Tat durch den Täter wieder gutgemacht, so stellt dies einen Erfolgswert dar, der als actus contrarius dem Erfolgsunwert der Tat gegenübergestellt werden kann. Insofern wird der Ausgleich des Erfolgsunwerts, der ansonsten durch die Strafe geschehen müsste, bereits durch die Wiedergutmachung - zumindest teilweise - erreicht.[34] Darüber hinaus stellt die freiwillige Wiedergutmachungsleistung auch ein Verhalten des Täters dar, das einen Handlungswert aufweist, der seinerseits dem Unwert der Tathandlung entgegenzusetzen ist.[35] Somit kompensiert erfolgte Wiedergutmachung die Schuld und wirkt sich dadurch indirekt auf die Strafe aus.[36]
Im Zusammenhang mit dem Handlungswert wird aber bereits an dieser Stelle ein ganz wesentliches Kriterium für die Honorierungswürdigkeit der Wiedergutmachung deutlich - die Freiwilligkeit. Nur in ihr kann die autonome Handlung gesehen werden, deren Erbringen Berücksichtigung verdient.

Einschub: die Freiwilligkeit der Wiedergutmachung
Denn es ist die Freiwilligkeit, die aus dem zivilrechtlichen Schadensersatz eine Persönlichkeits- und Sozialleistung macht, die strafrechtlich honoriert werden kann.[37]
Es fragt sich jedoch, wie Freiwilligkeit in diesem Zusammenhang zu verstehen ist. Der Begriff ist aus dem Bereich des Rücktritts gem. § 24 StGB bekannt. Hier wird eine Handlung dann als freiwillig bezeichnet, wenn sie auf autonomen Gründen beruht.[38] Danach erfolgt ein Rücktritt so lange freiwillig, wie der Täter Herr seiner Entschlüsse ist, also weder durch eine äußere noch eine innere Zwangslage an der weiteren Ausführung seiner Tat gehindert wird.[39]
Wiedergutmachungsleistungen des Täters werden kaum jemals diesem Freiwilligkeitskriterium gerecht werden können. Denn in der Regel wird sich für den Täter die Frage der Restitution erst in einem Stadium stellen, zu dem seine Tat bereits entdeckt, die Strafverfolgungsbehörden Tätigkeit entfaltet haben.[40] Insofern wird die Wiedergutmachung meist auch von der Hoffnung und der Erwartung getragen sein, dadurch „besser wegzukommen", also heteronomen Motiven.
Es wäre verfehlt, diesen Fällen per se einen Handlungswert abzusprechen und den engen Freiwilligkeitsbegriff des § 24 StGB anzuwenden. Honorierungswürdige Wie-

---

[31] zur sogenannten Spielraumtheorie vergleiche Schäfer 2001, Rd.461ff.
[32] das zeigen bereits die in § 46 Abs.2 StGB aufgezählten Strafzumessungstatsachen; siehe auch Schäfer 2001, Rd.309f.
[33] siehe nur Maurach/ Gössel/ Zipf 1984, § 63, Rd.19.
[34] Brauns 1996a, 176ff.
[35] Brauns 1996a, 212; ähnlich Stein 2000, 396; dezidiert a.A., allerdings ohne Begründung, SK- Horn, § 46a, Rd.10.
[36] Meier 2001, 325.
[37] Baumann u.a. 1992, 25.
[38] T/F- Fischer, § 24, Rd.19.
[39] BGHSt 7, 296 (299).
[40] Dölling 1992, 497.

dergutmachung geht über die Rechtsfigur der tätigen Reue hinaus.[41] Sicherlich ist die Bereitschaft zur Wiedergutmachung, die erst die eigene Täterschaft offenbart, das non plus ultra und dementsprechend zu werten.[42] Insofern mag man bedauern, dass es für solche Fälle keine umfassende Regelung der tätigen Reue gibt.[43]
Es hieße jedoch, auf halbem Wege der möglichen Differenzierung halt zu machen und somit zum einen die aufgezeigte große Lücke zwischen Verfahrenseinstellung und Strafe nicht ausreichend zu füllen, andererseits den Opferinteressen nicht vollständig gerecht zu werden. Immer wird der Druck des Strafverfahrens auf dem Täter lasten.[44] Berücksichtigung verdient daher bereits die Entscheidung, sich zur Schadensverursachung zu bekennen und dementsprechend zu versuchen, Abhilfe zu schaffen.

2.2 Wiedergutmachung und Generalprävention

Bei der Generalprävention unterscheidet man zwischen der negativen im Sinne einer Abschreckungswirkung für andere Straftäter, und der positiven im Sinne der „Erhaltung und Stärkung des Vertrauens in die Bestands- und Durchsetzungskraft der Rechtsordnung".[45]
Die Abschreckungswirkung der Wiedergutmachung als Reaktion auf eine Straftat wird zurecht in Zweifel gezogen.[46] Die entscheidende Frage ist somit, ob denn die Härte der Sanktion überhaupt Abschreckungswirkung entfaltet. Angesprochen ist hiermit der Aspekt der Androhungsprävention.[47] Selbst Untersuchungen zur Todesstrafe bieten keine Anhaltspunkte dafür, dass die Häufigkeit der mit ihr bedrohten Straftaten nachlässt.[48] Als Grund dafür wird meist aufgeführt, dass kaum ein Täter mit so viel Überlegung an sein Werk herangeht, dass er die möglichen strafrechtlichen Folgen antizipiert.[49] Dieser Befund wird durch neuere Untersuchungen bestätigt.[50] Allenfalls haben sich Aspekte wie die moralische Verbindlichkeit einer Norm, die informellen Reaktionen und die Üblichkeit der Deliktsbegehung im Bekanntenkreis sowie die Entdeckungswahrscheinlichkeit (und somit die Verfolgungsprävention) allgemein als ausschlaggebend erwiesen.[51] Insofern ist aber eine Abwertung dieses Strafzweckes durch Wiedergutmachungsanreize nicht zu befürchten.
Im Rahmen der positiven Generalprävention übernimmt der Täter durch die freiwillige Leistung von Wiedergutmachung Verantwortung. Dies ist geeignet, das durch

---

[41] Die Existenz der tätigen Reue verbietet es, die Unterscheidung des Freiwilligkeitsbegriffs bei Rücktritt und Wiedergutmachung an der unterschiedlichen Rechtsfolge fest zu machen. Denn auch bei tätiger Reue wird ein Freiwilligkeitsbegriff entsprechend dem des § 24 StGB gebraucht; für § 306e StGB - L/K- Kühl, § 306e, Rd.2.
[42] so auch Laue 1999, 102.
[43] für einen Ausbau der Figur der tätigen Reue: Hillenkamp 1987, 83ff.
[44] wegen dieses Drucks fände es Schüler-Springorum 1988, 513 aufrichtiger, auf den Begriff der Freiwilligkeit zu verzichten und nur zu fragen, ob der Täter überhaupt eine Wahl hatte. Da in der Sache damit kein Unterschied verbunden ist, wird an dem überkommenen Begriff der Freiwilligkeit festgehalten.
[45] BVerfGE 45, 187 (255f.).
[46] Loos 1993, 53f.
[47] zu den verschiedenen Stufen der Abschreckungswirkung: Kaiser/ Schöch 2001, Fall 7, Rd.27.
[48] Helfer 1975, 343ff.
[49] Roxin 1997, § 3, Rd.25.
[50] zu den Problemen der Generalpräventionsforschung siehe Dölling 1990, 2ff.
[51] Schöch 1985, 1098ff.

die Tat erschütterte Vertrauen des Opfers und der Allgemeinheit in die Unverbrüchlichkeit des Rechts zu wahren.[52]

2.3 Wiedergutmachung und Spezialprävention

Bei der Spezialprävention unterscheidet man ebenfalls zwischen den unterschiedlichen Aspekten der Resozialisierung (Besserung, Erziehung), der Abschreckung des Täters und der Sicherung der Allgemeinheit vor diesem.[53]
Bzgl. der Abschreckungswirkung gilt das zur Generalprävention Gesagte entsprechend. Der Aspekt der Sicherung wird im Zusammenhang mit Wiedergutmachung nicht relevant werden, da deren strafersetzende Wirkung dort nicht in Betracht kommt, wo eine hohe Wiederholungsgefahr den Schutz der Allgemeinheit vor dem Täter erfordert.[54]
Hinsichtlich der Resozialisierung ist augenscheinlich, dass die Beschäftigung mit der Tat, die einer Auseinandersetzung mit deren Folgen für das Opfer durch den Täter inhärent ist, die besten Erfolgsaussichten hinsichtlich einer zukünftigen Legalbewährung bietet.[55] Denn auf diese Weise werden Neutralisierungstechniken[56] verhindert; stattdessen wird dem Täter ermöglicht, aus seiner Tat zu lernen, ohne gleichzeitig stigmatisierenden und weiter desintegrierenden Wirkungen ausgesetzt zu sein.[57] Insbesondere erleichtert ein möglicher Verzicht auf Freiheitsstrafe die Wiedereingliederung des Täters in die Gesellschaft.[58]

2.4 Wiedergutmachung als eigener Strafzweck

Teilweise wurde darüber hinaus ein eigener Strafzweck der Wiedergutmachung postuliert. Dessen Notwendigkeit wurde formal damit begründet, dass durch die Bejahung eines neuen Strafzweckes die Diskussion belebt und zur Auseinandersetzung mit dem Thema Wiedergutmachung gezwungen werde. Inhaltlich lasse er sich mit der Entwicklungsgeschichte des § 46 Abs.1 StGB begründen. Dieser unterliege einer stetigen Weiterentwicklung: zunächst sei es um die Beurteilung der Tat im Sinne des Vergeltungsgedankens gegangen. Später seien die Fragen der Prävention hinzugekommen, unter anderem mit dem Ziel, dem Täter erzieherisch gerecht zu werden. Die Wiedergutmachung begründe nun eine dritte Stufe im Sinne der Konfliktregulierung auch im Interesse des Opfers. Diese Stufe ermögliche die konstruktive Verarbeitung der Tat. Um diesen Prozess auch dogmatisch widerspiegeln zu können, sei die Anerkennung eines eigenen Strafzweckes vonnöten.[59]
Auch die Auseinandersetzung des Beschuldigten mit seiner Tat durch Konfrontation mit dem Geschädigten wirkt präventiv und schuldausgleichend. Die vorangehenden Ausführungen haben gerade gezeigt, dass es sich bei Restitution zwar um eine Leistung eigenständiger Art handelt, diese aber letztlich der Erreichung der herkömmli-

---

[52] Roxin 1987, 48f.; Meier 1999, 14f; vgl. insoweit auch die unter A. I. 1. erwähnten Untersuchungen.
[53] Roxin 1997, § 3, Rd.12.
[54] Baumann u.a. 1992, 51.
[55] Rössner 1990, 168f.
[56] zu den verschiedenen Techniken Sykes/ Matza 1974, 360ff.
[57] hier liegt die Parallele zu Braithwaites „reintegrative shaming", wonach die freiwillige Abgrenzung des Täters von seiner Tat am erfolgversprechendsten ist – Braithwaite 1991, 54f.
[58] Schöch 1992, C65.
[59] Rössner 1989, 35f.

chen Strafzwecke dient. Vor diesem Hintergrund erscheint die Konstruktion eines eigenen, neuen Strafzweckes nicht nur überflüssig[60], sondern auch irreführend und wenig hilfreich, da sie den Eindruck vermittelt, dass sich Wiedergutmachung nicht in die überkommenen Strafzwecke eingliedere, was die Akzeptanz der Praxis gegenüber dieser neuen Idee zusätzlich gefährden könnte.

3. Rechtsfolgen der Wiedergutmachung und Kritik am AE-WGM

§ 4 AE-WGM sieht grundsätzlich[61] ein obligatorisches Absehen von Strafe vor, wenn Wiedergutmachung vollständig (§ 5 Abs.2 AE-WGM) erfolgt und nicht Freiheitsstrafe von über einem Jahr verwirkt ist. Im Übrigen ist eine obligatorische Strafmilderung nach § 49 Abs.1 StGB vorgeschrieben (§ 5 AE-WGM). Bereits die Tatsache, dass nur gegenüber 4,3% aller Verurteilten eine Freiheitsstrafe von über einem Jahr verhängt wird[62], zeigt, wie weitgehend dieser Vorschlag ist. Seiner Akzeptanz war dies allerdings in weiten Kreisen abträglich.[63] Von daher überrascht es nicht, dass die Kritik am Entwurf bei dessen Rechtsfolgenbestimmung ansetzte und somit die oben erwähnte Einigkeit hinsichtlich der Akzeptanz des Wiedergutmachungsgedankens in den verschiedensten kriminal-politischen Strömungen dann ihr Ende fand, als erstmals in einem ausführlichen Gesetzesvorschlag konkrete Folgen benannt wurden.

Ein Teil der Kritiker verneint nicht, dass sich erfolgte Wiedergutmachung positiv für den Straftäter auswirken dürfe, meint aber, dass diesem Anliegen mit § 46 Abs.2 StGB und der Möglichkeit als Bewährungsauflage - de lege ferenda auch bei der Geldstrafe[64] - genüge getan werde.[65] Auf Strafe zu verzichten schieße über das Ziel hinaus, und sei mit dem Begriff „Teilabolitionismus" noch vorsichtig umschrieben.[66] Sie käme einer Einladung zur Begehung von Straftaten gleich, wenn dem Täter nicht mehr drohe, als das Plus seiner Tat herauszugeben.[67] *Lampe* kritisiert vornehmlich das Prinzip der Erfolgsgarantie[68], d.h. die Bedingung, dass Wiedergutmachung bereits geleistet sein muss, bevor es zu einem Absehen von Strafe und somit - aufgrund des eingliedrigen deutschen Strafprozesses - auch zu einer Schuldfeststellung durch das Gericht kommt. Dies verlange vom Täter nicht nur Freiwilligkeit bzgl. der Leistung von Wiedergutmachung, sondern auch Freiwilligkeit bzgl. der Anerkennung seiner Schuld und bedeute einen Verlust an Rechtsvorteil bei Inanspruchnahme eines verfahrensmäßigen Rechts.[69]
Lampe übersieht bei seiner Kritik, dass dieses Problem kein Novum darstellt. So kann zwar der Verzicht auf ein Geständnis nicht strafschärfend berücksichtigt werden, er kann aber dazu führen, dass besondere Umstände bei Tat und Täter fehlen,

---

[60] ebenso Roxin 1987, 46, 51.
[61] etwas anderes gilt bei Unerlässlichkeit der Strafe; die Begründung nennt als Beispiele den chronisch rückfälligen Zechbetrüger, sowie den Wiederholungstäter der Trunkenheit im Straßenverkehr - Baumann u.a. 1992, 51.
[62] Statistisches Bundesamt 2001, Tabelle 3.1.
[63] mittlerweile selbst zweifelnd ob der Weite der Mitverfasser Schöch 2001, 1055.
[64] Hirsch 1990, 550f.
[65] Hirsch 1990, 546, 550; ihm folgend Loos 1993, 52.
[66] Loos 1993, 51; Lampe 1993, 485 spricht von einem Weg „am Rande des Abolitionismus".
[67] Loos 1993, 54.
[68] zum Begriff Roxin 1993, 309.
[69] Lampe 1993, 490.

die eine Aussetzung zur Bewährung einer Freiheitsstrafe zwischen einem und zwei Jahren rechtfertigen könnten, § 56 Abs.2 S.1 StGB.[70] Im Übrigen trifft es nicht zu, dass die Leistung von Wiedergutmachung stets mit einer Einräumung der strafrechtlichen Schuld einhergehen muss – sie bedeutet lediglich das Einstehen für die Schadensverantwortlichkeit.[71]
Loos und *Hirsch* verkennen, dass es auch beim Absehen von Strafe nach der Konzeption des AE-WGM bei einem Schuldspruch bleibt. Insofern hat der Entwurf nichts mit abolitionistischen Tendenzen zu tun.[72] Wenn aber die Kritiker die Berücksichtigung von Wiedergutmachungsleistungen im Rahmen von § 46 Abs.2 StGB für eine Selbstverständlichkeit halten[73], so ist nicht einzusehen, warum ein etwas größerer Schritt – das Absehen von Strafe bzw. die obligatorische Strafmilderung – ein dogmatischer Bruch sein soll.[74]
Mit dem Vorwurf der Einladung zum Verbrechen auf Kredit konstruiert *Loos* einen Zusammenhang zwischen Sanktionsnorm und Aufklärungsrisiko, der so nicht besteht. Wenn er meint, ausgehend von einer Entdeckungswahrscheinlichkeit von 33% beim Einbruchdiebstahl würden nach dem Konzept des AE-WGM dem Täter dreier solcher Taten der Gewinn aus zwei Einbrüchen verbleiben, während er sich durch die Herausgabe des beim entdeckten Fall Erlangten freikaufen könne[75], so übersieht er zweierlei: zum einen liegt der Gewinn aus dem regelmäßig stattfindenden Verkauf des Diebesguts zumeist deutlich unter dessen Wert, so dass schon deshalb eine vollständige Wiedergutmachung den Täter selbst belastet. Zum anderen verbleibt auch bei herkömmlicher Sanktionierung diesem der Ertrag aus den zwei anderen Taten, die mangels Entdeckung ungesühnt bleiben. Die schlechte Aufklärungsquote der Sanktionsnorm anzulasten, geht an der Sache vorbei.[76]

---

[70] Schöch 2001, 1058 weist darauf hin, dass insofern stets ein Kompromiss zwischen dem Ideal der Gerechtigkeit und den realen prozessualen Möglichkeiten gefunden werden muss.
[71] Einzelheiten siehe unten - F. II. 4. und G. IX. 4.
[72] Roxin 1992, 248.
[73] ausdrücklich Hirsch 1990, 546.
[74] Insofern scheint die Kritik auf einem teilweise falschen Verständnis der „dritten Spur" zu beruhen. Es geht beim AE-WGM gerade nicht um eine selbständige Sanktion der Wiedergutmachung; diese wäre mit dem Prinzip der Erfolgsgarantie gerade nicht zu vereinbaren. Vielmehr geht es um Reaktionsspuren: Während bei der Sanktion dem Täter Verantwortung von außen auferlegt wird, übernimmt er sie bei der Wiedergutmachung von sich aus (explizit Rössner 1992, 411). Unterschiede in der Beurteilung bestehen letztlich zwischen dem AE-WGM und seinen Kritikern nur hinsichtlich der Frage, in welchem Umfang Wiedergutmachungsleistungen die Strafzwecke erfüllen können.
[75] Loos 1993, 54.
[76] Schöch 2001, 1055f.

B. DIE UNTERSCHIEDLICHEN AUSPRÄGUNGEN DER WIEDERGUTMACHUNG

I. TÄTER-OPFER-AUSGLEICH IM VORDERGRUND DER DISKUSSION

Betrachtet man die zahlreichen Veröffentlichungen Ende der 80er, Anfang der 90er Jahre zu diesem Themenkreis, so sieht man, dass sehr häufig nicht von Wiedergutmachung, sondern von Täter-Opfer-Ausgleich die Rede ist.[77] Man gewinnt bisweilen den Eindruck, dass es sich bei beiden Begriffen um Synonyme handelt.[78] Dabei wird Täter-Opfer-Ausgleich definiert als ein „Angebot an Täter und Geschädigte, mit Hilfe eines Vermittlers eine von allen Beteiligten akzeptierte und mitgetragene Regelung zu finden, die geeignet ist, Konflikte, die zu der Straftat geführt haben oder durch sie verursacht wurden, beizulegen oder sie zumindest zu entschärfen."[79]
Vor dem Hintergrund der beschriebenen Beweggründe für das Aufflammen der Diskussion erscheint die Gleichsetzung konsequent. Das Opfer wird erst dadurch vollends zum Subjekt gemacht, dass es gleichberechtigt am Ausgleich teilnimmt; die Idee der Mediation bedingt ebenfalls die Einbeziehung des Geschädigten. Auch aus Tätersicht wird man sagen können, dass der Lerneffekt der autonomen Leistung umso größer ist, je mehr ihm die Folgen seines Tuns beim Geschädigten direkt vor Augen geführt werden.

II. WEITERE ALTERNATIVE DER WIEDERGUTMACHUNG

Dass es weitere Möglichkeiten der Wiedergutmachung geben muss, zeigt jedoch schon die Überlegung, was passieren soll, wenn das Opfer kein oder ein inhaltlich begrenztes Interesse an Ausgleichsverhandlungen mit dem Täter zeigt, zum Beispiel weil die psychische Verletzung so stark ist, dass eine Auseinandersetzung über die Tat unerwünscht ist. Soll dem Opfer deshalb jede Chance genommen werden, dennoch zeitnah eine Wiedergutmachung der Schäden zu erhalten, indem dies dem Täter durch Berücksichtigung im Strafverfahren schmackhaft gemacht wird? Und soll die Demonstration autonomer Verantwortungsübernahme nur deshalb wertlos sein, weil der Geschädigte seine Mitwirkung verweigert? Etwas wieder gutmachen kann man auch ohne Einbeziehung des Geschädigten. Es empfiehlt sich deshalb, es auch positiv zu bewerten, wenn der Täter von sich aus ohne Kontaktaufnahme zum Opfer den entstandenen Schaden ersetzt. Die Honorierung muss nicht so weit reichen, wie bei einem gemeinsam gefundenen Ergebnis, aber beachtet werden sollten auch solche Leistungen.
Des weiteren muss überlegt werden, was in den Fällen zu gelten hat, in denen überhaupt kein konkretisierbarer Geschädigter existiert, wie zum Beispiel bei Tatbeständen, die abstrakte Belange der Allgemeinheit schützen sollen - die Volksgesundheit bei §§ 29 ff. BtMG oder die Sicherheit des Beweisverkehrs bei §§ 267 ff. StGB. Zu-

---

[77] vgl. die Titel folgender Sammelbänder: „Täter-Opfer-Ausgleich im allgemeinen Strafrecht" (1993); „Täter-Opfer-Ausgleich – Vom zwischenmenschlichen Weg zur Wiederherstellung des Rechtsfriedens" (1989); „Täter-Opfer-Ausgleich" (1994); „Täter-Opfer-Ausgleich - Zwischenbilanz und Perspektiven" (1991).

[78] besonders deutlich bei Bannenberg: „Wiedergutmachung in der Strafrechtspraxis – eine empirisch-kriminologische Untersuchung von Täter-Opfer-Ausgleichsprojekten in der Bundesrepublik Deutschland".

[79] Trenczek 1992, 131.

sätzlich fehlt es in diesen Fällen auch an einem zivilrechtlichen Schaden, den es zu ersetzen gälte. Doch auch die Leistung von Spenden oder das Erbringen gemeinnütziger Arbeit kann die Erkenntnis des Beschuldigten demonstrieren, Unrecht getan zu haben, und dadurch die „überindividuelle Störung" ausgleichen, also wieder gutmachen.[80]

III. Verhältnis der verschiedenen Alternativen

Dieses umfassende Verständnis der Wiedergutmachung hat auch der AE-WGM zugrunde gelegt. So heißt es in § 1 Abs.1 S.3 AE-WGM:
„Die Wiedergutmachung soll in erster Linie zugunsten des Verletzten erfolgen; wenn dies nicht möglich ist, keinen Erfolg verspricht oder für sich allein nicht ausreicht, so kommt Wiedergutmachung auch gegenüber der Allgemeinheit in Betracht (symbolische Wiedergutmachung)."

§ 2 Abs.1 AE-WGM enthält einen Katalog von möglichen Wiedergutmachungsleistungen:
„1. Schadensersatz gegenüber dem Verletzten,
2. Schadensersatz gegenüber Dritten, insbesondere Versicherungen, auf die der Anspruch übergegangen ist,
3. andere materielle Leistungen wie Geldzahlungen an gemeinnützige Einrichtungen,
4. Geschenke an den Verletzten oder immaterielle Leistungen wie Entschuldigung oder Versöhnungsgespräch,
5. Arbeitsleistungen, insbesondere gemeinnützige Arbeiten."

Es fällt auf, dass der Täter-Opfer-Ausgleich nicht genannt ist. Das ist insofern nicht überraschend, als dieser keine Wiedergutmachungsleistung ist, sondern vielmehr nur den Rahmen umschreibt, innerhalb dessen Täter und Opfer gemeinsam ausloten, welche Leistungen der Täter dem Geschädigten zur Wiedergutmachung der Tat zu erbringen hat.[81]
In der Regel wird ein erfolgreicher Täter-Opfer-Ausgleich auch die Leistung des zivilrechtlich geschuldeten Schadensersatzes beinhalten (§ 2 Abs.1 Nr.1 AE-WGM). Zur Lösung des Gesamtkonflikts bedarf es vorrangig jedoch ideeller Gesten, die es dem Opfer ermöglichen, sich über sein Opferwerden zu beruhigen und eventuell entstandene Ängste zu überwinden. Als solche Gesten kommen insbesondere Entschuldigungen, Geschenke und Versöhnungsgespräche in Betracht, also die in § 2 Abs.1 Nr.4 AE-WGM genannten Leistungen.
Der Schwerpunkt des Täter-Opfer-Ausgleichs liegt demnach in immateriellen Leistungen. Er stellt somit eine bestimmte Form der Wiedergutmachung dar. Es handelt

---

[80] so auch Laue 1999, 127; nach Brauns 1996a, 181ff. fehlt symbolischen Wiedergutmachungsleistungen mangels innerer Beziehung zum Unwert der Tat der Erfolgswert. Doch dieser Bezug fehlt der Strafe, die ansonsten dem durch die Straftat angemaßten Vorteil als Nachteil entgegengesetzt wird, gerade auch. Insofern kommt es für die Erfüllung des Strafzwecks der Schuld nur darauf an, ob der Täter bereits einen Nachteil erlitten hat, der die Strafe zumindest teilweise überflüssig macht (Bannenberg/ Uhlmann 1998, 20). Dieser Nachteil kann auch in der sozialkonstruktiven Tatbewältigung im Sinne von freiwilligen symbolischen Wiedergutmachungsleistungen liegen.
[81] zu Mindestanforderungen an das Täter-Opfer-Ausgleich-Verfahren siehe Wandrey/ Weitekamp 1998, 122ff. und die Standards des TOA-Servicebüros:
http://www.toa-servicebuero.de/reports/material/index.html

sich um zwei konzentrische Kreise, den großen der Wiedergutmachung, der den kleineren des Täter-Opfer-Ausgleichs umschließt.
Diesem Täter-Opfer-Ausgleich steht die Form der Wiedergutmachung gegenüber, bei der der Schwerpunkt auf den materiellen Leistungen liegt. Dies umfasst die unter B. II. beschriebenen Möglichkeiten des Schadensersatzes an das Opfer ohne vorangegangene bzw. nicht den Gesamtkonflikt erschöpfende Verhandlungen[82] und die Fälle der symbolischen Wiedergutmachung (§ 2 Abs.1 Nr.3, 5). Jeweils wird ein Schaden ausgeglichen. Im ersten Fall ein zivilrechtlicher, im zweiten der Schaden, der in dem Rechtsbruch selbst und in der Erregung der Gesellschaft über diesen liegt. Um diesen strafrechtliche Schaden geht es zwar auch bei den Straftaten, bei denen es gleichzeitig zu zivilrechtlich relevanten Tatfolgen kommt. In diesen Fällen bietet es sich jedoch an, für Wiedergutmachungsleistungen anstatt auf Symbolik auf das ausgereifte Instrument des zivilrechtlichen Schadensersatzrechts zurückzugreifen.[83] Jedenfalls wird jeweils Schadenswiedergutmachung geleistet. Insofern wird im folgenden zwischen der im weiteren (einschließlich der symbolischen Wiedergutmachung) und der im engeren Sinne (gleich dem zivilrechtlichen Schadensersatz) unterschieden. Insgesamt ergibt sich daraus folgendes Schaubild:

Wiedergutmachung

Täter-Opfer-Ausgleich — Schadenswiedergutmachung im weiteren Sinne

Schadenswiedergutmachung im engeren Sinne — symbolische Wiedergutmachung

Da bereits das Erbringen materieller Leistungen geeignet ist, den durch die Tat hervorgerufenen Konflikt zu entschärfen, handelt es sich bei Täter-Opfer-Ausgleich und Schadenswiedergutmachung nicht um zwei klar trennbare Untergruppen. Vielmehr stellen sie zwei sich überlappende Kreise dar.[84]

IV. Verhältnis Wiedergutmachung und zivilrechtlicher Schadensersatz

Aus diesen Überlegungen wird deutlich, dass sich der umfassende Begriff der Wiedergutmachung nicht mit der Erstattung des zivilrechtlich Geschuldeten gleichsetzen lässt. Daher trifft auch der Vorwurf, die weitreichende Berücksichtigung von Wiedergutmachungsleistungen ebne den Unterschied zwischen Straf- und Zivilrecht ein[85], nicht zu. Es handelt sich lediglich um ein faktisches Zusammenfallen von zivil- und strafrechtlichen Elementen.[86] Vorherrschend ist jedoch stets die strafrechtliche Sicht – also die Erfüllung der Strafzwecke.[87]
Im Übrigen ist die Trennung beider Rechtsgebiete nicht so doktrinär[88], wie manche glauben. Denn der Übergang zwischen einer zivilrechtlich deliktischen Schädigung

[82] keinesfalls ist die Durchführung von Verhandlungen über Wiedergutmachungsleistungen auf den Täter-Opfer-Ausgleich beschränkt; ebenso Schöch 2000, 338.
[83] Laue 1999, 28f. bezeichnet dies als eine Frage der Ökonomie.
[84] in die gleiche Richtung Frehsee 1987, 10f.
[85] Hirsch 1990, 542.
[86] Frühauf 1988, 264.
[87] ebenso Laue 1999, 29.
[88] so schon Schöch 1984, 387.

und einer strafrechtlichen Deliktsbegehung ist fließend. Teilweise begründen oder überlappen sich beide Rechtsgebiete gegenseitig - man denke nur an § 823 Abs.2 BGB, der die Verpflichtung zum Schadensersatz an die Verwirklichung eines Straftatbestandes knüpft, und an die Genugtuungsfunktion des Schmerzensgeldes[89] im Sinne der Integrationsprävention.[90] Auch die Tatbestandserfüllung im Delikts- und Strafrecht läuft größtenteils parallel. Die Grenzziehung bei den Rechtsfolgen beruht lediglich auf einer gesetzgeberischen Entscheidung dahingehend, dass man glaubt, in manchen Fällen sei die Pflicht zum Schadensersatz nicht mehr ausreichend, um bestimmte Verhaltensweisen zu unterbinden; vielmehr sei zusätzlich eine Strafandrohung angezeigt. Diese auf einer Einschätzungsprärogative des Gesetzgebers beruhende Differenzierung macht deutlich, dass es angezeigt ist, der Erfüllung zivilrechtlicher Ansprüche zumindest Einfluss auf das Ausmaß der strafrechtlichen Rechtsfolgen einzuräumen.[91]

[89] BGHZ 18, 149; die zivilrechtliche Rechtsprechung (BGH NJW 1995, 781f.), die einer strafrechtlichen Verurteilung grundsätzlich keine Auswirkungen auf die Höhe des Schmerzensgeldes zugestehen will, begegnet dementsprechend Bedenken.

[90] zur präventiven Bedeutung der Genugtuungsfunktion Deutsch 1971, 246; zum Begriff der Integrationsprävention Roxin 1997, § 3, Rd.27.

[91] dazu bereits Jeckel 2002, 39ff.

C. AUSWIRKUNGEN DER WIEDERGUTMACHUNG IM GELTENDEN RECHT (OHNE § 46A STGB)

I. DIE UNTERSCHIEDLICHEN ANKNÜPFUNGSPUNKTE FÜR WIEDERGUTMACHUNG

Die Einbeziehung von Wiedergutmachungsleistungen bzw. -bemühungen in den Prozess der Strafzumessung ist auf zwei Wegen denkbar: zum einen kann Wiedergutmachung verordnet, zum anderen kann bereits erfolgter Ausgleich honoriert werden. Im ersten Fall spricht man von Sanktions-, im zweiten von Autonomiemodellen.[92]

Hinsichtlich der Freiwilligkeit als der entscheidenden Voraussetzung der Strafzweckerfüllung durch Wiedergutmachung liegt der Vorzug der Autonomiemodelle auf der Hand. Sanktionierung und Freiwilligkeit schließen sich gegenseitig aus. Da jedoch - wie gesehen - Freiwilligkeit nicht als frei von jeglichem Druck verstanden werden darf[93], ist nicht jede Wiedergutmachungsinitiative durch die Strafverfolgungsbehörden bereits eine Sanktion. Vielmehr muss jeweils hinterfragt werden, ob durch diese Initiative ein Mehr an Druck geschaffen wird. Dies wird dann, aber auch nur dann zu bejahen sein, wenn die Entscheidung des Täters gegen Wiedergutmachung Zwangsmittel nach sich zieht. Bedingt die Verweigerung der Wiedergutmachung lediglich die Fortsetzung des Verfahrens in dem Stadium, in dem es sich bereits vor der Initiative befand, so wird der Druck nicht erhöht.

Andererseits sind Sanktionsmodelle nicht per se ungeeignet. Sie können im unteren Bereich der Kriminalität genügen, wenn die Existenz eines Schuldspruchs als einziges Plus zur ansonsten mit dem Zivilrecht identischen Rechtsfolge ausreicht, um die Strafzwecke zu erfüllen. Bei Sanktionsmodellen ist jedoch ein anderer Aspekt wesentlich: die Bestimmtheit der Sanktion, Art. 103 Abs.2 GG. Der Sanktionierte muss wissen, was genau von ihm erwartet wird;[94] er muss wissen, wann ihm Ersatzmaßnahmen drohen, weil die Sanktion von ihm nicht befolgt wurde. Dabei ist zwischen den unterschiedlichen Formen von Wiedergutmachung zu unterscheiden. Dem Bestimmtheitserfordernis kann eine Sanktion „Täter-Opfer-Ausgleich" nicht gerecht werden. Denn diesbezüglich liegt das Wesentliche gerade in der Vereinbarung zwischen Opfer und Täter, durch welche Leistungen sie die Tat als aufgearbeitet und damit wieder gutgemacht ansehen. Der Inhalt eines Täter-Opfer-Ausgleichs ist somit der staatlichen Vorgabe entzogen.[95] Damit wäre bei einer entsprechenden Sanktion jedoch für den Täter nicht ersichtlich, was er erbringen müsste, um Zwangsmaßnahmen zu vermeiden. Das Sanktionsmodell kann daher allenfalls in Form der Schadenswiedergutmachung – hier allerdings im weiteren Sinne verstanden – Anwendung finden.

II. REGELUNGEN, DIE AN WIEDERGUTMACHUNG ANKNÜPFEN (OHNE § 46A STGB)

Im folgenden sollen kurz die gesetzlichen Normen, die Wiedergutmachungsregelungen beinhalten, und ihre Funktion als Autonomie- oder Sanktionsmodell dargestellt

---

[92] Meier 1999, 16f.
[93] A. II. 2.
[94] mit diesem Argument die Autonomiemodelle insgesamt ablehnend Walther 2000, 311ff.
[95] aufgrund ihrer Bevorzugung der Sanktionsmodelle anderer Ansicht Walther 2000, 313.

werden. Dabei werden vergleichbare Regelungen zusammengefasst, um Wiederholungen zu vermeiden.

1. § 380 StPO

Vom ersten Tag ihres Bestehens an fand sich das Sühneverfahren in der Strafprozessordnung. Gewandelt hat sich lediglich sein Anwendungsbereich. War es 1879 noch auf Beleidigungen beschränkt, so umfasst es seit 1923 die auch heute noch gültige Deliktsaufzählung.[96] Auch wenn § 380 StPO einige Besonderheiten aufweist, so versteckt sich dahinter die heutige Idee des Täter-Opfer-Ausgleichs. Ungewohnt ist zwar der Begriff Sühneverfahren, wird doch der Begriff Sühne meist im Zusammenhang mit Vergeltung gebraucht, der dem der friedensstiftenden Konfliktregelung diametral entgegensteht. Doch steckt im Wort Sühne nicht nur der Gedanke der Rache, sondern eben auch der der Versöhnung.[97]
§ 380 StPO knüpft die Zulässigkeit einer Privatklage an den Versuch der Sühne an. Bemerkenswert ist, an wen sich der Auftrag richtet: denn durch § 380 StPO wird das Opfer verpflichtet, eine außergerichtliche Einigung mit Hilfe einer Vergleichsbehörde zu versuchen. Tut es das nicht, so wird ihm ein strafrechtliches Klagerecht nicht zugestanden.
Erfolglosigkeit des Sühneverfahrens als Voraussetzung der Privatklage wird dann angenommen, wenn sich die Parteien nicht einigen bzw. der Täter zum Termin nicht erscheint.[98] Damit ist die Frage noch nicht geklärt, was passieren soll, wenn der Täter die getroffene Vereinbarung nicht einhält. Schon an dieser Stelle zeigt sich ein für die Wiedergutmachungsproblematik sehr wesentlicher Differenzierungspunkt: es muss streng zwischen dem Abschluss einer Vereinbarung und deren Erfüllung unterschieden werden. Für das Opfer bedeutet gerade die Erkenntnis, dass der Täter seine Ausgleichsbereitschaft nur vorgetäuscht hat, eine Sekundärviktimisierung, die es zu verhindern gilt. Die Tatsache, dass der geschlossene Vergleich durch die meisten Landesgesetze für vollstreckbar erklärt wird[99], hilft dabei nicht weiter. Denn zivilrechtlich war das Opfer auch schon vor der Einigung im Recht. Von daher ist es zwingend geboten, eine Bescheinigung der Erfolglosigkeit des Sühneversuchs auch für den Fall auszustellen, dass der Täter die versprochenen Leistungen nicht erbringt. Demnach muss die Vergleichsbehörde auch für die Überwachung der Vereinbarungserfüllung zuständig sein.

2. § 45 Abs.2 S.2 JGG

§ 45 Abs.2 S.1 JGG war das Einfallstor für die neue Wiedergutmachungsbewegung. Hier knüpften die ins Leben gerufenen Täter-Opfer-Ausgleichsprojekte an das Merkmal der erzieherischen Maßnahme an, deren Durchführung den Verzicht auf eine öffentliche Klage rechtfertigen kann. Die eingerichteten Modellprojekte erhielten mit der Einführung des § 45 Abs.2 S.2 JGG im Rahmen des 1.JGG-Änderungsgesetz von 1990 den Segen des Gesetzgebers, der das „Bemühen des Täters, einen Aus-

---

[96] AK- Rössner, § 380, Rd.3.
[97] Brockhaus 1987, „Sühne".
[98] so z.B. Art.5 Abs.2 BayVO Sühneversuch.
[99] Martin 1988, 209.

gleich mit dem Verletzten zu erreichen" ausdrücklich einer erzieherischen Maßnahme gleichstellte.
Diese diversionsrechtliche Einbettung ist auch heute noch der Hauptanwendungsbereich des Täter-Opfer-Ausgleichs im Jugendstrafrecht. Insbesondere wird sie als Beispiel für die Vorzugswürdigkeit der Autonomiemodelle genannt.[100] Das ist sicher richtig für den Ablauf, den der Wortlaut des § 45 Abs.2 S.1 JGG vorsieht. Danach kann der Staatsanwalt das Verfahren einstellen, wenn eine erzieherische Maßnahme bereits durchgeführt oder eingeleitet wurde. In der Praxis verhält es sich jedoch oft so, dass die Durchführung des Täter-Opfer-Ausgleichs von der Staatsanwaltschaft angeregt wird, verbunden mit dem Versprechen, bei erfolgreichem Bemühen das Verfahren einzustellen.[101] Unter diesem Aspekt erscheint es zumindest fraglich, ob noch von der Freiwilligkeit gesprochen werden kann, deren Förderung die Autonomiemodelle auszeichnet.[102] Entscheidend ist jedoch, dass bei Nichtbefolgung der Anregung sich der Täter keinen Zwangsmitteln ausgesetzt sieht.[103] Bei Ablehnung wird das Strafverfahren vielmehr an der Stelle fortgesetzt, an der es aufgrund der Anregung vorläufig eingestellt wurde. Demnach bleibt es bei der Freiwilligkeit; § 45 Abs.2 JGG beschreibt also ein Autonomiemodell.

3. Die Auflage, den durch die Tat verursachten Schaden wieder gutzumachen

Nach § 380 StPO stand lange Zeit die Schadenswiedergutmachung im Vordergrund. Diesbezügliche Auflagen finden sich in:

- § 15 Abs.1 S.1 Nr.1 JGG;
- § 56b Abs.2 S.1 Nr.1 StGB; auf § 56b verweisen §§ 57 Abs.3 S.1, 57a Abs.3 S.2 StGB;
- § 153a Abs.1 S.2 Nr.1 StPO
- § 59a Abs.2 S.1 Nr.1 StGB

Bei allen Auflagen ist der Wortlaut insofern gleich, als es um *„den durch die Tat verursachten Schaden"* geht. Während § 153a StPO zu dessen Wiedergutmachung *„eine bestimmte Leistung"* verlangt, fordern § 15 JGG und § 56b StGB eine Wiedergutmachung *„nach Kräften"*; wieder anders lässt § 59a StGB es genügen, sich um die Wiedergutmachung des Schadens zu bemühen.
Entsprechend den Überlegungen zur Bestimmtheit einer Auflage, können §§ 15 JGG, 56b, 59a StGB nur dann rechtsstaatlich unbedenklich erteilt werden, wenn es sich bei ihnen um Autonomiemodelle handelt. Das ist angesichts der drohenden Nichtbefolgungskonsequenzen - Ungehorsamsarrest (§ 15 Abs.3 S.2 i.V.m. § 11 Abs.3 S.1 JGG), Widerruf der Bewährung (§ 56f Abs.1 S.1 Nr.3 StGB) und Verurteilung zu der vorbehaltenen Strafe (§ 59b Abs.1 i.V.m. § 56f Abs.1 S.1 Nr.3 StGB) - offensichtlich nicht der Fall.

---

[100] Schöch 2001, 1049f.
[101] diese Anregungskompetenz der Staatsanwaltschaft bejahend: Brunner/Dölling, § 45, Rd.21; Ostendorf, § 45, Rd.13; dagegen unter Hinweis auf Art. 92 GG und § 45 Abs.3 i.V.m. § 10 Abs.1 S.3 Nr.7 JGG: Weigend 1993, 51.
[102] Meier 1999, 16 bezeichnet die Norm als zwischen Zwang und Autonomie liegend.
[103] siehe C. I.

Der Hintergedanke dieser Formulierungen, den Täter nicht überfordern zu wollen[104], mag richtig sein. Darüber hinaus wird durch die Zusätze deutlich gemacht, dass es nicht in jedem Fall um vollständige Wiedergutmachung des Schadens gehen muss.[105] Dieser Schutz vor Überforderung ergibt sich jedoch schon aus den jeweiligen Zumutbarkeitsklauseln in § 56b Abs.1 S.2, § 59a Abs.2 S.2 StGB, § 15 Abs.1 S.2 JGG.[106] Auch wenn die herrschende Meinung im Einklang mit dem hier Ausgeführten die konkrete Bezifferung des Schadens fordert[107], führt der Wortlaut zu der Gefahr, dass eine Auflage der Schadenswiedergutmachung nach Kräften ausgesprochen wird und die Quantifizierung des Schadens den Parteien, eventuell im Zusammenspiel mit der Bewährungshilfe überlassen wird.[108] Beim OLG Karlsruhe führte der Wortlaut sogar zu folgender Auffassung: *„Die Bezifferung des Wiedergutmachungsumfanges durch den Strafrichter in einem Auflagenbeschluss ist gesetzlich nicht untersagt, wenn auch nur bei klarer, unstreitiger Höhe des Schadens zweckmäßig.“*[109] Das Gericht scheint zu übersehen, dass die Bezifferung des Schadens, der im Rahmen der strafrechtlichen Verfolgung beglichen werden muss, weitergehende zivilrechtliche Schadensersatzansprüche unberührt lässt.[110] Der Strafrichter soll gerade nicht den zivilrechtlichen Anspruch genau beziffern und titulieren, sondern eine Summe benennen, die der Täter im Rahmen der Auflage wieder gutzumachen hat.

Daran schließt sich die Frage an, ob die Höhe der Wiedergutmachungsauflage durch den zivilrechtlichen Anspruch nach oben hin begrenzt ist. Von der herrschenden Meinung wird dies - meist unter Hinweis auf die Einheit der Rechtsordnung[111] - bejaht.[112] Die Mindermeinung betont dagegen die Zweckverschiedenheit von Schadensersatzrecht (Orientierung an dem, was das Opfer verlangen kann) und Auflage zur Schadenswiedergutmachung (Orientierung an der Leistungspflicht des Täters)[113]. Dabei übersieht sie aber, dass die Orientierung am Täter außer Streit steht; die entscheidende Frage ist, in welche Richtung diese Leistungen zu gehen haben. Wenn man grundsätzlich Schadenswiedergutmachung im Sinne des zivilrechtlichen Schadens versteht, kann es nicht angehen, einem Opfer mehr zuzugestehen. Zu untersuchen ist daher vielmehr, ob die Normen nicht etwa Bezug auf Schadenswiedergutmachung im weiteren Sinne nehmen.

Die Antwort ergibt sich aus der Systematik: da alle Normen andere Auflagen zulassen, die den Gehalt der symbolischen Wiedergutmachung ausmachen - Zahlung eines Geldbetrages an die Staatskasse[114], an eine gemeinnützige Einrichtung[115], Er-

---

[104] für § 15 JGG: Eisenberg, § 15, Rd.6; für § 56b StGB: S/S- Stree, § 56b, Rd.10.
[105] Albrecht, § 26, II.4; D/S/S- Diemer, § 15, Rd.8.
[106] für § 56b StGB ebenso SK- Horn, § 56b, Rd.6.
[107] siehe nur Ostendorf, § 15, Rd.9; Eisenberg, § 15, Rd.10; ausdrücklich auch LG Berlin DAR 1961, 144.
[108] diese Möglichkeit ausdrücklich bejahend: Schnitzerling 1959, 203.
[109] OLG Karlsruhe, Die Justiz 1978, 112.
[110] Meyer-Goßner, § 153a, Rd.15; im Rahmen des § 15 JGG: Brunner/Dölling, § 15, Rd.6.
[111] Baur 1957, 340.
[112] T/F- Fischer, § 56b, Rd.6; SK- Horn, § 56b Rd.4; Brunner/Dölling, § 15 Rd.4; Eisenberg, § 15; Rd.6, OLG Stuttgart MDR 1971, 1025. LK- Gribbohm, § 56b, Rd.5.
[113] Frehsee 1981, 1254.
[114] § 56b Abs.2 S.1 Nr.4, § 59a Abs.2 S.1 Nr.3 StGB, § 153a Abs.1 S.2 Nr.2 StPO.
[115] § 15 Abs.1 S.1 Nr.4 JGG; § 56b Abs.2 S.1 Nr.2, § 59a Abs.2 S.1 Nr.3 StGB, § 153a Abs.1 S.2 Nr.2 StPO.

bringen sonstiger gemeinnütziger Leistungen[116], vornehmlich Arbeitsleistungen[117] - besteht im Rahmen der jeweiligen Schadenswiedergutmachungsauflage kein Bedürfnis mehr für deren Einbeziehung. Sie beziehen sich demnach allein auf den zivilrechtlichen Schaden, an dem sich die Auflage dann auch zu orientieren hat. Eine Ausnahme kann lediglich da zugelassen werden, wo das Zivilrecht selbst schon strafrechtliche Überlegungen in die Schadensbestimmung mit einfließen lässt: beim Schmerzensgeld. Hier scheint es gerechtfertigt, Opfern einer Straftat auch dann immaterielle Wiedergutmachung zukommen zu lassen, wenn sie zivilrechtlich darauf keinen Anspruch hätten.[118] Denn auch bei solchen Opfern kann die Deliktsbegehung mit einer immateriellen Schädigung verbunden sein, die es angebracht erscheinen lässt, eventuelle überstehende präventive Bedürfnisse zugunsten des Opfers und nicht der Allgemeinheit auf dem Wege der Symbolik auszugleichen.[119]
Auch § 153a Abs. 1 S.2 Nr.1 StPO wird den Sanktionsmodellen zugerechnet.[120] Das ist zweifelhaft. Denn es ist nicht ersichtlich, worin der qualitative Unterschied zwischen einer Anregung nach § 45 JGG[121] und einer zustimmungspflichtigen Auflage nach § 153a StPO liegen soll.[122] Das gilt vor allem, wenn man sich bewusst macht, dass in der Praxis die vorläufige Einstellung des Verfahrens - wenn sie überhaupt ausdrücklich erfolgt[123] - dem Beschuldigten als solche nicht mitgeteilt wird, sie vielmehr in der Frist zur Erklärung der Zustimmung enthalten ist. Auch hier beraubt sich der Täter keiner rechtlichen Möglichkeiten, wenn er der Auflage nicht Folge leistet. Die Erfüllung der Auflage wird vielmehr durch die endgültige Einstellung des Verfahrens, auf die allein es ankommen kann, honoriert; somit ist § 153a Abs.1 S.2 Nr.1 StPO ein Autonomiemodell.

4. Die Weisung, sich um einen Täter-Opfer-Ausgleich zu bemühen

Parallel zu den Auflagen der Schadenswiedergutmachung kamen später die Weisungen an den Täter hinzu, sich um einen Täter-Opfer-Ausgleich zu bemühen. Sie finden sich in:

- § 10 Abs.1 S.3 Nr.7 JGG[124]
- § 59a Abs.2 S.1 Nr.1 StGB[125]

Dabei spiegelt sich der unter B. herausgearbeitete Unterschied in der dogmatischen Zuordnung wider. Während Auflagen der Genugtuung für begangenes Unrecht dienen[126], verfolgen Weisungen eher spezialpräventive Ziele.[127] Somit wird durch die

---

[116] § 56b Abs.2 S.1 Nr.3 StGB, § 153a Abs.1 S.2 Nr.3 StPO.
[117] § 15 Abs.1 S.1 Nr.3 JGG
[118] ebenso S/S- Stree, § 56b,Rd.9; ihm folgend L/K- Lackner, § 56b, Rd.3a.
[119] entgegen Ostendorf, § 15, Rd.6 bedarf es bei der Verhängung der Auflage keiner vorherigen Zustimmung des Opfers, da es sich um eine reine Zahlungsauflage und nicht um das Ziel einer Konfliktschlichtung handelt.
[120] Schöch 2001, 1046; Meier 1999, 17, letzterer allerdings zweifelnd.
[121] die in der Praxis gängig ist; vgl. C. II. 2.
[122] a.A. offenbar Schöch 2001, 1046 im Zusammenhang mit § 153a Abs.1 S.2 Nr.5 StPO.
[123] dazu LR- Beulke, § 153a, Rd.6f.
[124] mit den Worten „einen Ausgleich mit dem Verletzten zu erreichen (Täter-Opfer-Ausgleich)" wurde der Täter-Opfer-Ausgleich erstmals legaldefiniert.
[125] hierher gehört seit 1999 auch § 153a Abs.1 S.2 Nr.5 StPO - aufgrund der offensichtlichen Orientierung an § 46a Nr.1 StGB soll dessen Behandlung jedoch zurückgestellt werden.
[126] L/K- Lackner, § 56b, Rd.1.

Weisung eines Täter-Opfer-Ausgleichs dessen Lernfunktion gewürdigt, während es bei der Schadenswiedergutmachungsauflage vorrangig um Schuldausgleich geht.
Es wurde bereits dargelegt, dass sich die Weisung eines Täter-Opfer-Ausgleichs im Rahmen von Sanktionsmodellen verbietet.[128] Sowohl bei § 10 JGG als auch bei § 59a StGB handelt es sich angesichts der drohenden Rechtsfolgen - Ungehorsamsarrest (§ 11 Abs.3 S.1 JGG), Verurteilung zu der vorbehaltenen Strafe (§ 59b Abs.1 i.V.m. § 56f Abs.1 Nr.2) - jedoch um solche. Somit ist § 10 Abs.1 S.3 Nr.7 JGG zurecht totes Recht geblieben[129], während die Verwarnung mit Strafvorbehalt ganz allgemein ein Schattendasein fristet.[130]

5. § 46 Abs.2 StGB

Der Wortlaut dieser Strafzumessungsnorm deckt sich mit dem in den jeweiligen Auflagen und Weisungen. Im Rahmen des § 46 Abs.2 StGB wurde der Gedanke des Täter-Opfer-Ausgleichs seit § 380 StPO erstmals wieder ins Gesetz aufgenommen.[131]
Bei § 46 Abs.2 StGB handelt es sich offensichtlich um ein Autonomiemodell. Allerdings macht die Konstruktion der Norm als unbestimmter Strafzumessungsgrund es schwer, die Berücksichtigung von Wiedergutmachungsleistungen quantitativ und qualitativ zu bestimmen. Diese Unbestimmtheit lässt es auch müßig erscheinen zu überlegen, ob unter Schadenswiedergutmachung die im engeren oder weiteren Sinne zu verstehen ist. Denn eine symbolische Wiedergutmachung wäre als positives Nachtatverhalten strafmildernd zu berücksichtigen; da der Katalog des § 46 Abs.2 StGB nicht abschließend ist, kann dahinstehen, ob eine solche Leistung unter Schadenswiedergutmachung subsumiert oder eigenständig bewertet werden sollte.
In diesem Zusammenhang ist fraglich, ob nicht erfolgte Wiedergutmachung strafschärfend berücksichtigt werden darf. Der Rechtsausschuss hat dies im Bezug auf den Ausgleich mit dem Verletzten für nicht ohne weiteres zulässig gehalten.[132] Dies entsprach dem lange Zeit höchstrichterlich anerkannten Satz, dass das Fehlen eines Strafmilderungsgrundes nicht strafschärfend, das Fehlen eines Strafschärfungsgrundes nicht strafmildernd berücksichtigt werden darf.[133] Dieses Dogma wurde jedoch durch eine Entscheidung des Großen Senats des BGH gelockert, indem erklärt wurde, dass eine missverständliche Formulierung im Urteil nicht ausschlaggebend sein dürfe und vielmehr auf den Einzelfall abzustellen sei.[134] Mit dieser Selbstverständlichkeit ist nicht viel gewonnen. Klar wird dadurch nur, dass jeweils auf den Hintergrund der Begründung, „der Täter habe keine Wiedergutmachung geleistet", abzustellen ist. Die fehlende Bereitschaft zur Wiedergutmachung darf jedenfalls dann nicht strafschärfend berücksichtigt werden, wenn sie Folge der eingenommenen Verteidigungsposition ist.[135] Dies mag jedoch dann zulässig sein, wenn die

---

[127] L/K- Lackner, § 56c, Rd.1.
[128] siehe C. I.
[129] Kaiser/ Schöch 2000, Fall 7, Rd.5.
[130] 1994 kam es nur in 0,56% der Verurteilungen zu Verwarnungen gem. § 59 StGB - Neumayer-Wagner 1998, 94.
[131] durch das Opferschutzgesetz vom 18. Dezember 1986; BGBl. I, 2496f.
[132] BT-Drucks. 10/6124, S.17.
[133] Übersicht bei Mösl 1981, 133.
[134] BGHSt-GS 34, 345 (349f.).
[135] Detter 1990, 222 unter Verweis auf eine nicht veröffentlichte Entscheidung des BGH - 4 StR 550/89.

Nichtausgleichsbereitschaft den Schaden vertieft.[136] Genau genommen liegt in dieser Erkenntnis jedoch keine Relativierung des Ausgangspunktes, sondern ein außerhalb der Schadenswiedergutmachung liegender Anknüpfungspunkt für eine nachträgliche Erhöhung der Erfolgskomponente der Strafzumessungsschuld.

6. §§ 56 Abs.2 S.2, 56b Abs.2 S.2 StGB

Diese 1994 eingefügten Normen unterstreichen die Bedeutung, die der Gesetzgeber dem Wiedergutmachungsgedanken einräumt.[137] Während § 56 Abs.2 S.2 StGB nichts wirklich Neues brachte, da das Bemühen um Schadenswiedergutmachung bereits zuvor bei der Würdigung der Persönlichkeit des Verurteilten zu berücksichtigen war, regelt § 56b Abs.2 S.2 StGB einen ausdrücklichen Vorrang der Schadenswiedergutmachungsauflage, d.h. andere Auflagen dürfen nur dann verhängt werden, wenn dadurch eine Auflage nach § 56b Abs.2 S.1 Nr.1 StGB nicht vereitelt wird.[138]

---

[136] so auch Hillenkamp 1989, 533 unter Hinweis auf Neutralisationstechniken gegen das OLG Hamburg, das einen eigenständigen Strafzumessungsaspekt der Genugtuung des Tatopfers kreiert hatte.
[137] hinsichtlich § 56 Abs.2 S.2: BT-Drucks. 12/6853, S.22.
[138] ausdrücklich OLG Frankfurt/Main NStZ-RR 2002, 330.

D. DIE REGELUNG DES § 46A STGB

Gleichzeitig mit den beiden zuletzt genannten Normen wurde durch das Verbrechensbekämpfungsgesetz vom 28. Oktober 1994[139] die Regelung des § 46a StGB eingeführt.
Auf den ersten Blick fallen einige Besonderheiten dieser Norm auf: Betrachtet man die Rechtsfolgenseite, so erkennt man, dass die Neuregelung an den Strafrahmengrenzen des AE-WGM anknüpft, deren Weite aber dadurch wieder zurücknimmt, indem es § 46a StGB als Ermessensvorschrift ausgestaltet. Weiterhin auffallend ist die deutliche Abgrenzung von Täter-Opfer-Ausgleich in Nr.1 und Schadenswiedergutmachung in Nr.2; diese strikte Trennung war nicht durch die wissenschaftliche Diskussion vorgezeichnet.[140] Wirklich neu an § 46a StGB ist die ausdrückliche Betonung der Erfolgsgarantie.[141] Geregelt ist nicht nur abstrakt der Rahmen, innerhalb dessen Wiedergutmachung zu erfolgen hat - Täter-Opfer-Ausgleich bzw. Schadenswiedergutmachung -, sondern auch dessen konkrete Ausfüllung in Form der Wiedergutmachung der Tat in Nr.1 und der Entschädigung des Opfers in Nr.2. Diese Zweigleisigkeit ist mit zahlreichen weiteren Differenzierungen auf beiden Ebenen verbunden: bzgl. des Täter-Opfer-Ausgleichs in Nr.1 genügt das Bemühen darum, während Nr.2 fordert, dass die Schadenswiedergutmachung erhebliche persönliche Leistungen oder einen persönlichen Verzicht abverlangt; hinsichtlich der Erfolgskomponente genügt auch überwiegende Wiedergutmachung bzw. Entschädigung, innerhalb der Nr.1 sogar das ernsthafte Erstreben. Die Vielzahl der daraus resultierenden Kombinationsmöglichkeiten ist es, die bisher einer einheitlichen Rechtsanwendung abträglich ist.[142]

I. DIE TATBESTANDSSEITE DES § 46A STGB

1. Die beiden Alternativen der Nr.1 und Nr.2

Auf der Leistungsebene stehen entsprechend den grundsätzlichen Überlegungen bei Nr.1 immaterielle, bei Nr.2 materielle Leistungen im Vordergrund. Dabei ist es wichtig, zwischen Leistung und Schaden zu unterscheiden.[143] Dies hat die Rechtsprechung bisher nicht getan, wenn sie regelmäßig feststellte[144], dass es bei Nr.2 um materielle Schäden, bei Nr.1 um die immateriellen Folgen der Tat gehe, die allerdings auch bei Vermögensdelikten denkbar seien.[145] Damit waren all diejenigen Delikte aus dem Anwendungsbereich des § 46a Nr.2 StGB herausgenommen, die zivilrechtlich einen Schmerzensgeldanspruch auslösten, da dieser einen immateriellen Schaden betrifft, § 253 BGB.
Unterscheidet man dagegen korrekt nach den Ersatzkategorien, so fällt gerade auch das Schmerzensgeld als materielle Leistung unter § 46a Nr.2 StGB. Die höchstrich-

---

[139] BGBl. I, 3186, zum Verbrechensbekämpfungsgesetz allgemein Dahs 1995, 553ff.
[140] siehe nochmals § 2 AE-WGM und oben B.
[141] damit ist § 46a StGB augenscheinlich ein Autonomiemodell - Schöch 2001, 1049.
[142] im Ergebnis ebenso Schöch 2000, 317.
[143] Kilchling 1996, 314 betont zurecht, dass es um Ersatz-, nicht um Schadenskategorien gehe.
[144] so BGH NStZ 1995, 492f - Nr.2 und Nr.3; BGH NStZ 1999, 610; KG StV 1997, 473; zweifelnd: BGH StV 2001, 448.
[145] damit folgte der BGH der Kommentierung bei D/T- Tröndle, 47. Auflage, § 46a StGB, Rd.3.

terliche Auslegung mag auf der Überlegung beruhen, dass es bei Delikten mit Persönlichkeitsverletzung nicht angehe, durch den „bloßen“ Ausgleich zivilrechtlicher Schulden einen Rabatt oder sogar ein Absehen von Strafe in Aussicht gestellt zu bekommen.[146] Diese deliktsspezifische Einschränkung gibt der Wortlaut jedoch nicht her[147]; dieser Gefahr ist vielmehr durch das Erfordernis der erheblichen persönlichen Leistung und des persönlichen Verzichts, sowie über die Ausübung des eingeräumten Ermessens entgegenzutreten. Die Ansicht wird darüber hinaus auch den Opfern nicht gerecht; denn durch die Rechtsprechung werden sie gezwungen, sich zu einem Täter-Opfer-Ausgleich bereit zu finden, wenn sie ihre durch § 46a StGB erhöhte Chance, ihre zivilrechtlichen Ansprüche verwirklichen zu können[148], nicht aufgeben wollen. Gerade in Fällen mit intensiver Verletzung der Persönlichkeit stellt sich ein umfassender Ausgleich dem Opfer jedoch oft als unzumutbar dar.

2. Deliktischer Anwendungsbereich

Der Wortlaut des § 46a StGB kennt keine deliktische Beschränkung.[149] Möglicherweise ergeben sich jedoch faktische Einschränkungen aufgrund des Opfer- und Verletztenbegriffs.[150]

2.1 Delikte zum Nachteil juristischer Personen

Dieser Verdacht drängt sich bereits im Rahmen der Nr.1 hinsichtlich des Täter-Opfer-Ausgleichs auf. Denn Verhandlungen bedingen natürliche Personen. Es wäre jedoch vorschnell, Straftaten gegen juristische Personen daher aus dem Anwendungsbereich des § 46a Nr.1 StGB auszuschließen.[151] Denn jede juristische Person hat einen gesetzlichen Vertreter, der für sie handelt.[152] Es ist also denkbar, diesen Vertreter als Teilnehmer am Täter-Opfer-Ausgleich heranzuziehen. Zweifel bestehen jedoch, wenn man sich die Intention des § 46a Nr.1 StGB erneut vergegenwärtigt - Konfliktaufarbeitung durch vorrangig immaterielle Leistungen. Vor diesem Hintergrund erscheint die Vorstellung grotesk, dass der Vorstandsvorsitzende einer Kaufhauskette mit einem Ladendieb in Kontakt treten müsse[153], um zu besprechen, wie diese Tat wieder gutgemacht werden soll. Die Erstattung der Strafanzeige bei auf frischer Tat ertappten Ladendieben dient generalpräventiven Erwägungen im Sinne der Abschreckung anderer potentieller Täter. Wie die Strafverfolgungsorgane mit diesen umgehen, ist „dem Kaufhaus“ egal, solange die Abschreckungswirkung nicht

---

[146] das führt bei BGH NStZ 2002, 646f. so weit, dass er die im Fall naheliegende Möglichkeit des § 46a Nr.2 StGB völlig übersieht - zutreffend Kaspar 2002, 653.
[147] ebenso L/K- Lackner, § 46a, Rd.2.
[148] in diese Richtung auch BT-Drucks. 12/6853, 21.
[149] siehe nur BGH StV 2001, 230f. für den Fall eines versuchten Mordes.
[150] ob dabei eine differenzierte Auslegung nach Nr.1 und Nr.2 angezeigt ist - so Meier 1996, 339 - oder aber beide Begriffe als Synonyme zu verstehen sind - so Kasperek 2002, 60 - kann unentschieden bleiben, da jedenfalls beide Ausgangspunkte keine zwingenden unterschiedlichen Konsequenzen zeitigen.
[151] die Anwendbarkeit des § 46a Nr.1 StGB kann jedoch nicht bereits darauf gestützt werden, dass Wiedergutmachungsleistungen auch den natürlichen Personen hinter der juristischen zugute kommen - so aber BGH NStZ 2000, 205f. und Schöch 2000, 333; denn damit wird das Verfahrensmoment des § 46a Nr.1 StGB, die Vereinbarung der Wiedergutmachungsleistung, übersprungen.
[152] so auch BGH NStZ 2000, 205f.
[153] bzgl. der Voraussetzungen für den Ablauf solcher Verhandlungen siehe D. I. 3.1.

konterkariert wird.[154] Das Kaufhaus aber an möglichen Lösungen im Rahmen eines Ausgleichs zu beteiligen, geht an den Interessen und an der Sache vorbei. Auf den Punkt gebracht heißt das: für die Aufarbeitung der Tat im Rahmen eines Täter-Opfer-Ausgleichs fehlt es in einem solchen Fall an dem zwischenmenschlichen Konflikt.[155] Richtiger Anwendungsbereich für solche Fälle ist § 46a Nr.2 StGB mit dem Schwerpunkt auf materiellen Leistungen.[156]
Es ist aber keineswegs so, dass es bei allen Delikten gegen eine juristische Person an diesem Konflikt mangelt; vielmehr ist eine Einzelfallbetrachtung nötig. Das kann zum Beispiel für den in der Form einer Ein-Mann-GmbH geführten Verkaufsladen gelten. Hier ist eine persönliche Betroffenheit des Geschäftsführers denkbar, die es angemessen erscheinen lässt, das Opfer wie eine natürliche Person zu behandeln.[157]

2.2 Delikte gegen Gemeinschaftswerte

Weiterhin ist zu überlegen, ob auch Delikte gegen Gemeinschaftswerte von § 46a StGB erfasst werden.[158] Dabei muss differenziert werden:
Zum einen begegnen Delikte gegen die Allgemeinheit, die einen materiellen Schaden nach sich ziehen - zum Beispiel im Bereich der Straftaten gegen die Umwelt (§§ 324 ff. StGB). Dabei kann nichts anderes gelten als bei juristischen Personen. Materielle Schäden, die verursacht werden, müssen bei jemandem entstanden sein. Sobald das der Fall ist, können die Schäden auch ausgeglichen werden. Wenn - wie hier wohl stets - kein immaterielles Leistungsbedürfnis des Geschädigten hinzukommt, so schließt dies zwar Nr.1, nicht aber Nr.2 des § 46a StGB aus.
Daneben existieren Delikte, die gleichzeitig Gemeinschaftswerte und eine natürliche Person schützen sollen, wie zum Beispiel § 113 StGB. Mit dem betroffenen Beamten kann selbstverständlich ein Täter-Opfer-Ausgleich durchgeführt werden. Fraglich ist jedoch, ob ein erfolgter Ausgleich die Rechtsfolgen des § 46a StGB nach sich ziehen kann. § 113 StGB schützt aber gerade nicht nur den Vollstreckungsbeamten[159], sondern auch die staatliche Vollstreckungshandlung an sich.[160] Dieses Schutzgut ist der Dispositionsbefugnis des Beamten entzogen. Er kann es also nicht in einen Ausgleich mit dem Täter einbeziehen. Umfassend können im Wege des Täter-Opfer-Ausgleichs nur die ideal konkurrierenden Delikte ausgeglichen werden, wie zum Bei-

---

[154] die Verfolgungsprävention wird durch die Berücksichtigung von Wiedergutmachungsleistungen jedoch gerade nicht berührt; siehe A. II. 2.
[155] ebenso Meier 1996, 440, der einen Eingriff in die soziale Stellung des Verletzten verlangt.
[156] das für eine generelle Anwendbarkeit der Nr.1 auf juristische Personen von Loos 1999, 863 und S/S- Stree, § 46a, Rd.4 vorgebrachte Argument der Schlechterstellung entsprechender Täter kann nicht überzeugen. Denn die geringeren Erwartungen hinsichtlich der Erfolgskomponente der Wiedergutmachung bei Nr.1 finden ihre Berechtigung in der erfolgenden Konfliktregelung; wenn das Verfahren mangels Konflikts diese Erwartungen nicht erfüllen kann, stellt sich die Konstellation als so ungleich dar, dass sie auch ungleich behandelt werden darf; für eine generelle Anwendbarkeit der Nr.1 bei juristischen Personen auch Rössner/ Klaus 1998, 55f; Steffens 1999, 178ff.
[157] ebenso Meier 1996, 440; Kasperek 2002, 63ff.
[158] in einem obiter dictum hat dies der BGH bejaht - BGH NStZ 2000, 205f.
[159] es nimmt diesen Schutz vielmehr noch zurück, insoweit § 240 betroffen ist. Denn § 113 ist in diesem Bereich lex specialis und schließt einen Rückgriff auf den Nötigungstatbestand auch dann aus, wenn die Tathandlung nicht die Voraussetzungen des § 113 erreicht (BGHSt 30, 236).
[160] zum doppelten Schutzzweck S/S- Eser, § 113, Rd.2

spiel Körperverletzungen.[161] Insofern muss für die Anwendbarkeit der Rechtsfolgen des § 46a StGB auf § 113 StGB über den Täter-Opfer-Ausgleich hinaus noch etwas dazukommen. Mangels personifizierbarem Verletzten kommt dabei nur Nr.2 in Betracht. Allerdings ist der Schutz der Vollstreckungshandlung nicht ohne weiteres materialisierbar. Das gleiche Problem stellt sich bei den Delikten, bei denen eine solche Verletzung von Gemeinschaftsrechtsgütern alleine steht, so z.B. die Volksgesundheit im Rahmen des Betäubungsmittelstrafrechts.[162]

In diesen Fällen ist „lediglich" die Beunruhigung der Allgemeinheit über den Rechtsverstoß, also der im Rechtsbruch selbst liegende strafrechtliche Schaden entstanden. § 46a StGB kann somit nur anwendbar sein, wenn Nr.2 Raum für symbolische Wiedergutmachung lässt.
Die herrschende Meinung lehnt sie im Rahmen des § 46a StGB de lege lata ab. Gegen die Einbeziehung wird vorgebracht, es fehle bei den Delikten gegen Gemeinschaftswerte das bestimmte Opfer im Sinne einer unmittelbar verletzten Person, das zu entschädigen sei.[163] Des weiteren heißt es, die nicht erfolgte Aufnahme symbolischer Wiedergutmachung in den Gesetzeswortlaut des § 46a StGB mache deutlich, dass der Gesetzgeber von einem engen Wiedergutmachungsbegriff ausgegangen sei.[164] Gerade weil die Auflagenkataloge der §§ 153a StPO, 15 JGG neben der Schadenswiedergutmachung Formen der symbolischen Wiedergutmachung eigenständig aufführten und es im Rahmen des § 46a StGB an Vergleichbarem fehle, könne hier nur eine enge Auslegung erfolgen.[165] Darüber hinaus finde sich in der Gesetzesbegründung kein Anhalt für eine Einbeziehung. Vielmehr sei Beweggrund der Neuregelung gewesen, die Belange der Opfer stärker zu betonen.[166]
Zunächst ist die Behauptung angreifbar, die Allgemeinheit sei kein Opfer im Sinne des § 46a Nr.2 StGB.[167] Aber selbst wenn man diese Prämisse akzeptiert, hindert dies die Einbeziehung symbolischer Wiedergutmachungsleistungen nicht. Zum einen war Telos der Neuregelung ausweislich der Gesetzesbegründung nicht nur die Stärkung der Opferbelange, sondern auch die Möglichkeit, den Täter zur besseren Einsicht in die Verwerflichkeit seines Tuns durch Übernahme von Verantwortung zu veranlassen.[168] Diese Bipolarität der Regelungszwecke findet sich direkt in § 46a Nr.2 StGB wieder, wenn es heißt: *„in einem Fall, in welchem die Schadenswiedergutmachung von ihm erhebliche persönliche Leistungen oder persönlichen Verzicht erfordert hat, das Opfer ganz oder zum überwiegenden Teil entschädigt"*. Das besagt, dass eine Schadenswiedergutmachung nur angenommen werden kann, wenn das Opfer (ganz oder überwiegend) entschädigt wurde. Es sagt aber nicht, dass sich Schadenswiedergutmachung auf die Entschädigung des Opfers beschränkt. Letzteres ist lediglich hinreichende, nicht aber notwendige Bedingung für eine Schadenswiedergutmachung. Wo kein Opfer existiert, kann auch kein Opfer entschädigt wer-

---

[161] a.A. Schöch 2000, 334; Rössner/ Klaus 1998, 56.
[162] zum Ausschluss des § 46a Nr.1 StGB in solchen Fällen siehe BGH Neue Justiz 2001, 434 und BayObLG wistra 1997, 313 (314).
[163] Rössner 1995, 175.
[164] Meier 1996, 440; L/K- Lackner, § 46a, Rd.1b; Lee 2000, 135.
[165] Meier 2001, 312.
[166] Kasperek 2002, 29.
[167] dass der Wortlaut einer solchen Einbeziehung nicht entgegensteht, gesteht auch Meier 1996, 440 zu.
[168] BT-Drucks. 12/6853, 21.

den. Aber dennoch kann der entstandene - dann rein strafrechtliche - Schaden wieder gutgemacht werden - im Wege symbolischer Leistungen.
Hinsichtlich dieser Zweiteilung der Nr.2 StGB in Schadenswiedergutmachung als Rahmenprogramm und Opferentschädigung als konkrete Ausfüllung unterscheidet sich § 46a StGB so wesentlich von §§ 153a StPO und 15 JGG, dass eine andere Auslegung des Begriffs „Schadenswiedergutmachung" nicht nur möglich, sondern sogar geboten ist.
Die Einbeziehung symbolischer Wiedergutmachung in den Rahmen des § 46a Nr.2 StGB ist im Übrigen auch zur Stärkung der Opferbelange geboten. Dies verdeutlicht die Entscheidung des OLG Karlsruhe vom 10. Mai 1996.[169] Dem Gericht stellte sich die Frage, wie sich die vollständig erfolgte Wiedergutmachung eines Betruges auf die ideal konkurrierende Fälschung einer Urkunde auswirkt, die als Täuschungsmittel zum Betrug verwendet wurde. Nach herrschender Meinung dürfte sie sich auf die Strafbarkeit wegen § 267 StGB nicht auswirken, da die Allgemeinheit, deren Gemeinschaftswert im Sinne der Sicherheit und Zuverlässigkeit des Rechtsverkehrs durch § 267 StGB geschützt werden soll, kein Verletzter/ Opfer im Sinne des § 46a StGB ist. Der Täter hätte also mit seinen Wiedergutmachungsbemühungen kaum etwas gewonnen. Denn das Absehen von Strafe bzw. die Milderung gem. § 49 Abs.1 StGB greift nur für § 263 StGB - danach wäre der unveränderte Strafrahmen des § 267 StGB für die zu bildende Einheitsstrafe heranzuziehen gewesen, § 52 Abs.2 StGB. Der gleiche Strafrahmen wäre jedoch auch zur Anwendung gekommen, wenn überhaupt keine Wiedergutmachung erfolgt wäre. Lediglich die gleichzeitige Begehung eines Betruges würde im Falle erfolgter Wiedergutmachung als Strafschärfungsgrund im Rahmen des § 267 StGB weniger oder gar nicht ins Gewicht fallen.[170] Dennoch ist nicht zu übersehen, dass es für die Motivation des Täters zur Wiedergutmachung wesentlich beitragen würde, wenn diese auch Auswirkung auf § 267 StGB hätte. Die strafmaßorientierten Antriebe, den durch § 263 StGB entstandenen Schaden auszugleichen, dürften ansonsten marginal sein. Das wäre eine erhebliche Beeinträchtigung des Opferschutzgedankens. Deshalb sollte die Anwendbarkeit des § 46a Nr.2 StGB auf Delikte gegen die Allgemeinheit ohne materialisierbaren Schaden bejaht werden - durch symbolische Wiedergutmachung, die in diesem Fall zusätzlich hätte geleistet werden können, aber auch müssen.
Das Gericht meint, ohne deren Zulassung zum gleichen Ergebnis kommen zu können. Es stellt lapidar fest, dass die erfolgte Wiedergutmachung des Betruges auch die Urkundenfälschung erfasse.[171] Abgesehen davon, dass derjenige besser stünde, der mit der gefälschten Urkunde eine weitere Straftat begeht, kann das Urteil vor allem dogmatisch nicht überzeugen. Beide Delikte schützen unterschiedliche Rechtsgüter. Und der Vermögensträger, dessen Vermögen durch § 263 StGB geschützt wird und der daher Empfänger der Wiedergutmachungsleistungen hinsichtlich des Betruges zu sein hat, kann über das Rechtsgut des § 267 StGB nicht disponieren. Gerade die Rechtsgüterverschiedenheit ist es, die §§ 263 und 267 in Ideal- und nicht in Gesetzeskonkurrenz treten lässt.[172]

---

[169] NJW 1996, 3286.
[170] zur Berücksichtigung ideal konkurrierender Delikte bei der Strafhöhenbestimmung Schäfer 2001, Rd.500.
[171] zustimmend Loos 1999, 863, Fn.80.
[172] für die Bedeutung der Rechtsgüter bei der Bestimmung der Konkurrenzen: BGHSt 11, 15 (17); BGHSt 28, 11 (15).

2.3 Versuchs- und Gefährdungsdelikte

Durch die Anerkennung symbolischer Wiedergutmachung wird auch die Anwendbarkeit des § 46a StGB auf Versuchs- und Gefährdungsdelikte[173] unproblematisch. Bei Straftaten gegen Persönlichkeits- und Vermögenswerte ist ein diesbezüglicher Rückgriff ohnehin nicht nötig. Der gescheiterte Angriff auf das Rechtsgut kann genügen, um einen Konflikt herzustellen, dessen Lösung durch einen Täter-Opfer-Ausgleich angestrebt werden sollte.[174] Fehlt es an diesem Konflikt oder richtet sich die Tat gegen einen Gemeinschaftswert, so ist auch hier der rein strafrechtliche Schaden durch symbolische Leistungen auszugleichen.

2.4 Fazit

Abschließend ist damit festzuhalten, dass § 46a StGB auch faktisch keinerlei deliktischen Einschränkungen in sich trägt. Die Norm ist auf jedes Delikt anwendbar. Es besteht lediglich eine Einschränkung, was die Möglichkeit des Täter-Opfer-Ausgleichs nach Nr.1 betrifft; hier bedarf es eines Konflikts. Nr.2 entfaltet dagegen vollen Anwendungsraum, notfalls mittels symbolischer Wiedergutmachung.

3. Die Tatbestandsalternative des § 46a Nr.1 StGB

Es wurde bereits mehrfach erwähnt, dass zwischen Täter-Opfer-Ausgleich als dem Verfahren und der Wiedergutmachung der Tat als dessen Ausfüllung zu unterscheiden ist. Die konkreten Leistungen, durch deren Erbringen die Tat wieder gutgemacht werden soll, müssen in eben diesem Ausgleichsverfahren vereinbart werden.[175] Diese Trennung wird oft nicht beachtet. Selbst der Gesetzgeber lässt bisweilen die gewünschte Eindeutigkeit vermissen, wenn er in der Entwurfsbegründung ausführt: *„Dadurch, dass auch eine überwiegende Wiedergutmachung bzw. sogar das bloße ernsthafte Bemühen darum ausreichen kann,...“*.[176] Im Gesetz ist dagegen von einem ernsthaften Erstreben der Wiedergutmachung (2. Phase) und dem Bemühen um einen Ausgleich (1. Phase) die Rede. Mögen Erstreben und Bemühen auch Synonyme sein, der Klarheit halber sollte an der durch das Gesetz vorgegebenen Wortwahl festgehalten werden.

---

[173] auch in diesem Zusammenhang gibt es gemischte (§ 315c StGB) und ausschließlich Gemeinschaftswerte schützende (§ 316 StGB) Delikte.

[174] ebenso Rössner/ Klaus 1998, 55; a.A. SK- Horn, § 46a, Rd.3, der den Versuch zu den opferlosen Delikten zählt; wieder anders Loos 1999, 863f., der aus Gerechtigkeitsgesichtspunkten den Versuch mit einbezogen wissen will, die hier und von Rössner/ Klaus vertretene Konzeption aber ablehnt, da punktuelle Ausgleichsbemühungen bei ernsthaften Störungen dauerhaft nichts leisten könnten; es fragt sich dann jedoch, wie das bei Vollendung der Tat und damit noch ernsthafteren Störungen jemals funktionieren soll.

[175] ebenso Rössner/ Klaus 1998, 50, die zutreffend von Verhandlungs- und Erfüllungsphase sprechen; ihnen folgend Kasperek 2002, 34.

[176] BT-Drucks. 12/6853, 21.

3.1 Die Verhandlungsphase

Am Anfang steht somit die Verhandlungsphase mit dem Ziel eines Ausgleiches zwischen den Parteien. Mangels gesetzlicher Konkretisierung sind die Anforderungen umstritten, die an einen solchen zu stellen sind:

3.1.1 Anleitung eines Dritten

In der Entwurfsbegründung findet sich der Hinweis, dass der Ausgleich unter Anleitung eines Dritten zu erfolgen hat.[177] Selbst wenn eine entsprechende Voraussetzung gewollt gewesen wäre, so ist sie nicht Gesetz geworden.[178] Das Erfordernis einer Anleitung durch Dritte erscheint auch keineswegs zwingend. Was könnte besser sein, als wenn Täter und Opfer eigenständig und selbstverantwortlich zu einer Einigung kommen?[179] Richtig ist, dass die Parteien meist neutraler Hilfe bedürfen, die Anregungen gibt und beiden Parteien eine gewisse Sicherheit garantiert, dass man nicht über den Tisch gezogen wird.[180] Die Frage der Anleitung durch Dritte ist also eine Frage des Konflikts an sich. Wenn die Parteien es nicht alleine schaffen oder es sich nicht alleine zutrauen, so sollte ihnen externe Hilfe gewährt werden.[181] Die Benötigung eines Dritten ist somit allenfalls faktischer Zwang, sie ist weder Voraussetzung für einen Täter-Opfer-Ausgleich, noch muss sie tunlichst[182] vorliegen.[183]

3.1.2 Erfordernis eines kommunikativen Prozesses

Der BGH fordert bisweilen für den Täter-Opfer-Ausgleich einen kommunikativen Prozess.[184] Wenn damit ein Treffen zwischen Täter und Opfer gemeint ist, so kann dem nicht gefolgt werden.[185] Die bisherigen praktischen Erfahrungen ergeben ein anderes Bild.[186] Es widerspräche auch dem Opferschutz, dieses zu einem Treffen zu nötigen, um sich nicht der Möglichkeit eines Täter-Opfer-Ausgleichs beraubt zu sehen. Der Verzicht auf eine persönliche Begegnung bedeutet auch keineswegs einen Verzicht auf das Erfordernis der Konfliktschlichtung. Für eine solche ist es allerdings ausreichend, dass das Verfahren so ausgestaltet ist, dass sich das Opfer über sein Opferwerden beruhigen und die Angst vor Wiederholung verlieren kann. Ein Treffen kann

---

[177] BT-Drucks. 12/6853, 22.
[178] T/F- Fischer, § 46a, Rd.10; a.A. König/ Seitz 1995, 2; Kilchling 1996, 312 unter Zugrundelegung der Definition des Täter-Opfer-Ausgleichs (s.o. B. I.); gegen diese Klammerung an begriffliche Vorprägungen aus kriminologischen Diskussionen zurecht Loos 1999, 860.
[179] ebenso Loos 1999, 861.
[180] Müller-Dietz 1993, 23.
[181] hier liegt der Einstiegspunkt für die entsprechenden Modellprojekte zum Täter-Opfer-Ausgleich, die daher alle zwingend auf der Anleitung durch einen neutralen Vermittler basieren.
[182] so aber BayObLG NJW 1995, 2120; offengelassen von BGH StV 1995, 584 (585).
[183] wie hier SK- Horn, § 46a, Rd.6; S/S- Stree, § 46a, Rd.2; Loos 1999, 861.
[184] BGH NStZ 1995, 492 (493); BGH NStZ 2002, 29.
[185] Schöch 2000, 325 hält das Abstellen auf den kommunikativen Prozess für zu hochgestochen.
[186] der Anteil der persönlichen Gespräche zwischen Opfer und Täter schwankt in den - auch schon vor Einführung des § 46a StGB existierenden - Praxisprojekten im Erwachsenenstrafrecht zwischen 19% (Nürnberger Gerichtshilfe-Projekt: Dölling/ Hartmann 2000, 29) und 34% (Projekt Waage: Netzig/ Petzold 1997, 29) - angesichts dieser Zahlen ist es bedenklich, wenn Kasperek 2002, 46 die persönliche Begegnung als Kernstück des Täter-Opfer-Ausgleichs bezeichnet.

dabei kontraproduktiv sein.[187] Kommunikativer Prozess muss daher als ein Prozess verstanden werden, an dem beide Seiten beteiligt sind. Das bedeutet, dass einseitige Bemühungen des Täters ohne Versuch der Einbeziehung des Geschädigten für die Annahme eines Täter-Opfer-Ausgleichs nicht genügen.[188] Wie die Verhandlungen geführt werden, ob schriftlich, telefonisch oder persönlich, ob zwischen den Parteien selbst oder deren Anwälten[189], spielt keine Rolle.

3.1.3 Lösung des Gesamtkonflikts

Treffen die Beteiligten im Anschluss an ihre Verhandlungen eine Vereinbarung, so ist damit noch nicht gesagt, dass auch der „der Tat zugrundeliegende Gesamtkonflikt"[190] gelöst ist. Denn denkbar ist auch, dass mangels weiterer Einigungsmöglichkeiten bzw. mangels weiteren Einigungswillens nur eine Teilregelung getroffen wurde. Da es bei einem Konflikt um subjektive Empfindungen geht, kann die Frage, ob der Konflikt gelöst ist, nur vom Opfer beantwortet werden.[191] Diese Beurteilung kann entweder selbst in die Vereinbarung aufgenommen werden, so zum Beispiel durch Formulierungen, dass das Opfer an einer Strafverfolgung nicht weiter interessiert sei bzw. dass es den Fall als erledigt betrachtet, oder aus anderen Handlungen des Geschädigten geschlossen werden, wie etwa die Rücknahme des Strafantrags.[192] Notfalls muss dies durch Befragung des Opfers geklärt werden.

3.1.4 Bemühen um einen Ausgleich

§ 46a Nr.1 StGB lässt auch das Bemühen um einen Ausgleich genügen. Die Gesetzesbegründung nennt explizit die Mitwirkungsverweigerung des Opfers als Beispiel (allerdings im falschen Bezug zur erstrebten Wiedergutmachung).[193] Dies kann so nicht richtig sein. Wenn der Anspruch der Neuregelung, die Belange des Opfers stärker in den Mittelpunkt des Interesses zu rücken, ernst gemeint ist, muss ihm zugestanden werden, Ausgleichsbemühungen des Täters eine Absage zu erteilen.[194] Bei einer anfänglichen Weigerung fehlt es aber bereits an der Basis für ein Bemühen.[195] Diese von Anfang an richtige Auslegung findet nun ihre Bestätigung durch den 1999 eingeführten § 155a S.3 StPO, wonach die Eignung eines Falles für einen Täter-Opfer-Ausgleich gegen den ausdrücklichen Willen des Geschädigten nicht angenommen werden darf.[196]

---

[187] für schwerwiegende Gewaltdelikte verzichtet daher selbst Kilchling 1996, 315 im Widerspruch zu seinen vorangegangenen Ausführungen auf eine persönliche Begegnung, ohne den Täter-Opfer-Ausgleich an sich ausschließen zu wollen.

[188] so denn auch BGH NStZ 1995, 492 (493).

[189] die Ausgleichsbemühungen über den Verteidiger lässt BGH StV 1999, 89 ausdrücklich zu; ebenso BGH StV 2001, 448.

[190] BT-Drucks. 12/6853, 22.

[191] zurecht Oberlies 2000a, 110; jetzt auch ausdrücklich BGH NStZ 2002, 646f.

[192] diesbezüglich auch BGH StV 1999, 89.

[193] BT-Drucks. 12/6853, 21.

[194] S/S- Stree, § 46a, Rd.2.

[195] Schöch 2000, 322f.; a.A. Kasperek 2002, 46f.

[196] so auch Oberlies 2000a, 109.

Von einem Bemühen um einen Ausgleich kann also allenfalls gesprochen werden, wenn ein entsprechendes Verfahren aufgenommen, aber nicht erfolgreich zu Ende geführt wurde. Wenn das Opfer jedoch einen Ausgleich von vornherein ablehnen kann, so muss es ihm erst recht nachträglich möglich sein, aus einem Ausgleichsversuch wieder auszusteigen, ohne dass allein dadurch der Täter in den Genuss der Rechtsfolgen des § 46a StGB gelangt. Diese Freiheit ist schon deshalb nötig, um die Ausgleichsbereitschaft des Geschädigten nicht von Anfang an einzuschränken.[197]
Eine Grenze besteht dort, wo das Verhalten des Opfers rechtsmissbräuchlich ist.[198]
Daran ist zu denken, wenn das Opfer völlig unberechtigte Forderungen stellt und die Verhandlungen aufgrund der Verweigerung des Täters, diese Forderung zu erfüllen, abbricht.[199]
Festzuhalten bleibt also, dass für das Bemühens um einen Ausgleich nur ein schmaler Anwendungsbereich bleibt. Es begegnet auch keinen Bedenken, die Anwendbarkeit des § 46a Nr.1 StGB so weitgehend in die Hände des Opfers zu legen. Dies stellt eine konsequente Umsetzung der Stärkung seiner Rechte dar. Dem Täter, dem die Einbeziehung des Geschädigten in seine Bemühungen nicht gelingt, steht weiterhin der Weg über § 46a Nr.2 StGB offen.[200] Des weiteren bleibt nur der Rückgriff auf § 46 Abs.2 StGB, dem so gegenüber § 46a StGB ein eigener Anwendungsbereich erhalten bleibt.[201]

3.1.5 Zeitlicher Rahmen für den Ausgleich

Bzgl. des Zeitpunktes des Ausgleichs macht § 46a Nr.1 StGB keine einschränkenden Angaben. Demnach ist ein Ausgleich selbst nach Rechtskraft des Schuldspruchs noch zu berücksichtigen. Dem Verdacht, dass ein solches Verhalten des Täters nur noch Prozesstaktik ist, muss auf der Rechtsfolgenebene begegnet werden.[202]

3.2 Die Erfüllungsphase

Die Erzielung eines Ausgleiches durch Vereinbarung bestimmter Leistungen genügt nicht, um die Rechtsfolgen des § 46a StGB zu zeitigen. Die Vereinbarung muss zuvor noch erfüllt werden. Dabei verlangt das Gesetz jedoch nicht stets die vollständige Erfüllung, sondern begnügt sich auch mit der überwiegenden bzw. der ernsthaft erstrebten Wiedergutmachung.

3.2.1 Maßstab für die Wiedergutmachung der Tat

Aus der Konstruktion der Erfüllungswirkung der zuvor getroffenen Vereinbarung im Rahmen des § 46a Nr.1 StGB folgt zwingend, dass sich die Frage des Umfangs der Leistungen an der Vereinbarung und nicht an der zivilrechtlichen Lage orientieren

---

[197] zurecht sieht Schöch 2000, 323 sonst die Gefahr eines Versöhnungsdrucks auf dem Opfer lasten.
[198] Oberlies 2000a, 109.
[199] Loos 1999, 864 und Rössner/ Klaus 1998, 51 weisen zurecht auf die Möglichkeit einer Strafbarkeit des Opfers in solchen Fällen gem. §§ 253, 263 StGB hin.
[200] das übersieht Kilchling 1996, 315 bei seiner Kritik an BGH NStZ 1995, 492.
[201] ähnlich Oberlies 2000a, 111f.
[202] in diese Richtung auch BGH StV 2000, 129.

muss.[203] Folgerichtig spricht § 46a Nr.1 StGB auch nicht von Wiedergutmachung des Schadens, sondern von Wiedergutmachung der Tat.[204]
Es bedarf auch keiner Vernünftigkeitskontrolle der getroffenen Vereinbarung, was einer Entmündigung des Opfers gleichkäme.[205] Wenn das Opfer weniger fordert als ihm zivilrechtlich zusteht, dann hat der Täter Glück gehabt.[206] Es wird dazu regelmäßig nicht ohne ein entsprechendes Verhalten des Täters bereit sein.
Oberlies verlangt weiterhin bei dem Bestimmungsrecht der Beteiligten bzgl. der Höhe des Schadensersatzes ein Untermaßverbot. Entsprechend § 138 Abs.2 BGB solle ein zu großer Verzicht auf zivilrechtlich Zustehendes unwirksam sein, wenn die Unerfahrenheit oder das Unverständnis des Opfers ausgenutzt werde.[207] Das ist nur vom Ergebnis her richtig. Denn kommt es zu einem entsprechenden Ausnutzen des Opfers, dann liegt offensichtlich überhaupt kein Ausgleich vor. Ein solches „über den Tisch Ziehen" ist das klassische Beispiel für die Schaffung eines neuen Konflikts statt der Bereinigung des alten.[208] Allein aus großzügigem Verzicht auf zivilrechtliche Positionen kann aber noch nicht auf das Ausnutzen einer eventuellen Unerfahrenheit des Geschädigten geschlossen werden.
Fraglich ist, was zu gelten hat, wenn sich beide Parteien über die zivilrechtliche Lage irren und deshalb auf einem deutlich niedrigeren Niveau als möglich einigen. Festzuhalten ist zunächst, dass in einem solchen Fall dem Opfer nach wie vor der Zivilrechtsweg für die Geltendmachung des restlichen Anspruchs offensteht. § 46a Nr.1 StGB orientiert sich jedoch allein an der Konfliktlösung. Diese war aus Sicht der Beteiligten durch die Vereinbarung und Erfüllung einer niedrigeren als der zustehenden Zahlung erreicht. Daran kann sich auch dann nichts mehr ändern, wenn sich die tatsächliche Lage aufklärt. Für die Anwendbarkeit des § 46a Nr.1 StGB muss es dementsprechend genügen, wenn der Täter die getroffene Vereinbarung erfüllt.
Nur in diesen Fällen unterscheidet sich dann die hier vertretene subjektive Position von objektiven Ansätzen, die für die Beurteilung der Wiedergutmachungsleistungen auf die zivilrechtliche Lage abstellen.[209] Denn im Falle der Vereinbarung einer bewusst niedrigeren als der objektiv zustehenden Schadenssumme beinhaltet diese

---

[203] Rössner/ Klaus 1998, 51.
[204] anders Schöch 2000, 317.
[205] so aber SK- Horn, § 46a, Rd.3; dessen Ansicht geht auch - entgegen Kasperek 2002, 33 - keineswegs über die von Rössner/ Klaus hinaus, sondern bleibt vielmehr mit dem Erfordernis des vernünftigen Dritten hinter ihr zurück (so auch Rössner/ Klaus 1998, 51). Kasperek übersieht, dass zwischen der Festlegung der erforderlichen Wiedergutmachungsleistungen durch beide und der allein durch das Opfer sachlich kein Unterschied besteht. Denn wenn der Täter das leistet, was das Opfer fordert, besteht Einigkeit.
[206] allzu weitem Entgegenkommen des Opfers kann lediglich auf der Rechtsfolgenseite im Rahmen des Ermessens begegnet werden; dies hat der BGH NJW 2001, 2557 übersehen, wenn er erklärt, die Bestimmung dessen, was im Rahmen des § 46a Nr.1 StGB ausreichend sei, könne nicht dem Opfer überlassen werden; in die richtige Richtung BGH StV 2001, 457: *„Wenn ein Opfer (aus autonomen Motiven heraus) dem Täter den Täter-Opfer-Ausgleich in der Weise leicht macht, dass es an das Maß der Wiedergutmachungsbemühungen keine hohen Anforderungen stellt und schnell zu einer Versöhnung bereit ist, steht dies der Bejahung der Voraussetzungen des § 46a Nr.1 StGB jedenfalls nicht grundsätzlich im Wege."*
[207] Oberlies 2000a, 110.
[208] und wäre - was Oberlies 2000a, 110 zurecht bemerkt - ein möglicher Strafschärfungsgrund (siehe dazu bereits C. II. 5.) und gerade kein Fall des § 46a Nr.1 StGB.
[209] S/S- Stree, § 46a, Rd.3; L/K- Lackner, § 46a, Rd.2

gleichzeitig einen - an keine bestimmte Form gebundenen[210] - zivilrechtlichen Verzicht des Opfers auf das Mehr gem. § 397 BGB.[211]

3.2.2 Überwiegende Wiedergutmachung bzw. das ernsthafte Erstreben derselben

Fraglich ist somit nur noch, wann von überwiegender Wiedergutmachung bzw. dem ernsthaften Erstreben derselben gesprochen werden kann. Von der herrschenden Meinung wird - meist ohne weitere Begründung - „überwiegend" im Sinne von „mehr als die Hälfte" verstanden.[212] Da mit der Vereinbarung klar ist, was zur Wiedergutmachung erbracht werden muss, greift zumindest das Argument nicht, das Begnügen mit überwiegender Wiedergutmachung habe seinen Grund darin, dass die Bestimmung der wirklichen Schadenshöhe nach Zivilrecht gewissen Unwägbarkeiten ausgesetzt sei, und man vermeiden müsse, dass die Anwendbarkeit des § 46a Nr.1 StGB allein aufgrund eines Irrtums der Parteien über die zivilrechtliche Lage scheitert.[213]

Zum einen passt das pauschale Kriterium der hälftigen Erfüllung nicht auf die - im Rahmen der Nr.1 wesentlichen - immateriellen Leistungen.[214] Wann ist etwa eine Entschuldigung zur Hälfte erbracht? Oder wieviel weniger muss der Täter sonst leisten, wenn er sich vollständig entschuldigt hat, um insgesamt die Hälfte geleistet zu haben?

Darüber hinaus geht es nicht an, dem Geschädigten das Risiko der materiellen Erfüllung aufzubürden. Man kann nicht die Interessen des Opfers im Rahmen der Vereinbarung als wesentlich betrachten, um sie dann im Rahmen der Erfüllung außen vor zu lassen. Denn dann bestünde in der Tat die Möglichkeit, dass die von *Kasperek*[215] beschriebene Gefahr eintritt und der Täter ganz bewusst die Vereinbarung nur zur Hälfte erfüllt. Daher ist es notwendig, von „überwiegender" Wiedergutmachung nur dann auszugehen, wenn die vollständige Erfüllung der getroffenen Regelung dem Täter aus Gründen nicht möglich ist, die zeitlich nach Abschluss derselben eingetreten sind.[216] Das Kriterium der Hälfte stellt dabei eine Untergrenze dar. Die Berechtigung dieser restriktiven Auslegung liegt vor allem darin, dass die Lösung des Gesamtkonflikts nicht bereits durch die bloße Deklaration des Willens zur Wiedergutmachung eintritt, sondern erst durch die Manifestation desselben.

In ganz außergewöhnlichen Konstellationen kann selbst von dieser Mindestanforderung nach unten abgewichen werden und geringere Leistungen im Rahmen des ernsthaften Erstrebens honoriert werden. In erster Linie stellt sich dies jedoch als Erfüllungskorrelat zum Bemühen um einen Ausgleich dar, also in den Fällen, in denen das Opfer rechtsmissbräuchlich den Abschluss einer Ausgleichsvereinbarung vereitelt hat. Da das Bemühen um einen Ausgleich jedoch nur durch ein entsprechend angemessenes Angebot des Täters manifestiert werden kann, muss verlangt werden, dass der Täter diese angebotene Leistung auch erbringt. In der Regel wird also die Wiedergutmachung des Schadens nötig sein; da der Konflikt jedoch nicht gelöst

---

[210] Palandt- Heinrichs, § 397, Rd.5.
[211] in diese Richtung auch Loos 1999, 862.
[212] L/K- Lackner, § 46a, Rd.2; Schöch 2000, 317.
[213] auf dieses Argument verweist Loos 1999, 862.
[214] ebenso Kasperek 2002, 36.
[215] Kasperek 2002, 36.
[216] ähnlich Rössner/ Klaus 1998, 52; Kasperek 2002, 36.

werden konnte, bleibt es beim ernsthaften Erstreben der Wiedergutmachung der Tat.[217]
Nicht unter das ernsthafte Erstreben der Wiedergutmachung kann demnach der Beispielsfall der Gesetzesbegründung fallen: ein hoher Schaden bei geringem Verschulden.[218] § 46a Nr.1 StGB wäre nur dann anwendbar, wenn das Opfer auf einen Teil seiner Forderung verzichtet. Bei Erfüllung des Restes liegt dann aber eine vollständige Wiedergutmachung der Tat vor. Besteht der Geschädigte auf der Tilgung des ganzen Schadens, so kann das nicht rechtsmissbräuchlich sein. Zwar können diese Fälle auch nicht auf § 46a Nr.2 StGB verwiesen werden, da hier das ernsthafte Erstreben der Wiedergutmachung nicht ausreicht. Aber eine Ungleichbehandlung entsprechender Täter findet gerade nicht statt, da diese Fallkonstellation in § 60 StGB schon lange geregelt[219] und dort auch richtig aufgehoben ist, da sie nichts mit Wiedergutmachung zu tun hat. Insoweit § 60 StGB enger als § 46a StGB ist, da er solche Fälle nicht mit einschließt, in denen Freiheitsstrafe von mehr als einem Jahr verwirkt ist, liegt darin kein Bruch, da Voraussetzung dieser Fallgruppe gerade ein geringes Verschulden ist.

4. Die Tatbestandsalternative der Nr.2

4.1 Verhältnis zu Nr.1

Hinsichtlich der Frage der Berücksichtigungsfähigkeit symbolischer Wiedergutmachungsleistungen im Rahmen von § 46a Nr.2 StGB wurde herausgearbeitet, dass - wie bei § 46a Nr.1 StGB mit dem Ausgleichsverfahren und der Erfüllung der verfahrensbeendenden Vereinbarung - auch hier zwei Elemente zu unterscheiden sind: die Schadenswiedergutmachung als das umfassende Ziel und dessen Erreichung durch Opferentschädigung und/ oder andere Bemühungen, die insgesamt vom Täter erhebliche persönliche Leistungen oder persönlichen Verzicht abverlangen. Opferentschädigung und Schadenswiedergutmachung sind demnach nicht Synonyme[220], sondern entsprechen den zwei konzentrischen Kreisen, die eingangs als Schadenswiedergutmachung im engeren (= Opferentschädigung) und im weiteren (= Schadenswiedergutmachung) Sinne bezeichnet wurden. Während erstere auf den Ausgleich der zivilrechtlichen Ansprüche gerichtet ist, ist die letztere im Sinne des § 46a Nr.2 StGB darauf nicht beschränkt, sondern umschreibt darüber hinaus das Erfordernis des Ausgleichs des strafrechtlichen Schadens.
Das umfassende Verfahrensziel der Schadenswiedergutmachung definiert sich dabei in Abgrenzung zum Täter-Opfer-Ausgleich. Zwar sind auch diesbezüglich Vereinbarungen zwischen den Beteiligten möglich. Zur Schadenswiedergutmachung ist der Täter aber nicht auf die Mitwirkung des Geschädigten angewiesen. Es bedarf noch nicht einmal des Versuchs einer Einbeziehung des Opfers. Auch umfasst § 46a Nr.2 StGB ein größeres Deliktsfeld als Nr.1.[221] Dementsprechend handelt es sich bei

---

[217] der Vorteil der Nr.1 gegenüber der Nr.2 liegt für den Täter in solchen Fällen darin, dass es nicht darauf ankommt, ob die Schadenswiedergutmachung durch erhebliche persönliche Leistungen oder persönlichen Verzicht ermöglicht wurde. Dieses ideelle Element (siehe sogleich) wird durch die Ausgleichsbemühungen ersetzt.
[218] BT-Drucks. 12/6853, 22.
[219] S/S- Stree, § 60, Rd.4.
[220] so aber Kasperek 2002, 49.
[221] siehe D. I. 2.

der zweiten Alternative weder um einen Sonderfall der Ausgleichsbemühungen[222], noch ist Nr.2 zu Nr.1 subsidiär[223], noch um einen bloßen Nebenweg zu den Rechtsfolgen der Norm.[224] Vielmehr stehen beide Fallgruppen[225] gleichwertig nebeneinander.[226]

4.2 Überwiegende Schadenswiedergutmachung

Wenn Opferentschädigung den Ausgleich des zivilrechtlichen Schadens bedeutet und dieser in der Regel ohne weitere Vereinbarung zwischen Täter und Opfer versucht wird, so scheint es hinsichtlich der bereits zu Nr.1 von der Gegenmeinung ins Feld geführten Kalkulationsrisiken bei der Bestimmung der Schadenshöhe gerechtfertigt, „überwiegend" im Sinne von „mehr als die Hälfte" zu verstehen.[227]
Erfolgt die Opferentschädigung auch im Rahmen von § 46a Nr.2 StGB aufgrund einer Vereinbarung zwischen den Betroffenen, so muss erneut zwischen dem bewussten Verzicht auf Ansprüche (§ 397 BGB) und dem beiderseitigen Irrtum über die tatsächliche Höhe unterschieden werden. Im ersten Fall entspricht der zivilrechtliche Schaden dem, was das Opfer geltend macht. Wird die Vereinbarung ganz erfüllt, so ist es vollständig entschädigt. Da der Täter aufgrund der Vereinbarung jedoch nicht schlechter stehen darf, als wenn er ohne vorherige Absprache Zahlungen an den Geschädigten geleistet hätte, bleibt es in diesem Zusammenhang bei der Definition der überwiegenden Entschädigung als Ausgleich von mehr als der Hälfte des ursprünglich entstandenen Schadens (also vor dem Verzicht). Dies ist logische Konsequenz der Orientierung an objektiven Gesichtspunkten innerhalb der Nr.2. Im Umkehrschluss muss der Täter im Falle des irrtümlichen Verzichts des Opfers das Risiko tragen, dass die vereinbarte und vollständig erbrachte Zahlung nicht mindestens der Hälfte des tatsächlich entstandenen Schadens entspricht.
Verweigert der Geschädigte die Annahme der Entschädigungszahlung, so gerät es in Gläubigerverzug (§§ 293ff. BGB); dadurch wird der Täter zwar nicht von seiner zivilrechtlichen Schuld frei, so dass eine Entschädigung des Opfers weiterhin aussteht. Der Gläubigerverzug eröffnet dem Schuldner jedoch die Möglichkeit der Hinterlegung, §§ 372ff. BGB, wobei er ausdrücklich auf das Recht zur Rücknahme der hinterlegten Sache verzichten muss, um dieser Erfüllungswirkung beimessen zu können, § 378 i.V.m. § 376 II Nr.1 BGB.

---

[222] SK- Horn, § 46a, Rd.7; allenfalls ist Nr.1 vorrangig zu prüfen, wenn es zu Verhandlungen zwischen Täter und Opfer kam; das ändert aber nichts an der Gleichwertigkeit beider Alternativen - ebenso Schöch 2000, 328.
[223] Lee 2000, 107; Steffens 1999, 168-172.
[224] Rössner/ Klaus 1998, 53.
[225] auch die Gesetzesbegründung spricht von zwei Fallgruppen - BT-Drucks. 12/6853, 21.
[226] Kilchling 1996, 312; Schöch 2000, 319; BGH NJW 2001, 2557; durch diese Gleichrangigkeit wird auch nicht dem Täter-Opfer-Ausgleich „das Wasser abgegraben", wie Rössner/ Klaus 1998, 53 fürchten, da Nr.2 hinsichtlich der Wiedergutmachungsleistungen strengere Anforderungen aufstellt.
[227] a.A. Kasperek 2002, 51, der auch in diesem Zusammenhang auf die Opferperspektive abstellen will.

4.3 Erhebliche persönliche Leistungen bzw. persönlicher Verzicht

Die bloße Erfüllung von Schadensersatzansprüchen genügt jedoch nicht[228], vielmehr muss der Täter „einen über die rein rechnerische Kompensation hinausgehenden Beitrag" erbringen.[229] Dieses ideelle Element[230] findet sich in dem Erfordernis der erheblichen persönlichen Leistungen oder des persönlichen Verzichts.[231] Da sich diese ausweislich des Gesetzeswortlauts auf die Schadenswiedergutmachung beziehen, besteht kein Kausalitätserfordernis derart, dass erst durch diese persönlichen Opfer der Ausgleich des zivilrechtlichen Schadens ermöglicht werden muss.[232] Nur auf diese Weise kann auch gewährleistet werden, dass der zutreffende Ansatz, ein Freikaufen durch reiche Täter zu vermeiden[233], nicht in sein Gegenteil verkehrt und diese Tätergruppe benachteiligt wird.
Dieser steht es vielmehr offen, durch zusätzliche Leistungen den überschießenden strafrechtlichen Schaden auszugleichen, wobei dieser Überschuss der Differenz zwischen Erfüllung des ideellen Moments und der Opferentschädigung entspricht. Da § 46a StGB auch nicht zu einer Bevorzugung mancher Geschädigter führen darf, müssen diese zusätzlichen Leistungen an die Allgemeinheit, also symbolisch erbracht werden.[234] Das Problem dieser Form der Wiedergutmachung stellt sich somit nicht nur bei der Frage, ob eine solche bei Delikten gegen Gemeinschaftswerte alleinige Schadenswiedergutmachung im Sinne des § 46a Nr.2 StGB sein kann, sondern auch dahingehend, ob sie als zusätzliche Leistung neben der Opferentschädigung in Betracht kommt. Beide Fragen sind zu bejahen. Hinsichtlich der zweiten Variante wird diese Ansicht auch von einem am Gesetzgebungsverfahren maßgeblich beteiligten Abgeordneten geteilt.[235]

4.4 Zeitliche Komponente der Schadenswiedergutmachung

Bzgl. der zeitlichen Komponente gilt auch hier, dass alle Bemühungen, die bis zum Zeitpunkt der Strafmaßentscheidung unternommen wurden, zu beachten sind. Insbesondere steht die zivilgerichtliche Inanspruchnahme des Täters durch das Opfer einer Berücksichtigung der erbrachten Leistungen im Rahmen des § 46a Nr.2 StGB grundsätzlich so lange nicht entgegen[236], wie sie nicht im Wege der Zwangsvollstreckung beigetrieben werden mussten.[237]

---

[228] König/ Seitz 1995, 2.
[229] BT-Drucks. 12/6853, 22
[230] dazu Rössner 1995, 174; dies darf aber nicht dahingehend missverstanden werden, dass stets mehr als das zivilrechtlich Geschuldete erbracht werden muss - das wäre geradezu ein Widerspruch zum Begnügen mit der überwiegenden Entschädigung; das ideelle Moment betrifft vielmehr die Frage des „Wie" der Leistung, nicht des „Wieviel".
[231] die Gesetzesbegründung BT-Drucks. 12/6853, 22 nennt als Beispiele umfangreiche Arbeiten in der Freizeit und erhebliche Einschränkungen im finanziellen Bereich.
[232] anders, wer Schadenswiedergutmachung und Opferentschädigung als Synonyme betrachtet - insofern konsequent Kasperek 2002, 54; wie Kasperek auch OLG Stuttgart NJW 1996, 2109 (2110); die für die Gegenansicht sprechende Entwurfsbegründung findet sich nicht im Gesetzeswortlaut wieder.
[233] BT-Drucks. 12/6853, 22.
[234] zur gewissen Ausnahme im Rahmen des Schmerzensgeld über den Anwendungsbereich von § 253 Abs.2 BGB hinaus, siehe oben D. I. 2.2.
[235] Norbert Geis in WEISSER RING 1996, 40f.; ebenso Schöch 2000, 336.
[236] BGH NStZ 1995, 284.
[237] Schöch 2000, 321.

II. Die Rechtsfolgenseite des § 46a StGB

1. Absehen von Strafe

Liegen die Tatbestandsvoraussetzungen der Nr.1 oder der Nr.2 vor, so kann das Gericht von Strafe absehen, wenn keine höhere Strafe als ein Jahr Freiheitsstrafe oder Geldstrafe bis zu 360 Tagessätzen verwirkt ist. Diese Grenze ist erkennbar an § 4 AE-WGM angelehnt.

Um zu beurteilen, welche Strafe grundsätzlich verwirkt wäre, muss zumindest eine vorläufige Strafhöhenbestimmung nach den allgemeinen Grundsätzen des § 46 StGB erfolgen. Die erbrachte Wiedergutmachung hat dabei unberücksichtigt zu bleiben.[238] Ansonsten käme es zu einer diesbezüglichen Doppelverwertung nach § 46 Abs.3 StGB.[239]

Absehen von Strafe bedeutet, dass es zu einem Schuldspruch ohne Strafausspruch kommt.[240] Mangels erkannter Strafe wird die Tat nicht in das Bundeszentralregister eingetragen, § 4 Nr.1 BZRG.

2. Strafmilderung nach § 49 Abs.1 StGB

Kommt es zu keinem Absehen von Strafe, sei es, weil eine höhere Strafe verwirkt ist, sei es, weil ein Absehen von Strafe nach pflichtgemäßen Ermessen ausscheidet, so ist zu prüfen, ob die Strafe nach § 49 Abs.1 StGB zu mildern ist.

Bei Tatbeständen mit einem Sonderstrafrahmen für minder schwere Fälle ist die Vorschrift des § 50 StGB zu beachten. Demnach ist es nicht zulässig, den Wiedergutmachungsgedanken zunächst allein[241] oder in Verbindung mit anderen Strafzumessungsgesichtspunkten zur Begründung eines minder schweren Falles heranzuziehen und diesen Strafrahmen dann erneut nach §§ 46a, 49 Abs.1 StGB zu mildern. Eine doppelte Milderung ist im Umkehrschluss dazu jedoch dann möglich, wenn die Begründung des minder schweren Falles schon aufgrund von Gesichtspunkten außerhalb der Wiedergutmachung gerechtfertigt ist.[242]

Eine weitere Frage ist, ob innerhalb des gem. §§ 46a, 49 Abs.1 StGB gemilderten oder aufgrund der Anname eines minder schweren Falles milderen Strafrahmens die Umstände der Wiedergutmachung gem. § 46 Abs.2 StGB verwertet werden dürfen. Bedenken bestehen dabei hinsichtlich des Doppelverwertungsverbotes nach § 46 Abs.3 StGB. Mit der Vornahme der Strafrahmenverschiebung wird allerdings nur festgestellt, dass der Regelstrafrahmen eine angemessene Ahndung nicht erlaubt. Welches Gewicht den einzelnen Komponenten zukommt, ist damit noch nicht gesagt.[243] Ausgeschlossen ist demnach nur die Berücksichtigung des Milderungsgrun-

---

[238] ebenso SK- Horn, § 46a, Rd.9; dies entspricht dem allgemeinen Grundsatz, dass die Strafrahmender Strafhöhenbestimmung vorgeht.

[239] Loos 1999, 866; das gleiche Problem stellt sich bei § 60 StGB und der Frage, ob die Tatfolgen für den Täter bei der Bestimmung der verwirkten Strafe einfließen dürfen; hier besteht Streit: dafür Maiwald 1971, 691; dagegen Streng 2002, Rd.554.

[240] S/S- Stree, § 46a, Rd.7.

[241] vor dem Hintergrund des eindeutigen Wortlauts erscheint die Meinung von S/S- Stree, § 50, Rd.3, nicht nachvollziehbar, der die Annahme eines minder schweren Falles allein aufgrund eines Milderungsgrundes gemäß § 49 StGB ausschließen will.

[242] BGH NStZ 1986, 115; BGH NStZ 2001, 477 (478).

[243] S/S- Stree, § 46, Rd.49.

des als solchem[244] - also die Wiedergutmachung -, nicht jedoch die konkret damit zusammenhängenden Umstände.[245]

3. Ermessen des Gerichts

Die beschriebenen Rechtsfolgen stehen im Ermessen des Gerichts. Das ist ein wesentlicher Unterschied zur Regelung des AE-WGM, der in §§ 4, 5 eine obligatorische Berücksichtigung der Wiedergutmachungsleistungen vorsah.
Es ist umstritten, welche Aspekte bei der Ermessensentscheidung eine Rolle spielen. Dabei dreht sich der Streit vornehmlich um die Frage, ob zum einen das Maß der Freiwilligkeit zur Wiedergutmachung, zum anderen der Unrechtsgehalt der Tat an sich ermessenssteuernd herangezogen werden dürfe.
In Bezug auf die Freiwilligkeit verneint dies *Horn* ohne Begründung.[246] Ebenfalls ohne Begründung wird dies andererseits von *Lackner*[247] und *Stree*[248] bejaht. Ohne direkten Bezug zu dem Problem der Freiwilligkeit wollen *Meier*[249] und *Rössner/ Klaus*[250] nur präventive und Schuldgesichtspunkte berücksichtigt wissen. Das ergebe sich aus dem Subsidiaritätsprinzip, wonach Strafe nur verhängt werden dürfe, wenn andere Maßnahmen - hier die Wiedergutmachung - zur Erfüllung der Strafzwecke nicht ausreiche.[251]
Letzteres steht der Einbeziehung des Grades der Freiwilligkeit in die Ermessensentscheidung nicht entgegen.[252] Umstände wie der Zeitpunkt oder des Initiators sind Anhaltspunkte für die Beweggründe des Täters zur Wiedergutmachung. Aus ihnen lässt sich ableiten, ob die erbrachten Leistungen allein als Einwirkung auf den Täter zur Vermeidung weiterer Straftaten (Spezialprävention) oder die Beruhigung der Gesellschaft über den Gesetzesverstoß (Generalprävention) ausreichen.
Dies ergibt sich auch aus einer grundsätzlicheren Überlegung: die Ausgestaltung des § 46a StGB als Ermessensnorm macht deutlich, dass nicht jede Form der Wiedergutmachung, mag sie auch die Tatbestandsvoraussetzungen erfüllen, zum Eintritt der Rechtsfolgen führen soll. Wenn aber Unterschiede gemacht werden müssen, so kann dies nur anhand von Umständen geschehen, die die Wiedergutmachung betreffen. Dazu gehört insbesondere auch das Maß der Freiwilligkeit.[253]
Zu unterscheiden ist aber hinsichtlich der beiden Rechtsfolgemöglichkeiten. So dürfen an die konkrete Ausgestaltung der Wiedergutmachung beim Absehen von Strafe als einer „Alles-oder-Nichts-Entscheidung" strengere Anforderungen gestellt werden als bei der Strafrahmenverschiebung gem. § 49 Abs.1 StGB. Denn bei letzterer schlagen die konkreten Umstände bei der Strafhöhenbestimmung selbst zu Bu-

[244] BGH NStZ 1987, 504; BGH NJW 1989, 3230.
[245] BGH NStZ 1992, 538; ebenso Steffens 1999, 201.
[246] SK- Horn, § 46a, Rd.11.
[247] in L/K- Lackner, § 46a, Rd.5.
[248] in S/S- Stree, § 46a, Rd.6.
[249] Meier 1996, 441.
[250] Rössner/ Klaus 1998, 60.
[251] Meier 1996, 441.
[252] a.A. wohl Meier 1996, 440, wenn er darauf hinweist, dass die Abstufung der Freiwilligkeit im Hinblick auf § 24 StGB ihren Widerhall bereits darin finde, dass es bei erfolgter Wiedergutmachung bei der Strafbarkeit bleibe; dagegen zu Recht Loos 1999, 869f. unter Hinweis auf die Definition der Freiwilligkeit im Zusammenhang mit der tätigen Reue; vgl. Fn.41.
[253] so auch Kasperek 2002, 75.

che.[254] Das gilt insbesondere für den Unrechtsgehalt der Tat: da § 49 Abs.1 StGB die Strafrahmen der einzelnen Delikte proportional zu deren Schwere verschiebt, kann diese grundsätzlich kein Argument sein, eine Strafrahmenverschiebung abzulehnen.[255]

III. Besondere Fallgestaltungen im Rahmen des § 46a StGB im Lichte der Rechtsprechung

Es kann nicht Aufgabe dieser Arbeit sein, sämtliche bisher zu § 46a StGB ergangene Rechtsprechung im Einzelnen darzustellen.[256] Im Vorangegangenen wurde stets versucht, auch die Ansicht der Revisionsgerichte deutlich zu machen.[257] Nachfolgend werden daher nur solche Entscheidungen erörtert, die über den Einzelfall hinaus relevante Konstellationen beinhalten.

1. Leistungen durch Dritte

1.1 Leistungen durch Versicherungen im Rahmen von § 46a Nr.2 StGB

Das BayObLG[258] hatte über die Revision einer wegen fahrlässiger Körperverletzung im Zusammenhang mit einem Verkehrsunfall Angeklagten zu entscheiden. Diese rügte unter anderem, dass die teilweise Schadensregulierung durch ihre Haftpflichtversicherung vom Berufungsgericht nicht nach § 46a StGB berücksichtigt wurde. Dabei stützte sie sich auf die Kommentierung bei Horn, der konstatierte, dass vom Beschuldigten nicht mehr verlangt werden könne, als den Schaden bei seiner Versicherung zu melden und dadurch für dessen Erstattung zu sorgen. Unter erwachsenen Menschen bedürfe es keiner zusätzlichen Beschwichtigungstendenzen, das Schreiben, mit dem der Scheck zur Schadensregulierung übersandt werde, müsse nicht mit Entschuldigungsfloskeln garniert werden.[259]
Im Hinblick auf § 46a Nr.1 StGB trat das BayObLG dieser Ansicht mit dem Hinweis entgegen, dass auch bei fahrlässig herbeigeführten Verletzungen eine Entschuldigung beim Opfer grundsätzlich angemessen und damit auch zu verlangen sei. Für § 46a Nr.2 StGB fehle es dagegen an der erheblichen persönlichen Leistung bzw. des persönlichen Verzichts, die in der laufenden Prämienzahlung jedenfalls nicht zu sehen seien, da diese auch ohne den Unfall zu zahlen gewesen wären.[260]
Dem Urteil ist im Ergebnis zuzustimmen. Die Begründung zu § 46a Nr.1 StGB ist allerdings insoweit zweifelhaft, als sie den Anschein erweckt, das Gericht stelle ein

---

[254] vgl. D. II. 2.
[255] Loos 1999, 866.
[256] dazu siehe Schöch 2000, 320ff; Kasperek 2002, 84ff.
[257] diese leidet jedoch in weiten Teilen darunter, dass sie sich nicht um eine schlüssige Auslegung bemüht, sondern oft auf allgemeine Phrasen beschränkt: in dieser Hinsicht extrem BGH StV 2000, 129, in dem der BGH feststellt, dass er grundlegende Bedenken gegenüber der gesetzlichen Ausgestaltung des § 46a StGB und dessen Anwendbarkeit und praktische Handhabbarkeit in Fällen des sexuellen Missbrauchs von Kindern hege, andererseits aber sich nicht mit den Anforderungen an einen Täter-Opfer-Ausgleich auseinandersetzt; zurecht kritisch daher Oberlies 2000b, 550.
[258] Urteil vom 17.12.1997 - 2 StRR 273/97 - NStZ 1998, 356.
[259] SK- Horn, § 46a, Rd.6.
[260] das Urteil geht nicht auf die Problematik des Bonusverlust bei Schadensregulierung durch die Versicherung ein; aber auch dies ist in der Prämienberechnung generell angelegt und keine fallspezifische besondere Leistung - richtig Kasperek 2002, 101.

Mindestmaß an Wiedergutmachungsleistungen im Zusammenhang mit dem Abschluss eines Täter-Opfer-Ausgleichs auf, anstatt diese allein den Beteiligten zu überlassen. Vielmehr scheitert § 46a Nr.1 StGB daran, dass ausweislich der Urteilsbegründung überhaupt kein Versuch zur Einbeziehung des Geschädigten unternommen wurde. Hinsichtlich des § 46a Nr.2 StGB ist darüber hinaus zu fragen, ob es nicht bereits an der Opferentschädigung fehlt. Man könnte nämlich annehmen, dass die Versicherung mit der Schadensbegleichung die Rolle des Opfers übernommen hat und somit Voraussetzung für § 46a Nr.2 StGB zunächst die Rückzahlung der aufgebrachten Versicherungsleistung wäre. Eine solche Verschiebung des Schadens anstelle seiner Beseitigung kommt jedoch allenfalls dann in Betracht, wenn der leistende Dritte einen entsprechenden Regressanspruch gegen den Schädiger erwirbt, also im Falle eines gesetzlichen Forderungsübergangs. Fehlt es an einem solchen - wie im Fall des BayObLG - ist dagegen der Schaden durch die Versicherungsleistung getilgt; für den Täter gibt es nichts mehr zu entschädigen. Um dies zu vermeiden, bleibt ihm nach herrschender Meinung nur die Möglichkeit zu versuchen, den Schaden ohne Hinzuziehung der Versicherung selbst zu regulieren. Denn nur so kann er das Kausalitätserfordernis zwischen Verzicht und Opferentschädigung wahren. Nach der hier vertretenen Ansicht steht die durch Dritte erfolgte Entschädigung einer Anwendung des § 46a Nr.2 StGB nicht im Weg. Die Konstellation entspricht aus Sicht des Täters denen der opferlosen Delikte, so dass er den Schaden durch symbolische Leistungen wieder gutmachen kann.[261]
Aber selbst eine Legalzession kann in der Regel nicht zu einem „neuen" Opfer führen. Eine solch streng zivilrechtliche Betrachtung würde dem strafrechtlichen Rechtsgüterschutz nicht gerecht. § 46a StGB umfasst nur die Schäden, die sich beim Rechtsgutsträger selbst niedergeschlagen haben. Etwas anderes kann nur bei Schadensverlagerung auf Dritte im Rahmen von Vermögensdelikten gelten, da es in diesem Kontext nur darum gehen kann, wessen Vermögen im Endeffekt gemindert wurde.[262]

1.2 Andere Leistungen durch Dritte im Rahmen des § 46a Nr.2 StGB

Entsprechend dieser Grundsätze sind auch die Fälle zu beurteilen, in denen die Opferentschädigung durch Leistungen von Dritten[263] aufgrund eines spezifisch zu diesem Zweck abgeschlossenen Vertrages zustande kommt:
Erfolgt die Regulierung durch den Dritten dem Täter gegenüber schenkungsweise, so ist der ursprüngliche Schaden des Opfers beseitigt. Damit bleibt dem Täter für § 46a Nr.2 StGB nur der Weg über symbolische Wiedergutmachung.

Erfolgt die Leistung des Dritten aufgrund eines Kreditvertrages, besteht zwar ein Anspruch des Kreditgebers, der dem des Opfers gegenüber dem Täter summenmäßig entspricht. Wie beim Fall des BayObLG erlischt jedoch der Anspruch des Geschä-

---

[261] auch dies ist ein Beispiel dafür, dass die herrschende Meinung zu einer Schlechterstellung des Opfers führen kann, sollte der finanzschwache Täter nun versuchen, den Schaden eigenständig auszugleichen.
[262] so z.B. auch BGH StV 2001, 448 (449) - dazu näher unter 3.2.
[263] der Begriff der Leistung durch Dritte muss hier untechnisch verstanden werden, denn es darf keinen Unterschied machen, ob der Dritte den Betrag zunächst an den Täter gibt, damit dieser ihn an den Geschädigten auskehrt, oder ob eine Überweisung an das Opfer direkt erfolgt.

digten durch die Erfüllung, § 362 BGB; der Anspruch des Kreditgebers ist ein eigener, neu entstandener gem. § 488 Abs.1 S.2 BGB, so dass die Kredittilgung nicht Opferentschädigung sein kann. Dementsprechend stellt sich auch diese Konstellation im Rahmen des § 46a Nr.2 StGB für den Täter als ein opferloses Delikt dar. An die Stelle der sonst üblichen symbolischen Wiedergutmachungsleistungen wird jedoch vorrangig die Kredittilgung zu treten haben. Auf die Prüfung, ob die Voraussetzung des persönlichen Moments erfüllt ist, muss in diesen Fällen ein besonderes Augenmerk gerichtet werden. In der Regel wird man davon erst dann ausgehen können, wenn der Täter mindestens die Hälfte des Kredits zurückgezahlt hat.[264]

Eine weitere interessante Fallgestaltung lag dem Beschluss des BGH vom 13.07.2000[265] zugrunde, in dem das erstinstanzliche Urteil aufgehoben wurde, da die Kammer § 46a Nr.2 StGB nicht berücksichtigt hatte. Der Täter hatte durch Zahlung von ca. 100.000 DM den entstandenen Schaden nahezu vollständig ausgeglichen. Das Geld hatte er aufgrund eines Erbverzichtsvertrages von seinen Eltern erhalten. Hier steht ebenfalls nicht die Opferentschädigung in Frage, sondern das persönliche Moment. Ein solcher Erbverzicht nach § 2346 BGB in einer Größenordnung, die der Täter zum jetzigen Zeitpunkt unter keinen Umständen leisten kann, ist zwar ein persönlicher Verzicht im Sinne der Nr.2. Bedenken könnten jedoch hinsichtlich der jederzeitigen Aufhebbarkeit gem. § 2351 BGB und der Möglichkeit der testamentarischen Erbeinsetzung des Verzichtenden bestehen. Ein kollusives Zusammenwirken zwischen Erblasser und Erben ist nicht auszuschließen. Diese Gefahr ist im Rahmen des § 46a Nr.2 StGB aber zahlreichen Fallkonstellationen inhärent; ihr wäre nur durch das Erfordernis der vollständigen Entschädigung aus ureigenen Mitteln des Täters zu begegnen. Solch hohe Voraussetzungen hat der Gesetzgeber ersichtlich nicht aufgestellt. Dies schließt nicht aus, im Einzelfall aufgrund konkreter Anhaltspunkte das Vorliegen eines persönlichen Verzichts zu verneinen.[266] Der Entscheidung des BGH ist daher zuzustimmen.

1.3 Leistungen durch Dritte im Rahmen des § 46a Nr.1 StGB

Wie sind diese Grundsätze auf Fälle des § 46a Nr.1 StGB zu übertragen? Wie gesehen verlangt diese Alternative die Erfüllung der zuvor getroffenen Vereinbarung. Schweigt sich diese über die konkreten Modalitäten der materiellen Wiedergutmachung aus, so ist es für die Erfüllungswirkung gleichgültig, wer die Leistung erbringt, § 267 Abs.1 BGB. Da das dem persönlichen Verzicht der Nr.2 entsprechende ideelle Moment bei § 46a Nr.1 StGB im Ausgleich selbst und in dem Erbringen immaterieller und damit regelmäßig höchstpersönlicher Leistungen liegt, kommt es auf die oben angestellten Überlegungen nicht an. Daher genügt auch die Leistung durch Aufnahme eines Kredits, ohne dass die Frage der Rückzahlung eine Rolle spielt. Etwas anderes gilt dann, wenn die Vereinbarung ausdrücklich eine persönliche Leistung aus den finanziellen Ressourcen des Beschuldigten vorsieht, weil es etwa für das

---

[264] insoweit missverständlich Kaspar 2002, 654.
[265] 4 StR 271/00 - StV 2001, 110f.
[266] die Gefahr besteht ohnehin nur bei anfänglichem böswilligen Verhalten; sollten die Eltern nach vielen Jahren den Ausschluss ihres Sohnes von der Erbfolge als zu hart empfinden und ihn testamentarisch bedenken, so hebt das die einmal übernommene Verantwortungsübernahme durch den Täter auch nicht rückwirkend wieder auf - in anderem Zusammenhang ebenso Schöch 2000, 332.

Opfer zur Konfliktlösung gerade auf die erheblichen Anstrengungen des Täters zur Erfüllung ankommt.
Vereinbaren die Beteiligten Ratenzahlung, so ist dennoch die Gesamtsumme ausschlaggebend und die Vereinbarung erst erfüllt, wenn sämtliche Raten bezahlt sind.[267] Man könnte überlegen, ob man in diesen Fällen auch in Bezug auf Nr.1 bereits nach Erbringen der Hälfte von überwiegender Wiedergutmachung sprechen sollte. Dies widerspräche aber dem hier vertretenen rein subjektiven Ansatz für die Leistungsbestimmung, die ihr Korrelat darin hat, dass der sich auf ein Ausgleichsverfahren einlassende Geschädigte darauf vertrauen können muss, dass dem Täter nicht bereits nach Teilleistungen die Vorschrift des § 46a Nr.1 StGB zugute kommt. Dem möglichen Vorteil einer deutlich niedrigeren Zahlungsvereinbarung steht der mögliche Nachteil des Erfordernisses einer vollständigen Erfüllung gegenüber. Es darf nicht übersehen werden, dass stets § 46a Nr.2 StGB anwendbar bleibt, wenn dessen Voraussetzungen vorliegen.[268]

2. Urteil des BGH vom 25.05.2001 - 2 StR 78/01[269]

Die Entscheidung betraf - stark vereinfacht - folgende Konstellation: drei Mittäter überfielen eine Bank und teilten die Beute zu gleichen Teilen. Einer der Täter macht durch erhebliche persönliche Leistungen den materiellen Schaden in Höhe seines Beuteanteils durch Zahlung an die Versicherung der Bank wieder gut, die diesen daraufhin von seiner weiteren Haftung freistellt. Des weiteren nimmt er Kontakt zu den bedrohten Bankangestellten auf und bietet ihnen ein Schmerzensgeld an, auf welches diese aber verzichten. Gespräche mit den Angestellten über Spenden an gemeinnützige Einrichtungen sind zum Zeitpunkt des Urteils noch nicht abgeschlossen.
Der Fall wirft zunächst die Frage nach dem Opfer auf. Da sind zum einen die Angestellten der Bank und da ist die Bank bzw. die Versicherung, bei der der Vermögensschaden letztlich eingetreten ist. Wie bei § 113 StGB geht es in diesem Fall um mehrere Rechtsgüter mit unterschiedlichen Rechtsgutsträgern - das Vermögen der Versicherung und die persönliche Entscheidungsfreiheit der Angestellten.[270] Dementsprechend muss die Wiedergutmachung beiden zugute kommen. Dies erfordert getrennte Wiedergutmachungsleistungen, zumal bezüglich der Angestellten als natürliche Personen § 46a Nr.1 und Nr.2 StGB in Frage kommen, während nach hier vertretener Ansicht Nr.1 in Bezug auf die Versicherung ausscheidet. Daher ist es nicht nur ausreichend, „wenn hinsichtlich jedes Geschädigten eine der Alternativen des § 46a StGB erfüllt ist“[271], sondern es verbietet sich vielmehr eine Gesamtbeurteilung. Nicht gefolgt werden kann dem Urteil allerdings, insoweit der BGH bereits ein ernsthaftes Erstreben der Wiedergutmachung annehmen will. Demgegenüber hatte die Vorinstanz § 46a Nr.1 StGB in Bezug auf die Angestellten zurecht mit der Begründung abgelehnt, dass die Verhandlungen noch nicht abgeschlossen seien. Demnach

---

[267] anders Schöch 2000, 321 für den Fall einer Vereinbarung gem. §§ 794 Abs.1 Nr.1 oder 796a ZPO; kritisch dazu Jeckel 2002, 50.
[268] wobei dann selbstverständlich der Täter-Opfer-Ausgleich nicht bereits als erhebliche persönliche Leistung nach Nr.2 angesehen werden darf, da ansonsten auf diesem Umweg eine Reduzierung der vereinbarten Summe erreicht werden könnte.
[269] StV 2001, 448f.
[270] zu den Rechtsgütern im Rahmen der §§ 253, 255 StGB: Wessels/ Hillenkamp 2002, Rd.705.
[271] so aber BGH StV 2001, 448.

fehlt es an einem Ausgleich. Es liegt auch kein Bemühen vor. Ein Teil der honorierungswürdigen Leistung des Täters bei Abschluss eines Täter-Opfer-Ausgleichs besteht gerade in der Rechtzeitigkeit der Einigung, so dass diese in der Hauptverhandlung noch mitgeteilt werden kann.
Die zweite Frage stellt sich bzgl. der Opferentschädigung. Der Mittäter hat zwar seinen Beuteanteil ausgekehrt, nach der zivilrechtlichen Konstruktion als Gesamtschuld (§§ 830, 840 BGB) haftet aber jeder Gesamtschuldner auf die Gesamtsumme, so dass der Beuteanteil des einen Mittäter (ein Drittel) nicht zur überwiegenden Opferentschädigung ausreicht. Im vorliegenden Fall erkannte der BGH entgegen der Vorinstanz jedoch zurecht, dass es darauf nicht ankam, da die Versicherung den Täter von seiner weiteren zivilrechtlichen Haftung freistellte. Dies entspricht einem Teilverzicht, der gem. § 423 BGB gerade auch auf das Einzelverhältnis beschränkt werden kann. Wenn sich also die Versicherung gegenüber dem einen Mittäter mit dessen nach dem Innenverhältnis geschuldeten Anteil zufriedengibt, so ist der Schaden bei entsprechender Leistung vollständig erbracht.
Die weitergehende Frage, ob im Rahmen des § 46a Nr.2 StGB nicht stets auf den im Innenverhältnis auf den Täter entfallenden Anteil abzustellen ist, hat der BGH folgerichtig offengelassen.[272] Diese Frage ist zu verneinen. Das Risiko der restlichen Schadenseintreibung, von dem zu befreien auch Ziel des § 46a Nr.2 StGB ist, darf nicht dem Opfer überbürdet werden. Denn es steht nicht fest, ob die anderen Täter zahlen können und/ oder wollen. Diese Unwägbarkeiten müssen vielmehr dem ausgleichsbereiten Mittäter im Rahmen seiner Regressansprüche auferlegt werden.[273]

3. Der vorläufige gerichtliche Einstellungsbeschluss bzgl. des Verfahrens gegen Dr. Helmut Kohl[274]

Ansonsten von der Rechtspraxis stiefmütterlich behandelte Normen haben immer dann eine Chance auf Entdeckung, wenn die Begründung eines gewollten Ergebnisses ansonsten schwerfällt. So ist es immerhin beachtlich, dass ein vermeintliches[275] Untreuedelikt mit einem Schaden von 6,3 Millionen DM nach § 153a StPO eingestellt werden soll. Dabei wird in der Begründung mehrfach unter Hinweis auf die Möglichkeit des Absehens von Strafe nach § 46a StGB der Aspekt der erfolgten Schadenswiedergutmachung erwähnt.[276]
In Betracht kommt lediglich § 46a Nr.2 StGB. Opfer des § 266 StGB ist der Vermögens- und damit Rechtsgutsträger, also die CDU. Diese wurde vollständig entschädigt. Die sich daran zwingend anschließende Frage, ob auch erhebliche persönliche Leistungen oder ein persönlicher Verzicht des Beschuldigten gegeben waren, stellt das Gericht nicht einmal.
Davon abgesehen erweckt der Beschluss Bedenken hinsichtlich eines weiteren Aspektes. Zum Schaden für die Partei kam es, da die Namen der Spender im Rechenschaftsbericht entgegen § 25 Abs.2 PartG a.F. nicht genannt wurden, was die zwingende Sanktion nach §23a Abs.1 PartG a.F. auslöste. *Meier* meint nun, solange die

---

[272] BGH StV 2001, 448 (449).
[273] ähnlich Kaspar 2003, 156.
[274] LG Bonn, Beschluss vom 28.02.2001 - 27 AR 2/01 -, NJW 2001, 1736ff.
[275] um den Streit, ob der Tatbestand der Untreue erfüllt ist, geht es hier nicht - dazu Hamm NJW 2001, 1694ff.
[276] LG Bonn, NJW 2001, 1736 (1737, 1739).

Spender nicht genannt würden, könne von einer umfassenden Wiedergutmachung nicht gesprochen werden, da es an der vollständigen Kompensation des Erfolgs- und Handlungsunwertes fehle. Neben dem geschützten Rechtsgut komme es dabei vor allem auf das allgemeine Interesse an der Normgeltung an.[277] Ausschlaggebend kann aber nur das Interesse an der Normgeltung des § 266 StGB sein. Denn die Geltung des § 25 Abs.2 PartG a.F. wird gerade nicht strafrechtlich, sondern durch § 23a Abs.1 PartG a.F. sichergestellt. Im Rahmen des § 266 StGB geht es dagegen um die Verletzung einer Treuepflicht gegenüber dem Treuegeber, also der CDU, nicht etwa dem Staat in Form des Bundestagspräsidenten bei der Entgegennahme des Rechenschaftsberichts.[278] Dem Handlungsunwert, der in der Verletzung dieser Pflicht liegt, muss zur Kompensation ein Handlungswert entgegengesetzt werden. Dieser kann aber gerade nicht in der Nennung der Spendernamen liegen, weil dem Opfer damit nicht geholfen ist. Geholfen ist ihm jedoch mit der Regulierung des Schadens - und diese ist erfolgt.
Die Bejahung des persönlichen Elements der Nr.2 vorausgesetzt, ist die Anwendung des § 46a StGB somit zutreffend. Allerdings sahen Gericht und Staatsanwaltschaft die erfolgte Wiedergutmachung allein nicht als ausreichend an, um das Verfahren einzustellen[279]; vielmehr wurde das öffentliche Interesse an der Strafverfolgung erst durch die Erfüllung zweier Geldauflagen beseitigt.

[277] Meier 2001, 326.
[278] in diese Richtung wohl auch LG Bonn NJW 2001, 1736 (1739).
[279] dann wäre § 153b StPO anzuwenden gewesen, siehe sogleich.

E. VERFAHRENSRECHTLICHE VERANKERUNG DER WIEDERGUTMACHUNG

Im Rahmen des § 46a Nr.1 StGB wurde bereits erwähnt, dass es an jeglicher formalen Einbettung des Täter-Opfer-Ausgleichs fehlt.[280] Mit dem Gesetz zur strafverfahrensrechtlichen Verankerung des Täter-Opfer-Ausgleichs vom 20. Dezember 1999[281] meinte der Gesetzgeber, diesem Missstand abgeholfen zu haben. Das trifft jedoch nur bedingt zu.[282]

Zu begrüßen ist die Regelung des § 155b StPO, mit der Datenschutzprobleme ausgeräumt wurden.[283] Diese lagen in der Ungewissheit, ob Ermittlungsbehörden vor der Weitergabe von Daten an eine Schlichtungsstelle nicht zunächst die Einwilligung des Geschädigten einholen müssten.[284] Es liegt auf der Hand, dass ein solcher Schritt nicht nur zeitaufwendig war, sondern vor allem auch zusätzliche Arbeit bedeutete, und deshalb die Bereitschaft der Strafverfolgungsbehörden zur Mitwirkung an Einigungsversuchen zwischen Täter und Opfer nicht beflügelte. § 155b StPO regelt die Übermittlung, Verarbeitung, Nutzung, Erhebung und Vernichtung personenbezogener Daten an und durch die beauftragte Stelle.[285] Die Erweiterung um die Schadenswiedergutmachung neben dem Täter-Opfer-Ausgleich geht im Übrigen auf die Initiative des Bundesrates unter Hinweis auf den hier gegenständlichen Modellversuch der Schadenswiedergutmachung über anwaltliche Schlichtungsstellen zurück.[286] Die Regierung übernahm diesen Vorschlag, obwohl sie der Meinung war, beide Fallgruppen in ihrem Entwurf bereits abgedeckt zu haben, da die Schadenswiedergutmachung ein Unterfall des Ausgleichs nach § 155a StPO sei.[287] Selbst wenn dies richtig wäre, so sprach § 155b StPO des Regierungsentwurfs im Gegensatz zu § 155a StPO gerade nicht von Ausgleich, sondern von Täter-Opfer-Ausgleich.[288] Die Erweiterung war daher dringend geboten.

Die drängende Frage, wie der Gesetzgeber sich den Ablauf eines Täter-Opfer-Ausgleichs vorstellt, wurde durch die Neuregelung leider nicht beantwortet.[289] Insoweit begnügt er sich mit dem Hinweis, man wolle eine diesbezügliche Regelung den Ländern überlassen, um so den landesspezifischen Gegebenheiten und entwickelten Konzepten zur Durchführung des Täter-Opfer-Ausgleichs Rechnung zu tragen.[290] Dies erscheint - selbst vor dem Hintergrund konkurrierender Gesetzgebung gem. Art. 74 Abs.1 Nr.1 GG - befremdlich; besagt dies doch, dass der Anwendungsbereich von § 46a Nr.1 StGB zu weiten Teilen zur Disposition der Länder gestellt wird, einer Norm, die nach Bundesgesetz selbst dem Bereich schwerster Kriminalität offensteht.[291]

Stattdessen begnügt sich das Gesetz in § 155a StPO mit dem Hinweis, dass die Möglichkeit eines Ausgleichs von Staatsanwaltschaft und Gericht jederzeit zu prüfen

---

280 kritisch u.a. Kaiser 1999, 110; Huber 1996, 533.
281 BGBl I 1999, 2491f.
282 kritisch Schöch 2001, 1062ff.
283 Stein 2000, 394.
284 zu den Problemen ausführlich Rössner/ Klaus 1998, 65ff.
285 zu Einzelheiten LR- Beulke, § 155b.
286 BT-Drucks. 14/1928, 11.
287 BT-Drucks. 14/1928, 14.
288 BT-Drucks. 14/1928, 4.
289 kritisch König 2001, 475.
290 BT-Drucks. 14/1928, 6.
291 Tolmein 1999, 409.

und in geeigneten Fällen darauf hinzuwirken sei. Eine solche Appellnorm ist jedoch schlichtweg überflüssig.[292] Denn letztendlich erhält der Täter-Opfer-Ausgleich dadurch allenfalls eine psychologische Aufwertung; die den Strafverfolgungsbehörden auferlegte Initiativpflicht selbst ist nicht justiziabel.[293] Im Endeffekt wird sich damit an der Situation nichts ändern, dass die Häufigkeit von Ausgleichsversuchen vom jeweiligen Engagement des Staatsanwaltes oder Richters abhängt.[294]

Aus § 155b StPO ergibt sich im Hinblick auf die Verpflichtung des § 155a StPO, dass für den Ausgleich im Regelfall externe Stellen zu beauftragen sind.[295] Dies entspricht der bisherigen Praxis. Ein Ausgleichsversuch durch den Staatsanwalt oder das Gericht selbst ist durch die Fassung des § 155a StPO jedoch nicht ausgeschlossen. Er ist aber faktisch abzulehnen, da der Verständigungsdruck auf die Beteiligten durch die Autorität der Verfolgungsorgane zu groß wäre.[296]

Ebenfalls durch das Gesetz vom 20. Dezember 1999 wurde § 153a Abs.1 S.2 Nr.5 StPO eingeführt, die Weisung, sich ernsthaft um einen Täter-Opfer-Ausgleich zu bemühen und dabei die Tat ganz oder zum überwiegenden Teil wieder gutzumachen oder deren Wiedergutmachung zu erstreben.[297] Die Parallele zu § 46a Nr.1 StGB ist offensichtlich[298]; daher hat auch die Auslegung parallel zu erfolgen, insbesondere liegt ein Bemühen nur dann vor, wenn das Opfer rechtsmissbräuchlich den Druck des Strafverfahrens zu einem ihm nicht zustehenden Vorteil zu nutzen versucht und der Täter einen akzeptablen Ausgleichsvorschlag gemacht hat.[299] Des weiteren verlangt auch § 153a Abs.1 S.2 Nr.5 StPO wie § 46a Nr.1 StGB die Erfüllung der getroffenen Vereinbarung.

Die von *Tolmein* und *Schöch* beschworene Gefahr, das tatsächliche Erbringen von Wiedergutmachungsleistungen werde zur Nebensache, das Scheitern der Ausgleichsversuche zum Normalfall[300], da das Opfer nur durch einen ausdrücklichen, zu den Strafakten gereichten Widerspruch die Annahme des Bemühens durch den Vermittler verhindern könne[301], mag als solche nicht ganz unbegründet sein. Sie beruht jedoch auf einer - mangels richterlicher Überprüfbarkeit nicht fernliegenden - Skepsis gegenüber einer korrekten Rechtsanwendung durch die Staatsanwaltschaft, nicht in der Weisung selbst.[302] Entsprechendes gilt für die Gefahr einer Verschleppungstak-

---

[292] ebenso die CDU/CSU-Fraktion im Gesetzgebungsverfahren - BT-Drucks. 14/2258, 8.
[293] LR- Beulke, § 155a, Rd.2; a.A. Weimer 2002, 350.
[294] darauf weist Stein 2000, 394 hin.
[295] eine andere Frag ist, ob § 155b StPO auch solche Fälle erfasst, in denen sich Täter und/ oder Opfer selbst an eine Einigungsstelle wenden. Übermittelt die Staatsanwaltschaft auf eine entsprechende Anfrage der Einigungsstelle die erforderlichen Informationen, so wird man darin auch eine konkludente Beauftragung der Stelle mit einem Ausgleichsversuch sehen können.
[296] Tolwein 1999, 410.
[297] es handelt sich wie bei § 153a Abs.1 S.2 Nr.1 StPO um ein Autonomiemodell.
[298] wobei sich auch hier die Ungenauigkeit des Gesetzgebers zeigt, der nun plötzlich die Ernsthaftigkeit in Bezug auf das Bemühen um den Ausgleich anstatt dem Erstreben der Wiedergutmachung setzt.
[299] ein solches Bemühen ist im Übrigen immer ernsthaft.
[300] Tolmein 1999, 411.
[301] Schöch 2001, 1062.
[302] gerade aufgrund der Schwierigkeiten, die Erfüllung der Weisung zu überprüfen, dürfte sich die Prognose Schöchs 2001, 1063 realisieren, dass § 153a Abs.1 S.2 Nr.5 StPO totes Recht bleiben wird.

tik durch den Täter im Rahmen eines Täter-Opfer-Ausgleichs.[303] Denn auch diese Gefahr besteht wiederum stets, nicht nur bzgl. § 153a Abs.1 S.2 Nr.5 StPO.[304]
Die Vorschrift ist jedoch aus anderen Gründen abzulehnen. Denn § 153a Abs.1 S.1 StPO setzt die Zustimmung des Beschuldigten voraus. Im Fall der Nr.5 entspricht diese der Mitwirkungsbereitschaft an einem Täter-Opfer-Ausgleich. Diese sollte aber gerade nicht durch die Staatsanwaltschaft abgeklärt werden, denn bereits deren Feststellung erfordert des öfteren ein gewisses Maß an taktischem Geschick und intensive Gespräche über Möglichkeiten und Chancen einer solchen Vermittlung. Oft muss es nicht beim ersten Wort der Ablehnung bleiben. Vorzugswürdig ist daher folgender Ablauf: die Staatsanwaltschaft übermittelt die nötigen Daten an eine Ausgleichsstelle; diese tritt an Täter und Opfer mit der Frage heran, ob Interesse an einem Ausgleich bestehe, und führt diesen gegebenenfalls durch. Dieses Vorgehen ist jedoch bereits in § 46a Nr.1 StGB, § 155a S.2 StPO angelegt. Mit § 153b StPO besteht auch eine verfahrensrechtliche Norm, die die vereinfachte Erledigung des Verfahrens im gleichen Umfang wie bei § 153a StPO erlaubt, wobei der Anwendungsbereich von § 153b StPO über den von § 153a StPO noch hinausgeht.[305] § 153a Abs.1 S.2 Nr.5 StPO ist also schlicht überflüssig.[306] Entsprechendes ergibt sich für § 153a Abs.1 S.2 Nr.1 StPO, soweit er sich mit § 46a Nr.2 StGB überschneidet. § 153a Abs.1 S.2 Nr.1 StPO behält aber seine Berechtigung in den Fällen, in denen auf das zusätzliche ideelle Moment verzichtet werden kann.
Die vor Einführung des § 46a StGB praeter legem angewandte Konstruktion, entsprechend § 45 Abs.2 S.2 JGG einen Täter-Opfer-Ausgleich anzuregen und bei Erfolg das Verfahren ohne weitere Auflage entweder nach § 153a oder § 153 StPO[307] einzustellen, ist nunmehr entbehrlich und sollte daher aufgegeben werden.[308] § 153a StPO bleibt jedoch insoweit anwendbar, als aufgrund des erfolgten Ausgleichs ein Absehen von Strafe zwar noch nicht in Betracht kommt, aber durch die Erteilung einer weiteren Auflage oder Weisung das öffentliche Interesse an der Strafverfolgung beseitigt werden kann.[309] Des weiteren wird man auch ein Nebeneinander von § 153 und 153b StPO annehmen können[310], zumal sich beide Normen hinsichtlich des Strafklageverbrauchs nicht unterscheiden.[311] Wenn man § 153 StPO auf Fälle beschränkt, die bereits vor der Wiedergutmachung im unteren Bereich der Schuld liegen, so kann durch die unterschiedliche Einstellungsvorschrift auch eine solche Differenz zum Ausdruck gebracht werden.

---

303 Schöch 2001, 1063.
304 im Übrigen ist dieser Gefahr durch die obligatorische Fristsetzung nach § 153a Abs.1 S.3 StPO recht einfach zu begegnen - und die Erfüllung der Weisung nach Nr.5 innerhalb dieser Frist umfasst eben auch das Erbringen der vereinbarten Wiedergutmachungsleistungen.
305 diese Weite diversionsrechtlicher Erledigungsmöglichkeit kritisierte bereits Hirsch 1990, 548 in Bezug auf § 4 Abs.2 AE-WGM, wobei diese Kritik hinsichtlich § 11 AE-WGM, der den Anwendungsbereich des § 153b StPO einschränkte, nicht berechtigt war.
306 § 155a StPO beschränkt sich auch keineswegs auf die Möglichkeit des Vorgehens gem. § 153a - so aber Meyer-Goßner, § 155a, Rd.4; § 155a StPO entfaltet seinen wesentlichen Anwendungsbereich vielmehr vornehmlich in Bezug auf §§ 46 Abs.2, 46a StGB.
307 aufgrund der schuldmindernden und das öffentliche Interesse beseitigenden Kraft der erfolgten Wiedergutmachung - Brauns 1996a, 116ff.
308 ebenso Rössner 1995, 179.
309 so auch LR- Beulke, § 153b, Rd.10; Rössner/ Klaus 1998, 64; dies entspricht der Konstellation der besprochenen Entscheidung des LG Bonn NJW 2001, 1736ff.
310 grundsätzlich zur Parallele Wagner 1972, 45.
311 LR- Beulke, § 153, Rd.56 einerseits und § 153b, Rd.15 andererseits.

F. DIE KONZEPTION DES PROJEKTS „AUSGLEICH E.V."

I. BISHERIGE MODELLPROJEKTE ZUR WIEDERGUTMACHUNG IM ALLGEMEINEN STRAFRECHT

Wie so oft hatte das Jugendstrafrecht auch im Bereich der Wiedergutmachung eine Vorreiterrolle inne, indem der gestalterische Freiraum des § 45 JGG dazu benutzt wurde, um Praxisprojekte mit dem Ziel eines Täter-Opfer-Ausgleichs ins Leben zu rufen. Zahlreiche dieser Projekte machten schnell die konfliktlösende Kraft eines solchen Ausgleichs deutlich und ergaben durchweg eine hohe Bereitschaft der Betroffenen zu derartigen Vermittlungsbemühungen. Auf die Darstellung der Ergebnisse dieser Modellprojekte kann an dieser Stelle verzichtet werden: sie wurden bereits mehrfach ausführlich aufbereitet[312] und sind als Vergleichsgrundlage zu Projekten im Erwachsenenbereich - um ein solches handelt es sich bei der vorliegenden Untersuchung - nur bedingt heranzuziehen.
Im Vergleich zum Jugendstrafrecht verläuft hier die Implementierung des Wiedergutmachungsgedankens eher schleppend. Nachfolgend soll eine kurze Übersicht über eine Auswahl solcher Praxisprojekte gegeben werden. Dabei wird die Darstellung auf die grundsätzliche Konzeption beschränkt, um Gemeinsamkeiten und Unterschiede zum Projekt „Ausgleich e.V." aufzuzeigen. Ergebnisse werden im sich anschließenden empirischen Teil den dort ermittelten Resultaten in Form der Täter-Opfer-Ausgleich-Statistik gegenübergestellt.
Folgende Projekte sollen kurz beleuchtet werden:

- Tübinger Gerichtshilfeprojekt
- Modellversuch im Erwachsenenstrafrecht bei der Staatsanwaltschaft Nürnberg/ Fürth
- Modellversuch im Erwachsenenstrafrecht bei der Staatsanwaltschaft Aschaffenburg
- WAAGE Hannover
- Hamburger Gerichtshilfeprojekt
- Detmold
- Düsseldorf

1. Zielrichtung

Entgegen den übrigen Modellprojekten stand in Detmold die Förderung der Schadenswiedergutmachung im Vordergrund. Der Aspekt der immateriellen Wiedergutmachung trat demgegenüber zurück.[313] Die diesbezügliche Schwerpunktsetzung bei den anderen Projekten bedeutet selbstverständlich nicht, dass es nicht auch hier um eine Form der einfachen, unbürokratischen Ermöglichung des Ausgleichs zivilrechtlicher Schäden für das Opfer ging. Im Mittelpunkt stand jedoch - entsprechend der Bedeutung des Täter-Opfer-Ausgleichs - der interpersonelle Konflikt.[314] Diese Unterscheidung spiegelt sich auch in dem Anteil der Fälle mit

[312] zum Beispiel Bannenberg 1993, 91ff; Dölling/ Henninger 1998, 203ff.
[313] Bannenberg 1993, 209.
[314] für Tübingen: Rössner 1993, 106f; für Hannover: Schreckling 1991, 87.

materiellen Schäden[315] wider. Während er in Detmold bei 75% lag[316], schwankte er in den anderen Projekten zwischen 19[317] und 34%[318]. Aus der Reihe fällt hier lediglich das Tübinger Projekt, in dem der Anteil materieller Schäden mit knapp 60% ebenfalls recht hoch lag.[319] Angesichts der Tatsache, dass das Tübinger Projekt das erste seiner Art im Erwachsenenstrafrecht war, kann man festhalten, dass mit dem Laufe der Zeit materieller Schadensausgleich innerhalb der Täter-Opfer-Ausgleichsprojekte zunehmend an Bedeutung verloren hat.

2. Vermittler

Bei den Vermittlern handelt es sich jeweils um Sozialpädagogen oder -soziologen.[320] Während die Projekte in Aschaffenburg[321] und Hannover[322] die Wiedergutmachung freien Trägern übertragen wurde, kam diese Aufgabe ansonsten der jeweiligen Gerichtshilfe zu. Lediglich in Hamburg wurde speziell dafür eine zusätzliche Arbeitskraft eingestellt.[323] Im Übrigen wurden die neuen Aufgaben zusätzlich zu den bisherigen von den Mitarbeitern ausgeübt.

3. Fallzuweisung

In der Regel erfolgt die Fallzuweisung allein durch die Staats- und Amtsanwaltschaft. Teilweise wurden eigene Referate bei den Staatsanwaltschaften gebildet, denen vermeintlich ausgleichsgeeignete Fälle zuzuweisen waren und die bei tatsächlicher Eignung die weitere Bearbeitung übernahmen.[324] In Hamburg[325] und Detmold[326] wiesen jeweils in kleiner Zahl auch Richter Fälle zu. Lediglich in Hannover kam es auch in 5% der Verfahren zu einer Meldung durch Täter bzw. Opfer.[327]

4. Kriterien für die Fallauswahl

Wo Kriterien für die Fallauswahl im Vorfeld aufgestellt wurden, betrafen diese ähnliche Fragenkomplexe, zeigten aber im Detail Unterschiede. Die Voraussetzung der Mitwirkungsbereitschaft versteht sich von selbst. Des weiteren wurde je nach Projekt

[315] dem stehen die phyischen und psyhischen Schäden gegenüber. Eine Überschneidung der verschiedenen Schadensarten ist jedoch keineswegs ausgeschlossen.
[316] Bannenberg 1993, 218.
[317] in Nürnberg/ Fürth - Dölling/Hartmann 2000, 29.
[318] in Hamburg - Bannenberg 1993, 218; Tab.42.
[319] Rössner 1993, 111.
[320] Bannenberg 1993, 208.
[321] Dölling/ Hartmann 2000, 83.
[322] Netzig/ Petzold-Bergner 1993, 145.
[323] Bannenberg 1993, 191f.
[324] so in Nürnberg und Aschaffenburg, vgl. Stöckel 1993, 155; Dölling/ Hartmann 2000, 85.
[325] Bannenberg 1993, 195.
[326] Bannenberg 1993, 206.
[327] Netzig/Petzold 1997, 26.

ein Geständnis[328], die eindeutige Überführbarkeit des Täters[329] oder die Einräumung der Schadensverursachung[330] verlangt.
Weitere Kriterien waren bisweilen die Voraussetzung, dass eine natürliche Person geschädigt wurde[331] und dass es sich einerseits nicht um Bagatelldelikte handelt und andererseits die Tat lediglich ein Vergehen darstellt.[332] Des weiteren wurden Fälle ausgeschlossen, in denen die Verhängung einer Nebenstrafe oder einer Maßregel unverzichtbar erscheint.[333]

5. Verfahrensrechtliches Ziel

Im Mittelpunkt der Blickrichtung standen §§ 153, 153a StPO.[334] Dies entspricht der unter E. erwähnten Praxis der Strafverfolgungsbehörden in der Zeit vor § 46a StGB. Düsseldorf rückte die Wiederherstellung des sozialen Friedens und die Vermeidung künftiger Straftaten in den Mittelpunkt und legte sich im Vorfeld nicht auf Folgen für das Sanktionsniveau fest.[335] In den süddeutschen Projekten wurde über die Einstellungsvorschriften hinaus eine generelle Herabsetzung des Sanktionsniveaus um eine Stufe über die Anwendung von § 46 Abs.2 StGB ins Auge gefasst.[336]

6. Tatsächliche verfahrensrechtliche Auswirkungen

Entsprechend der Zielsetzung wurden in Detmold, Düsseldorf und Hamburg alle erfolgreichen Fälle gem. §§ 153, 153a StPO eingestellt.[337] Ebenso konsequent kam es in Bayern und Baden-Württemberg aufgrund des weiter verstandenen Anwendungsbereiches auch nach erfolgreicher Wiedergutmachung zu Strafbefehlen und Anklagen.[338] Allen Projekten ist gemeinsam, dass ein qualitativer Unterschied in der Sanktionierung zwischen erfolgreichem und gescheitertem bzw. abgelehntem Täter-Opfer-Ausgleich zu erkennen war.[339]

7. Opferfonds

In Hannover[340] und Hamburg[341] wurden Opferfonds eingerichtet. Damit sollte der Geschädigte von dem zufälligen Risiko befreit werden, ob gerade „sein" Täter zu Ausgleichszahlungen in der Lage ist. Von den Opferfonds, der im Fall Hamburgs von den Justizbehörden gefüllt wurde, wird den mittellosen Tätern ein zinsloses Darlehen

[328] in Tübingen, Düsseldorf und Hamburg: Rössner 1993, 107, Bannenberg 1993, 197 und Biel 1989, 248.
[329] in Nürnberg und Aschaffenburg Stöckel 1993, 155 bzw. Dölling/ Hartmann 2000, 84.
[330] in Hannover - Netzig/ Petzold-Bergner 1993, 146.
[331] ausdrücklich für die WAAGE Netzig/ Petzold-Bergner 1993, 146.
[332] ausdrücklich für Hamburg Biel 1989, 248.
[333] für Nürnberg/ Fürth Stöckel 1993, 155.
[334] für Hamburg und Detmold: Biel 1989, 248; Bannenberg 1993, 206.
[335] Bannenberg 1993, 197.
[336] für Tübingen Hering 1989, 202; für Nürnberg/ Fürth Stöckel 1993, 154.
[337] Bannenberg 1993, 234, Tab.61.
[338] in Tübingen lag dieser Anteil bei 17,7%: Rössner 1993, 125, Tab.9.
[339] Bannenberg 1993, 234.
[340] Netzig/ Petzold 1997, 85f.
[341] seit 1.1.1989: Biel 1989, 250f.

gewährt, das sie in ihren Verhältnissen entsprechenden monatlichen Raten zurückzahlen oder gemeinnützig abarbeiten.[342]

II. Das Projekt Ausgleich e.V.

Die bisherigen Ausführungen haben gezeigt, dass sich die im allgemeinen Strafrecht tätigen Projekte fast ausschließlich auf die immaterielle Wiedergutmachung durch Täter-Opfer-Ausgleich konzentrieren. Diesem Trend will das vorliegend dargestellte Modellprojekt begegnen, indem es sich verstärkt § 46a Nr.2 StGB zur Grundlage nahm und somit die materielle Schadenswiedergutmachung in den Vordergrund rückte. Da diese jedoch aufgrund einer durch einen neutralen Vermittler herbeigeführte Vereinbarung erfolgen soll, liegt es auf der Hand, dass es zu Überschneidungen mit § 46a Nr.1 StGB kommen kann. Es soll an dieser Stelle nochmals wiederholt werden, dass sich beide Varianten der Wiedergutmachung nicht ausschließen, sondern lediglich unterschiedliche Schwerpunkte setzen. Ebenfalls nicht in Vergessenheit geraten darf, dass auch § 46a Nr.2 StGB mit dem Erfordernis der erheblichen persönlichen Leistungen bzw. des persönlichen Verzichts ein ideelles Moment beinhaltet.

1. Juristen als Vermittler

Konzeptionelle Auswirkungen zeitigt die unterschiedliche Schwerpunktsetzung vor allem in der Person des Vermittlers. Im Gegensatz zu den bisherigen Projekten beschränkt sich das Projekt „Ausgleich e.V." bewusst auf erfahrene Anwälte als Vermittler. Wenn es darum geht, den Konflikt zwischen den Beteiligten aufzuarbeiten und soweit möglich zu lösen, so bedarf es Personen mit Erfahrung, einen solchen Konflikt herauszukristallisieren und durch Einzelgespräche mögliche Lösungsansätze zu entwickeln, die dann am Ende beiden Seiten ein zufriedenstellendes Ergebnis bieten. Diese Aufgaben können Juristen ohne Zusatzqualifikationen in der Regel nicht erfüllen. Bei der Schadenswiedergutmachung bestehen jedoch andere Anforderungen an die Vermittler: hier geht es in erster Linie um die korrekte Erfassung der zivilrechtlichen Lage. In Fällen mit hohem Schaden ist eine sinnvolle Regelung von Ratenzahlungen erforderlich. Des weiteren kann es nötig sein, mögliche Folgeschäden mit in eine Vereinbarung aufzunehmen. Für all dies bedarf es juristischer Kenntnisse und Fähigkeiten.
Aus diesem Grunde wurden für das Projekt „Ausgleich e.V." 15 Anwälte als Schlichter und Schlichterinnen ausgewählt. Bei der Auswahl wurde neben den Kriterien der Berufs- und Lebenserfahrung insbesondere auf die Ausstrahlung und das bisherige Engagement im mediationsähnlichen Bereich geachtet. Auf eine umfassende Schulung als Mediatoren wurde vornehmlich aus finanziellen Gründen verzichtet. Jedoch wurden die Anwälte durch Vorträge über die bisherigen Erfahrung unterrichtet. Dazu wurden auch die „Täter-Opfer-Ausgleich-Standards" des Täter-Opfer-Ausgleichs-Servicebüros verwendet. Im Übrigen sollte jedoch den Schlichtern bewusst freie Hand bei der Herausbildung ihres eigenen Schlichtungsstils gelassen werden. Dass dieser Stil Einfluss auf die Ergebnisse nehmen kann, ist evident und wird in einer weiteren Arbeit über das Projekt untersucht werden.

---

[342] Netzig/ Petzold 1997, 32.

2. Keine Beschränkung auf diversionsrechtliche Erledigung im Anschluss an erfolgreiche Wiedergutmachung

Im Gegensatz zu den bisher weitgehend auf Erledigung im Diversionsweg ausgerichteten Projekten ist mit dem „Ausgleich e.V." beabsichtigt, den uneingeschränkten Rahmen der Delikte, den § 46a StGB bietet, möglichst umfassend auszunutzen. Dieser Ansatz wird unterstrichen durch die Tatsache, dass das Modell Schadenswiedergutmachung eins von drei Projekten des Verbundes „Haftvermeidung" ist.[343] Zielrichtung sind also insbesondere Strafverfahren, in denen durch erfolgreiche Schadenswiedergutmachungsbemühungen eine Reduzierung der an sich verwirkten Haftstrafe ermöglicht wird, unter Umständen sogar in einem Maße, dass nun Geld- oder Bewährungsstrafen schuldangemessen erscheinen.

3. Initiativgeber

Ein weiteres, wesentliches Anliegen, das mit dem Forschungsprojekt verbunden war, besteht darin, dass man der aus anderen Projekten bekannten restriktiven Zuweisungspraxis der Staatsanwaltschaften dadurch zu begegnen versucht, dass auch andere Verfahrensbeteiligte sich an den Verein richten können und sollen. Erwartet wurde insbesondere, dass zahlreiche Anregungen aus dem Bereich der Anwaltschaft kommen, die über Veröffentlichungen in Fachzeitschriften auf das Projekt aufmerksam gemacht wurde.

4. Weitere Kriterien der Zuweisung

Angesichts fehlender Erfahrungen mit Projekten im Erwachsenenstrafrecht bei materieller Schwerpunktsetzung wurde bewusst auf die Aufstellung von konkreten Zuweisungskriterien verzichtet. Insbesondere wird kein Geständnis des Täters verlangt. Denn als wesentliches Kriterium der Wiedergutmachung durch den Täter hat sich dessen Verantwortungsübernahme herausgestellt. Dabei muss zwischen der zivilrechtlichen und der strafrechtlichen unterschieden werden. Für den Ausgleich der materiellen Schäden genügt es, wenn der Täter die Schadensverursachung anerkennt.[344]

Im Übrigen wird nur verlangt, dass ein hinreichender Tatverdacht besteht. Denn die Durchführung eines Wiedergutmachungsversuchs ist vor dem Hintergrund des mit einem Strafverfahren verbundenen Drucks nur dann gerechtfertigt, wenn eine Bestrafung des Beschuldigten zum Zeitpunkt der Schlichtungseinleitung wahrscheinlich ist. Ist dies nicht der Fall, bleibt die Regelung von Schadensersatzansprüchen Aufgabe des Privatrechts. Das Ziel der Wiedergutmachung darf aus dem Strafrecht keinesfalls einen Büttel des Zivilrechts machen. Verzichtet werden soll darüber hinaus auf die Zuweisung von Fällen mit jugendlichen oder heranwachsenden Tätern: zum einen, da in diesem Bereich ein ausreichendes und fest etabliertes Angebot anderer Träger existiert, das nicht durch Konkurrenz geschwächt werden soll, zum anderen,

---

[343] bei den beiden anderen Projekten handelt es sich um das Projekt zur Vermeidung und Verkürzung von Untersuchungshaft (Hannover/ Göttingen) und das Projekt zur Verhinderung kurzer Ersatzfreiheitsstrafen durch gemeinnützige Arbeit (Greifswald).

[344] BGH StV 2002, 649 meint, dass selbst für einen Täter-Opfer-Ausgleich ein Geständnis nicht zwingend erforderlich sei.

da der Fokus auf materielle Aspekte die meist vermögens- und einkommenslosen jugendlichen Täter ausschließt.

5. Organisatorische Abwicklung des Projekts

Die Durchführung des Projekts, das von Schöch konzipiert wurde, obliegt einem extra dazu gegründeten Verein namens „AUSGLEICH München e.V.". Organisatorisch ist dieser Verein dem Institut für Anwaltsrecht an der Universität München angegliedert. Das Projekt beschränkt sich auf die Landgerichtsbezirke München I (Stadt München) und II (Münchener Umland) und wird vom Bayerischen Staatsministerium der Justiz unterstützt. Finanziert wurde der Verein in den ersten drei Jahren seiner Existenz von der *„Internationalen Stiftung zur Förderung von Kultur und Zivilisation (München)"*. Mit diesen Mitteln wird die Bezahlung der Schlichter sichergestellt, die für eine erfolgreiche Schlichtung eine Mittelgebühr für eine eintägige Verteidigung in der Hauptverhandlung erhalten, bei erfolglosen Versuchen die Hälfte. Diese erfolgsabhängige Entlohnung mag dahingehend Bedenken begegnen, dass von Seiten der Schlichter ein Erfolgsdruck auf die Beteiligten aufgebaut werden könnte. Wenn man sich dennoch dafür entschieden hat, so ist dies zum einen der Erfahrung geschuldet, dass die gescheiterten Fälle sich zum größten Teil aus denen ergeben, in denen eine der beiden Parteien zur Wiedergutmachung nicht bereit ist, und somit der geringeren Entlohnung auch eine deutlich aufwandsärmere Erledigung durch den Schlichter gegenübersteht. Zum anderen handelt es sich bei den ausgewählten Schlichtern um in der Praxis etablierte Anwälte, die sich aus Überzeugung zur Teilnahme an dem Projekt bereit erklärt haben und für die eine an der BRAGO orientierte Vergütung keinen finanziellen Ansporn darstellt.

6. Das Gesamtkonzept der wissenschaftlichen Begleitforschung

Das Modellprojekt ist auf drei Jahre angelegt (April 1999 bis April 2002). Es kann bereits an dieser Stelle als Erfolg bezeichnet werden, dass die Fortführung durch die Bereitstellung der entsprechenden Finanzmittel im Haushalt des Freistaats Bayern sichergestellt wurde. Die wissenschaftliche Begleitforschung will folgende Themenkomplexe untersuchen:

6.1 Implementierung des Modellprojekts

Mit diesem Komplex beschäftigt sich die vorliegende Arbeit innerhalb des empirischen Teils. Dabei geht es um die deskriptiv-statistische Erfassung der Schlichtungsteilnehmer und des Verfahrensablaufs. Dabei steht die Beantwortung folgender Fragen im Mittelpunkt:

- Wie wird das Projekt in der Praxis angenommen?
- In welchen Fällen kommt eine Wiedergutmachung zustande?
- Wird in den Urteilen mit vorangegangenen Schlichtungsvereinbarungen § 46 Nr.1 oder Nr.2 StGB bejaht oder zumindest § 46 Abs.2 StGB ausdrücklich zitiert?
- Sind andere Formen der vereinfachten Verfahrenserledigung festzustellen, die auf der Schlichtung beruhen, z.B. § 153a, § 153b StPO oder Erledigung im Strafbefehlsverfahren?

6.2 Befragung und Beobachtung der Schlichter

Darüber hinaus sollen die Schlichterinnen und Schlichter befragt und in Fällen eines Schlichtungstreffens mit Täter und Opfer beobachtet werden. Dies dient vornehmlich der Erfassung und Beschreibung der unterschiedlichen Schlichtungsstile, die - wie bereits erwähnt - als Moderatorvariable für die gefundenen Ergebnisse von Bedeutung sein können.

6.3 Kontrollgruppenvergleich

Weiterhin werden die bis dahin gefundenen Ergebnisse mit denen einer Kontrollgruppe verglichen, bei der kein Schlichtungsverfahren durchgeführt wurde. Dabei werden folgende Daten zur Vergleichsgruppenbildung im Sinne der „matched pairs"[345] benutzt:

- Jahr der Einleitung des Strafverfahrens
- Dezernat der Staatsanwaltschaft
- Straftatbestand
- Geschlecht des Beschuldigten
- Alter des Beschuldigten
- Vorstrafenbelastung

6.4 Expertenevaluation

Es ist bekannt, dass die Kontrolle von Störfaktoren bei einer Orientierung an Vergleichsmerkmalen anstatt vollkommener Randomisierung Schwächen hat.[346] Deshalb ist eine zweite Kontrolle geplant. Dafür werden die jeweiligen Anklageschriften bzw. Ermittlungsberichte erfahrenen Staatsanwälten und Richtern mit der Bitte um eine Strafmaßprognose für die jeweiligen Fälle vorgelegt, wobei die Experten nicht wissen, welche Fälle aus welcher Stichprobe stammen. Dabei sollen sie jeweils das zu erwartende Strafmaß ohne erfolgte Wiedergutmachung einschätzen. Zunächst ist dann zu schauen, ob die Einschätzungen der Experten mit den tatsächlichen Ergebnissen der Vergleichsstichprobe, bei der keine Wiedergutmachung stattgefunden hat, sich decken. Danach kann untersucht werden, ob die Differenzen zwischen Prognose und tatsächlichem Strafmaß bei den Fällen mit erfolgreicher Schlichtung - wie zu erwarten wäre - deutlicher ausfallen als bei den Vergleichsfällen.

6.5 Schriftliche Befragung der beteiligten Täter und Opfer

Letztlich soll die Zufriedenheit der Betroffenen evaluiert werden, wobei eine schriftliche Befragung der Beschuldigten und Verletzten zu ihren Erfahrungen im Schlichtungs- und Strafverfahren geplant ist.

---

[345] dazu Schnell/ Hill/ Eser 1995, 213.
[346] Schnell/ Hill/ Eser 1995, 203ff., 214.

7. Hypothesen

Es ergibt sich bereits aus der Beschreibung des Forschungsdesigns, dass die Überprüfung der Hypothesen in Zusammenhang mit der Auswertung der Vergleichsgruppe steht. Insofern kann die vorliegende Arbeit diese Aufgabe nicht leisten, da sie sich ausschließlich auf die Beschreibung der Schlichtungsfälle konzentriert. Der Vollständigkeit halber sollen aber auch die dem Projekt zugrundeliegenden zentralen Hypothesen vorgestellt werden.
Im Mittelpunkt steht dabei die schon eingeführte abhängige Variable der „Sanktionsschwere".

Hypothese 1:
Anwaltliche Schlichtungsversuche mit dem Ziel der Wiedergutmachung führen dazu, dass mildere Sanktionen verhängt werden als in herkömmlichen Strafverfahren ohne Schlichtungsversuche.

Der Kontrolle dieser Hypothese dient neben der Vergleichsgruppenbildung die Expertenevaluation. Darüber hinaus ist aber auch die Untersuchung der Auswirkungen einer erfolgreichen Wiedergutmachung auf das Strafverfahren als solches von großer Bedeutung.
Daraus ergibt sich

Hypothese 2:
Anwaltliche Schlichtungsversuche mit dem Ziel der Wiedergutmachung führen dazu, dass
- die Hauptverhandlungen kürzer dauern,
- die Strafverfahren früher rechtskräftig erledigt werden,
- die Strafverfahren häufiger durch Strafbefehl erledigt werden,
- die Strafverfahren häufiger nach den §§ 153ff. StPO eingestellt werden

als in herkömmlichen Strafverfahren ohne Schlichtungsversuche.

Hinzuweisen ist noch darauf, dass als unabhängige Variable nicht nur die erfolgreiche Wiedergutmachung gewählt wird. Das beruht schon darauf, dass es um die Evaluation des Projektes insgesamt geht. Selbstverständlich können und werden die Hypothesen bei der eigentlichen Überprüfung genauer unterteilt werden, getrennt nach erfolgreichen und erfolglosen Wiedergutmachungsbemühungen. Vor allem im Bereich der Sanktionsschwere verdient diese Aufteilung bzgl. erfolgloser Bemühungen besondere Aufmerksamkeit, da hier mehrere Möglichkeiten denkbar sind: zum einen eine mildere Bestrafung, da bereits das Bemühen um einen Ausgleich nach § 46 Abs.2, § 46a Nr.1 StGB honoriert werden kann, zum anderen dahingehend, ob nicht eventuell das Scheitern strafschärfend berücksichtigt wird.

8. Ablauf eines Schlichtungsverfahrens

Der Ablauf eines Schlichtungsverfahrens stellt sich in der Regel folgendermaßen dar:
Nach der Meldung des Falles an den Verein bittet dieser die verfahrensführende Stelle um einen Bericht, im Falle des Gerichts in der Regel um die Anklage, im Falle der Staatsanwaltschaft um einen Ermittlungsbericht. Gleichzeitig wird um Innehalten

des Verfahrens für zwei Monate gebeten. Nach Ablauf dieser Zeit ohne mitgeteiltes Ergebnis solle von einem Scheitern der Bemühungen ausgegangen werden. Wenn nötig kann auch um volle Akteneinsicht gebeten werden. Anfängliche datenschutzrechtliche Bedenken wurden mit Schaffung des § 155b StPO beseitigt.
Der geschäftsführende Projektleiter leitet den Fall im Anschluss an einen der 15 Schlichter weiter. Dieser nimmt daraufhin Kontakt mit den Beteiligten auf und versucht eine Einigung zu erzielen.
Nach Abschluss der Schlichtung übermittelt der Vermittler das Ergebnis an den Verein, der dieses an das Gericht oder die Staatsanwaltschaft weiterleitet, verbunden mit der Anregung, eine erfolgreiche Schlichtung entsprechend zu berücksichtigen.

9. Erhebungsbögen

Die im Nachfolgenden untersuchten Ergebnisse beruhen auf folgenden Daten:
Mit der Meldung eines Falles an den Verein Ausgleich e.V. schickt dieser eine Fallmeldung an die Begleitforschung. Dieser Bogen enthält allerdings nur den Namen des vorgesehen Schlichters, das Aktenzeichen und die Anzahl der Beschuldigten und Verletzten sowie die Frage, ob sie anwaltlich vertreten sind. Die Richtigkeit gerade letzterer Angaben ist jedoch noch nicht ausreichend sichergestellt, da zu diesem frühen Zeitpunkt oft noch nicht Klarheit über alle Beteiligten besteht. Dieser Bogen dient damit lediglich der Kenntnisnahme des Falles.
Nach Abschluss der Schlichtungsbemühungen füllen die Schlichterinnen und Schlichter einen fast durchweg standardisierten Fragebogen aus. Darin geht es neben den persönlichen Daten zu Täter und Opfer vor allem um folgende Aspekte: Schlichtungsinitiative, Art der Delikte, Art der Kontaktaufnahme, Art der Schäden, Ausgleichsbereitschaft der Beteiligten, Schlichtungsablauf und -ergebnis. Der Fragebogen entspricht in weiten Teilen dem des Täter-Opfer-Ausgleich-Servicebüros. Geringfügige Modifikationen beruhen auf der unterschiedlichen Schwerpunktsetzung des Projekts „Ausgleich e.V.“. Die so gewonnen Daten sind es, die die Grundlage für den Großteil der nachfolgenden Ergebnisse liefern.
Darüber hinaus werden nach rechtskräftigem Abschluss des Verfahrens die Akten zum Strafverfahren angefordert und eingesehen. Dabei wird vom jeweiligen Bearbeiter ein voll standardisierter Aktenauswertungsbogen ausgefüllt. Neben der Frage des Verfahrensabschlusses, insbesondere der Strafzumessungsentscheidung, steht hier vor allem die Auswertung des Auszuges aus dem Bundeszentralregister im Mittelpunkt.

Die Fragebögen sind im Anhang abgedruckt.

G. SCHLICHTUNGSVERLAUF UND SCHLICHTUNGSERGEBNISSE

I. FALLAUFKOMMEN

Stichtag für folgende Betrachtungen ist der 15.10.2001. Seit Beginn des Projekts am 1.4.1999 wurden 214 Fälle gemeldet. Dies entspricht einem Schnitt von ca. 7 Fällen pro Monat. In Wirklichkeit sah sich jedoch wie viele der von der Wissenschaft angestoßenen Modellprojekte auch das Projekt Ausgleich e.V. großen Anlaufschwierigkeiten ausgesetzt, so dass 51 Fällen in den ersten 15 Monaten 163 Fälle in der zweiten Hälfte gegenüberstehen. Gegen Ende des vorliegenden Untersuchungszeitraums hat sich somit das Aufkommen bei etwa 10 Fällen pro Monat eingependelt.
Gemessen an über 150.000 Ermittlungsverfahren gegen bekannte Täter, die jährlich von den Staatsanwaltschaften München I und München II erledigt werden[347], nimmt sich eine hochgerechnete Zahl von 120 Fällen pro Jahr sehr bescheiden aus. Legt man die Berechnungen von Ute Hartmann[348] zugrunde, die hinsichtlich der Staatsanwaltschaft Hannover bei einem unbereinigten[349] Fallaufkommen von 103.725 auf 4.430 für einen Täter-Opfer-Ausgleich geeignete Fälle, also auf einen Anteil von 4,3%[350] kommt, so bestünde in München ein Potential von jährlich 6.450 Verfahren. Für den Bereich der Schadenswiedergutmachung dürfte dieser Anteil wegen des weiteren deliktischen Anwendungsbereiches eher noch höher liegen.
Im Vergleich zu den bisherigen Modellprojekten im allgemeinen Strafrecht zeigt sich, dass das Fallaufkommen in Detmold (30 Fälle in 20 Monaten), Düsseldorf (74 Fälle in 42 Monaten) und Hamburg (51 Fälle in 24 Monaten)[351] niedriger als beim Ausgleich e.V. lag, während es beim Projekt WAAGE (544 Fälle in 33 Monaten[352]) und in Nürnberg/ Fürth (198 Fälle in 24 Monaten[353]) zu einer höheren Anzahl an Zuweisungen kam. Diese Werte sind jedoch nicht nur wegen der unterschiedlichen Größe der involvierten Gerichtsbezirke nicht direkt miteinander vergleichbar, sondern vor allem auch wegen der jeweils unterschiedlichen verfahrensrechtlichen Konzeption.[354] Sowohl in Hannover als auch in Nürnberg/ Fürth[355] kam der überwiegende Teil der Fälle aus dem Bereich der Amtsanwaltschaften, lag also vom Schweregrad deutlich unterhalb der Delikte, auf die das Projekt Ausgleich e.V. abzielt. Für den Bereich der mittelschweren und schwereren Kriminalität übernimmt das vorliegend untersuchte Projekt somit eine Vorreiterrolle, bei der etwas geringere Fallzahlen auf anfängliche Skepsis und fehlende Vertrautheit zurückzuführen sind.
Insgesamt muten die Fallzahlen jedoch erschreckend gering an und scheinen den mit den Projekten verbundenen Aufwand kaum rechtfertigen zu können. Es darf je-

---

[347] http://www.justiz.bayern.de/sta-muenchen/index.htm.
[348] U.Hartmann 1997, 152, 167.
[349] mit „unbereinigt" bezeichnet U. Hartmann das gesamte Fallaufkommen einer Staatsanwaltschaft.
[350] in Bezug auf die „bereinigte" Gesamtheit kommt U. Hartmann auf ein Fallpotential von 15,9%; für eine Parallelberechnung fehlen allerdings die entsprechenden Werte der Münchener Staatsanwaltschaften. Vielmehr ist die herangezogene Zahl von 150.000 wegen des Ausschlusses der Verfahren gegen unbekannte Täter bereits teilweise bereinigt.
[351] siehe jeweils Bannenberg 1993, 195, 199, 206.
[352] Netzig/Petzold 1997, 26.
[353] Dölling/Hartmann 2000, 11.
[354] vgl. F. I. 5., 6.
[355] trotz der über die Diversion hinausgehenden Konzeption kam es hier nur in 4 % der erfolgreich geschlichteten Fälle zu einer Anklage bzw. einem Strafbefehl - siehe Dölling/ Hartmann 2000, 34.

doch nicht übersehen werden, dass die Wiedergutmachung in Form von Ausgleichsbemühungen noch in den Kinderschuhen steckt und es gerade Aufgabe der Projekte war und ist, Anwendungsmöglichkeiten zu erforschen und dadurch einen breiteren Anwendungsbereich zu eröffnen.

Wie unter F. II. 9. dargelegt, erhält die Begleitforschung verwertbare Daten erst durch die Auswertung der Schlichtungsbögen, so dass in weiten Teilen nur die Anzahl Fälle zugrunde gelegt werden kann, bei der die Vermittlungen bereits abgeschlossen sind. Dies trifft bis zum 15.10.2001 auf 171 Fälle zu.

Unter einem Fall wird im Zusammenhang der Auswertung ein Ausgleichsverfahren verstanden; das entspricht regelmäßig einer Strafakte. Ausgangsbasis ist daher - entgegen anderen Ausgleichsprojekten[356] - nicht die Zahl der Beschuldigten. Allerdings macht dies tatsächlich kaum einen Unterschied, da die 171 ausgewerteten Verfahren lediglich 179 Beschuldigte betreffen. Dies widerspricht Erfahrungen anderer Projekte, bei denen in bis zu 25% der Fälle mehrere Täter vorkamen[357]. Deutlich höher liegt jedoch die Anzahl der Opfer (n = 218). Da es bei mehreren Beteiligten auf Täter- oder Opferseite durchaus zu unterschiedlichen Ergebnissen kommen kann (man bedenke nur die Frage der Schlichtungsbereitschaft), ist es bisweilen erforderlich, jede Verbindung eines Beschuldigten mit einem Geschädigten einzeln zu betrachten. Eine solche Verbindung wird im folgenden Kombination genannt. Deren Anzahl liegt für den Berichtszeitraum bei 225.

Eine weitere Reduzierung der Ausgangsbasis erfolgt bei der Frage nach den verfahrensrechtlichen Auswirkungen der Schlichtung, da diese erst nach Aktenauswertung beantwortet werden kann. Dies setzt wiederum einen rechtskräftigen Verfahrensabschluss voraus. Da es aufgrund des laufenden Vollstreckungsverfahrens dann bisweilen noch sehr lange dauert, bis Akteneinsicht gewährt wird, liegen insoweit lediglich Daten von 71 Fällen vor.

Im folgenden muss also stets beachtet werden, auf welche Grundgesamtheit sich die Berechnung bezieht.

	1999	**2000**	**2001**	**Gesamt**
gemeldete Fälle	28	87	99	214
geschlichtete Fälle	28	86	57	171
Fälle mit rk. Verfahrensabschluss	23	44	5	72
Anzahl der Täter	29	91	59	179
Anzahl der Opfer	51	105	62	218
Kombination Täter – Opfer	53	109	63	225

Tabelle 1: Fallzahlen

Die Verteilung der geschlichteten Fälle auf die beiden Staatsanwaltschaften entspricht deren Größenverhältnis.[358]

---

356 A.Hartmann 1995, 191.

357 A.Hartmann 1995, 190.

358 113.115 erledigte Verfahren gegen bekannte Täter im Bezirk München I gegenüber 40.000 bei München II.

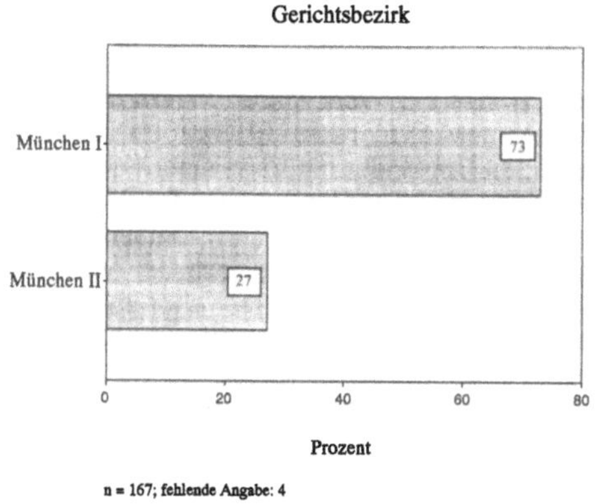

Abbildung 1: Fallverteilung auf die Gerichtsbezirke

II. SCHLICHTUNGSINITIATIVE

Im Projektantrag vom 18.1.1999 heißt es:
„In der Regel wird die Initiative vom Beschuldigten oder seinem Verteidiger ausgehen, der sich mit der Bitte um Vermittlung einer Wiedergutmachungsvereinbarung an die anwaltliche Schlichtungsstelle beim Institut für Anwaltsrecht wendet. Die Initiative kann aber auch von der Staatsanwaltschaft, [...] ausgehen,[...]"
Dieses erwartete Regel-Ausnahme-Verhältnis hat sich in der Projektwirklichkeit nicht bestätigt, wie folgendes Schaubild zeigt:

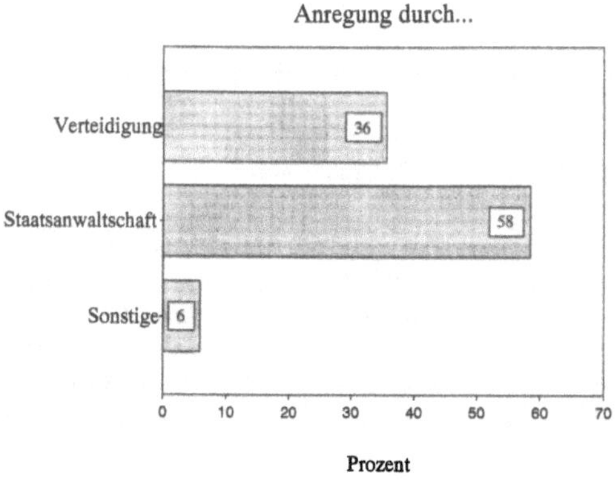

Abbildung 2: Verteilung nach Schlichtungsinitiator

Die 10 unter Sonstiges erfassten Fälle verteilen sich auf Meldungen durch Beschuldigte selbst (3), Opferanwälte (2), Richter (3), Opferhilfsorganisationen (1) und Anwälte beider Seiten gemeinsam (1). Letztes Beispiel veranschaulicht ein grundsätzliches Problem bei der Erfassung: nicht immer nimmt derjenige Kontakt zum Ausgleich e.V. auf, der die Idee dazu hatte. So wurden in Strafakten Vermerke der Staatsanwaltschaften über Telefonate mit Verteidigern gefunden, in denen die Möglichkeit einer Schlichtung und einer entsprechenden Verfahrenserledigung im Erfolgsfalle diskutiert wurde. Wenn daraufhin die Staatsanwaltschaft den Fall an den Ausgleich e.V. schickt, ist dennoch möglich, dass die Anregung dazu vom Rechtsanwalt kam. Es ist denkbar, dass sich ein Opfer eher zu einer Schlichtung bereit erklärt, wenn die Beauftragung des Vereins von offizieller Seite erfolgt. Insofern spricht von Verteidigerseite viel dafür, die Kontaktaufnahme der Staatsanwaltschaft zu überlassen. Ebenso wird ein Geschädigtenvertreter selten einen Fall dem Ausgleich e.V. melden, ohne vorher die Schlichtungsbereitschaft auf Täterseite intern abgeklärt zu haben, um eine weitere Enttäuschung des Opfers zu vermeiden. Dann ist aber auch denkbar, dass die Kontaktaufnahme der Täterseite überlassen wird, auch vor dem Hintergrund, gegenüber der Staatsanwaltschaft eigene Initiative „vorzutäuschen".

Die Hintergründe der Schlichtungsanregung sind somit nicht stets überprüfbar. Bzgl. der Anregungen durch die Staatsanwaltschaft lässt sich jedoch feststellen, dass diese mittlerweile oft routinemäßig erfolgen. Gewisse Unsicherheiten über den wahren Hergang ändern darüber hinaus nichts an der Tatsache, dass auch in diesem Projekt die Fallmeldung zu großen Teilen auf die Staatsanwaltschaft zurückgeht.

Warum hat sich die Ausgangserwartung nicht erfüllt? Dazu soll zum einen untersucht werden, ob sich die Verhältnisse innerhalb der 30 Monate verändert haben und ob sich innerhalb der Gerichtsbezirke Unterschiede zeigen. Zum anderen wird speziell der Frage nachgegangen, warum Verteidiger das Angebot nicht häufiger nutzen.

1. Zeitlicher Aspekt bei der Frage nach der Kontaktaufnahme

	1999		2000		2001		Gesamt	
	n	%	n	%	n	%	n	%
Strafverteidiger	24	96,0	22	27,2	15	27,3	61	37,9
Staatsanwaltschaft	1	4,0	59	72,8	40	72,7	100	62,1

Tabelle 2: Verteilung nach Schlichtungsinitiator

Es zeigt sich, dass es einige Zeit dauerte, bis sich die Staatsanwaltschaft überwinden konnte, selbst Fälle einer Schlichtung zuzuleiten. Diese positive Entwicklung ist vornehmlich dem starken Engagement der Behördenleiter zu verdanken. Vor allem im Gerichtsbezirk München I organisierte der Leitende Oberstaatsanwalt, Herr Wick, mehrmals Informationsveranstaltungen in Zusammenarbeit mit Prof. Schöch, in denen die Staatsanwälte über die neueste Rechtsprechung zu § 46a StGB sowie über Organisation und Ablauf der Schlichtungsfälle beim Ausgleich e.V. unterrichtet wurden.

Zum anderen wird deutlich, dass die ohnehin geringe Initiativbereitschaft der Strafverteidiger trotz insgesamt steigender Fallzahl sogar rückläufig ist. Schlichtweg katastrophal wird dieses Ergebnis, wenn man die Schlichtungsfälle abzieht, die von Ver-

teidigern geliefert wurden, die gleichzeitig als Schlichter am Projekt beteiligt sind. Dies betrifft 38 der 61 Verfahren, also 62,3%. Von den verbleibenden 23 Fällen kamen wiederum allein fünf aus einer Kanzlei.
Gründe für diese Verweigerungshaltung zu finden, ist schwer und beschränkt sich weitestgehend auf Spekulationen. Ausgeschlossen werden kann, dass das Projekt innerhalb der Anwaltschaft nicht bekannt ist: dem widerspricht zum einen die Aussage des Projektleiters, der bei Gesprächen mit Kollegen immer wieder feststellte, dass diesen der Verein Ausgleich geläufig war. Des weiteren wurden von unserer Seite mehrfach Berichte in den entsprechenden Anwaltszeitschriften veröffentlicht.
Bisweilen hört man den Satz: „Das machen wir doch eh, wenn es sich anbietet". Verifiziert werden kann diese Behauptung zum jetzigen Zeitpunkt nicht. Wenn dem so wäre, müssten auch bei der Vergleichsgruppenauswertung einige Fälle mit erfolgter Wiedergutmachung auftauchen. Bereits jetzt ist aber zu sagen, dass Strafverteidiger mit dieser Aussage vorgeben, das zu wissen, was dieses Projekt erst noch offenlegen will: für welche Fälle eine solche Schlichtung, gerade mit ihrem Schwerpunkt auf der Schadenswiedergutmachung, besonders geeignet ist. Auch behaupten die Verteidiger insgeheim, dass es keinen Unterschied mache, unter wessen Regie eine Einigung mit dem Opfer versucht wird. Mag die Vermittlung durch einen neutralen Dritten im Rahmen des § 46a StGB nicht Tatbestandsvoraussetzung sein, so erscheint es vorstellbar, dass die Strafverfolgungsbehörden im Rahmen des Ermessens in einer solchen Konstellation eher zu einem Strafnachlass bereit sind.
Bei einer Befragung der Schlichter nach deren Einschätzung bzgl. der Bedenken der Anwälte wurden folgende Aspekte angesprochen:

- Angst der Verteidiger, durch den Schlichter ihre Mandanten zu verlieren
- Angst der Verteidiger, Gebühren an den Schlichter zu verlieren
- Angst der Verteidiger, bei erfolgter Wiedergutmachung die Leistungsfähigkeit des Täters zu minimieren und somit eigene Honoraransprüche zu gefährden
- Angst der Strafverteidiger vor dem Zivilrecht (Haftungsprobleme)

Insgesamt wird deutlich, dass noch viel Aufklärungsarbeit vonnöten ist, um Verteidigern, aber auch Opferanwälten Angst vor dem Neuem zu nehmen. Während die Staatsanwaltschaft diesem in der Regel dann besonders aufgeschlossen gegenübersteht, wenn es eine Arbeitserleichterung bedeutet, so fragen Anwälte, ob sie dadurch finanziell nicht schlechter gestellt werden. Ohne an dieser Stelle die Frage der Gebühren erschöpfend beantworten zu können, ist festzuhalten, dass zwischen vermögensrechtlichen und nicht vermögensrechtlichen Gegenständen im Bezug zum Täter-Opfer-Ausgleich zu unterscheiden ist. Gem. dem 1999 eingeführten § 87 S.2 BRAGO werden letztere zwar von den die Verteidigertätigkeiten abgeltenden Gebühren mitumfasst. Eine entsprechende Tätigkeit ist jedoch gem. § 12 BRAGO innerhalb des Betragsrahmens nach § 83 BRAGO erhöhend zu berücksichtigen. Wird die Hauptverhandlung aufgrund des unter Mithilfe des Verteidigers erzielten Ausgleiches entbehrlich, da das Verfahren zuvor eingestellt wird, so steht diesem dennoch gem. § 84 Abs.2 S.1 Nr.1 BRAGO die volle Gebühr nach § 83 BRAGO zu.[359] Hinsichtlich vermögensrechtlicher Ansprüche ergibt der Umkehrschluss aus § 87 S.2 BRAGO, dass diese einen eigenständigen Gebührenanspruch gem. § 13 BRAGO auslö-

[359] Gerold u.a. - Madert 2002, § 87, Rd.10.

sen.[360] Die Sonderregelung des § 89 BRAGO gilt nur für das Adhäsionsverfahren nach §§ 403 ff. StPO.
Darüber hinaus bleibt zu hoffen, dass gerade durch die vermehrte Fallzuweisung durch die Staatsanwaltschaft, Anwälte, die dadurch zur Zusammenarbeit mit dem Ausgleich e.V. gebracht werden, die eigenen Vorteile dieses Vorgehens erkennen und in Zukunft auch von sich aus schlichtungsgeeignete Fälle zuleiten werden.

2. Unterschiede in den beiden Gerichtsbezirken

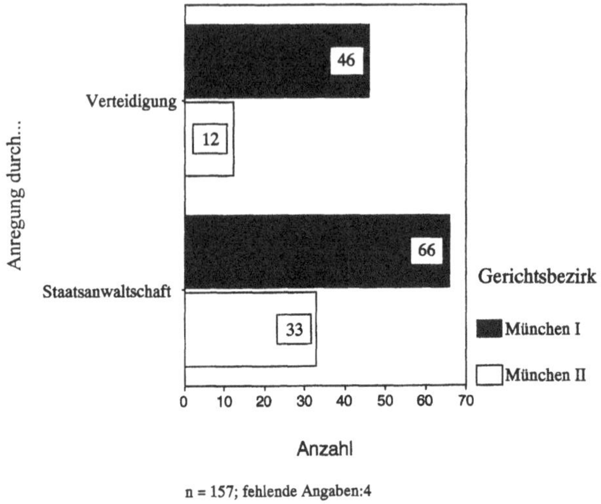

Abbildung 3: Zusammenhang zwischen Schlichtungsinitiator und Gerichtsbezirk

Zeigt sich auch für den Gerichtsbezirk München II eine noch deutlichere Verschiebung zugunsten einer Einleitung durch die Staatsanwaltschaft, so ist dieser Unterschied doch nicht signifikant.[361]

---

[360] BT-Drucks. 14/1928, 9.

[361] p = 0,102: dabei wird von der üblichen Unterteilung ausgegangen, nach der bei einer Irrtumswahrscheinlichkeit von p<=0,05 (*) das Ergebnis als signifikant, von p<=0,01 (**) als sehr signifikant und von p<=0,001 (***) als höchst signifikant bezeichnet wird. Irrtumswahrscheinlichkeit heißt in diesem Zusammenhang die Wahrscheinlichkeit, mit der man einen Fehler macht, wenn man die Nullhypothese verwirft, die von einer zufälligen Verteilung der Merkmalsausprägungen ausgeht.
Die Berechnung erfolgte in diesem Fall durch den exakten Test nach Fisher, der nur für eine Vierfeldertafel Anwendung findet. Im Übrigen wird der Chi-Quadrat-Wert berechnet.
Die Berechtigung solcher Signifikanztests ergibt sich trotz umfassender Erhebung aller Fälle, die dem Ausgleich zugeleitet werden, daraus, dass die Untersuchungsgesamtheit als zeitlicher und räumlicher Ausschnitt aus der fortlaufenden und sich ausweitenden Anwendung der Wiedergutmachung gedacht werden kann. Dies gilt umso mehr, als die Ergebnisse weniger als historische Dokumentation interessieren, sondern wegen der Möglichkeit der Verallgemeinerung, wie dies bereits in dem Begriff **Modell**projekt angelegt ist.

III. Zeitpunkt der Schlichtungsinitiative

Es ist zu vermuten, dass die Frage, wer den Schlichtungsfall meldet, in direktem Zusammenhang mit der Frage steht, wann er dies tut. Denn eine Initiative durch die Staatsanwaltschaft kann nur so lange erfolgen, wie sie Herrin des Verfahrens ist, also bis zum Abschluss des Vorverfahrens. Das Ermittlungsverfahren ist zwar auch für die Verteidigerseite als Schlichtungszeitpunkt relevant, wenn es ihr darum geht, durch die Schlichtung eine Einstellung oder einen Strafbefehl anstelle einer Anklage zu erreichen. Andererseits ist es denkbar, erst einmal abzuwarten, zu welchem Ergebnis die Staatsanwaltschaft ohne Schlichtung in dem Verfahren kommt. Stellt sie ohnehin ein, so ist aus Tätersicht ein weiterer Aufwand nicht nötig. Ein solches Vorgehen ist auch nicht zu riskant, da in der Regel bis zur Hauptverhandlung noch genügend Zeit für einen Ausgleich bleibt. Darüber hinaus kommt es auch aus faktischen Gründen des öfteren erst nach Anklageerhebung zur Einleitung eines Schlichtungsverfahrens durch die Strafverteidiger; denn viele Beschuldigte erkennen erst jetzt den Ernst der Lage und suchen daraufhin rechtlichen Beistand.
Insgesamt ergibt sich für den Zeitpunkt der Einleitung des Schlichtungsfalles folgendes Bild:

	1999		**2000**		**2001**		**Gesamt**	
	n	%	n	%	n	%	n	%
Vorverfahren	10	35,7	64	74,4	45	78,9	119	66,4
nach Anklage bzw. nach Einspruch auf Strafbefehl	14	50,0	18	20,9	7	12,3	39	25,8
Berufungsverfahren	4	14,3	3	3,5	2	3,5	9	5,5
Sonstige	0	0,0	1	1,2	3	5,3	4	2,3

Tabelle 3: Zeitpunkt der Schlichtungsanregung

Der große Anteil von Berufungsverfahren im Anfangsjahr des Projektes liegt daran, dass als geeignet erachtete Fälle erst jetzt dem Ausgleich e.V. gemeldet werden konnten. Dies widerlegt bereits die von Anwälten gehörte These, das man sich um Wiedergutmachung ohnehin kümmere, wenn sie sich anbiete. Denn dann hätten diese Fälle bereits vor Abschluss der ersten Instanz privat geschlichtet werden können.
Die Einleitung kann aber auch aus taktischen Gründen erst im Berufungsverfahren erfolgen: es ist denkbar, dass in erster Instanz ein Freispruch und erst nach Scheitern dieses Versuchs eine Schlichtung angestrebt wird. Ebenso kann es vorkommen, dass die Konfrontation des Täters mit dem Opfer in der erstinstanzlichen Hauptverhandlung diesem erstmals die Tatfolgen vor Augen führt und bei ihm die Bereitschaft zur Wiedergutmachung weckt.
Mit obiger Häufigkeitstabelle ist noch nichts über die prognostizierte Abhängigkeit des Zeitpunktes von der Person des Initiators ausgesagt. Dafür müssen beide Merkmale gekreuzt werden: dabei erfolgt bzgl. des Initiators eine Beschränkung auf Staatsanwaltschaft und Verteidigung und bei der Frage nach dem „Wann" wird die Gruppe der sonstigen Fälle ausgeklammert. Somit bleiben 158 Verfahren übrig, also 92,4% aller geschlichteten Fälle.

Diese Kreuzung ergibt tatsächlich ein höchst signifikantes Ergebnis, d.h. die Verteilung ist mit größter Wahrscheinlichkeit nicht zufällig zustande gekommen, vielmehr besteht ein Zusammenhang zwischen beiden Variablen. Für die Feststellung dessen Stärke bedarf es einer Korrelationsberechnung.[362] Diese weist mit r = 0,749 eine relativ starke Abhängigkeit aus.[363]

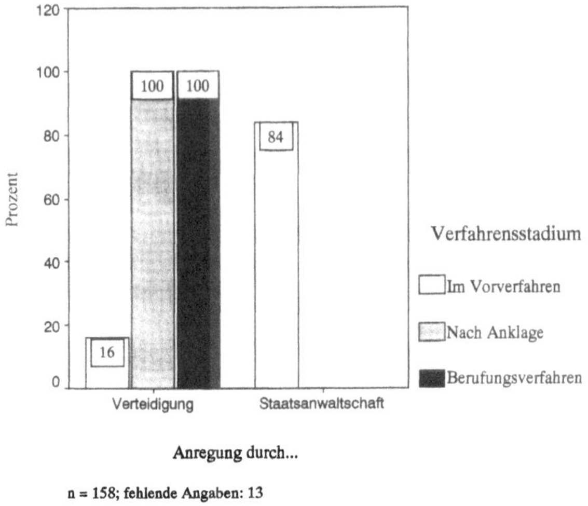

Abbildung 4: Zusammenhang zwischen Schlichtungsinitiator und Verfahrensstadium

IV. VERFAHRENSTECHNISCHE HINDERNISSE

Unter verfahrenstechnischen Hindernissen werden solche verstanden, die eine Fortsetzung der Schlichtung unmöglich oder sinnlos machen bzw. bereits deren Einleitung entgegenstehen, d.h. eine Verhandlung aus externen Gründen nicht geführt

[362] welches Testverfahren für die Berechnung der Korrelation verwendet wird, bestimmt sich nach dem Skalenniveau der Variablen. Die im Projekt abgefragten Variablen weisen in der Regel entweder Ordinalskalierung oder Nominalskalierung auf. Von ersterer spricht man, wenn die Variablenwerte zwar eine auf- bzw. absteigende Ordnung bilden, die Abstände zwischen den einzelnen Kategorien jedoch nicht proportional sind (Bsp.: der Zeitpunkt der Schlichtungseinleitung). Hier erfolgt die Berechnung der Stärke des Zusammenhangs nach der Rangkorrelation nach Spearman. Bei einer Nominalskalierung werden die Kategorien beliebig einem Wert zugewiesen, ein Rangverhältnis besteht nicht (Bsp.: Beruf). Berechnet wird dann der Kontingenzkoeffizient (CC). Eine Variable mit zwei Ausprägungen, sogenannte dichotome Variable, kann dabei stets wie eine ordinalskalierte Variable behandelt werden; für die Richtung des Zusammenhangs ist jedoch streng darauf zu achten, welche Ausprägung welchem Wert zugewiesen wurde.

[363] Der Korrelationswert liegt zwischen –1 und +1, wobei der Betrag von 1 einen absoluten Zusammenhang bedeutet. Das Vorzeichen gibt dessen Richtung an. Ein positiver Wert bedeutet, dass bei einem höheren Wert der einen Variablen auch die andere einen höheren Wert aufweist. Wie in den Sozialwissenschaften üblich, wird dabei ein Korrelationswert von über 0,5 als relativ stark, ein solcher zwischen 0,3 und 0,5 als mittelstark und ein Wert kleiner als 0,3 als schwacher Zusammenhang bezeichnet - vgl. Schöch 1997, 58.

werden kann. Abzugrenzen sind sie von inhaltlichen Hindernissen, an denen eine Einigung der Parteien scheitert. Ein verfahrenstechnisches Hindernis muss nicht von Beginn an bestehen; so zum Beispiel in dem Fall, in dem während des Schlichtungsprozesses der Beschuldigte wohnsitzlos wurde und der Schlichter keinen Kontakt mehr zu ihm aufnehmen konnte.
Die Abgrenzung ist nicht immer eindeutig. Meldet sich ein Angeschriebener nicht, so kann dies daran liegen, dass er den Brief nie erhalten hat (verfahrenstechnisches Hindernis), oder daran, dass er kein Interesse an einer Schlichtung hatte (inhaltliches Hindernis). Man wird bei der Einordnung an objektive Anhaltspunkte anknüpfen müssen. Dementsprechend kann von einem verfahrenstechnischen Hindernis nur ausgegangen werden, wenn der Brief als unzustellbar zurückkam.
Da ein verfahrenstechnisches Hindernis vom einzelnen Opfer bzw. Täter abhängig sein kann, muss hier die Häufigkeitszählung zunächst von der Gesamtheit aller Kombinationen ausgehen. Danach ergibt sich folgendes Bild:

	1999 n = 53		**2000** n = 109		**2001** n = 63		**Gesamt** n = 225	
	n	%	n	%	n	%	n	%
kein Hindernis	29	54,7	101	92,7	57	90,5	187	83,1
Beteiligte/r verstorben	1	1,9	0	0,0	1	1,6	2	0,9
Beteiligte/r unbekannt verzogen	5	9,4	2	1,8	4	6,3	11	4,9
sonstige Hindernisse	18	34,0	6	5,5	1	1,6	25	11,1

Tabelle 4: verfahrenstechnische Hindernisse (alle Kombinationen)

Der starke Anteil von sonstigen Hindernissen im Jahre 1999 macht stutzig. Bei einer Betrachtung der entsprechenden Verfahren stellt sich die eben aufgestellte Behauptung, die Zählung müsse für jede Kombination getrennt erfolgen, dann als fragwürdig heraus, wenn das Problem personenunabhängig ist. Dies verdeutlicht der Fall, in dem ein Beschuldigter 12 Geschädigten gegenüberstand und in dem das verfahrenstechnische Hindernis darin bestand, dass das Urteil noch während der Schlichtungsbemühungen erging. Nach dessen Rechtskraft bestand kein Interesse des Täters an einer Fortsetzung der Schlichtung.[364] Diese Problem der intervenierenden Verfahrenserledigung betrifft auf den gesamten Zeitraum bezogen 20 der 25 Kombinationen. Entsprechende Fälle werden fortan nur einmal gezählt.
In drei weiteren Kombinationen lag das Hindernis darin, dass bereits eine Einigung erzielt wurde. Da diese Fälle offensichtlich schlichtungsgeeignet waren, wäre es verfehlt, sie den Hindernissen zuzuordnen. Sie werden daher nicht mitgezählt.
Darüber hinaus muss grundsätzlich danach unterschieden werden, wen das Hindernis betrifft. Trifft ein Beschuldigter auf drei Geschädigte, ist jedoch der Beschuldigte unbekannt verzogen, so besteht es nur einmal und entsprechend sollte dieser Fall nur einmal gezählt werden.
Unter Beachtung dieser Aspekte ergibt sich folgende bereinigte Tabelle:

---

[364] zumindest im Rahmen des § 46a StGB ist dies offensichtlich. Die Fortsetzung der Schlichtung könnte allerdings im Hinblick auf eine Strafrestaussetzung gem. § 57 StGB sinnvoll sein.

	1999 n = 38		2000 n = 106		2001 n = 63		Gesamt n = 207	
	n	%	n	%	n	%	n	%
kein Hindernis	29	76,3	101	95,3	57	90,5	187	90,4
Beteiligte/r verstorben	1	2,6	0	0,0	1	1,6	2	1,0
Beteiligte/r unbekannt verzogen	3	7,9	2	1,9	4	6,3	9	4,3
sonstige Hindernisse	5	13,2	3	2,8	1	1,6	9	4,3

Tabelle 5: verfahrenstechnische Hindernisse (bereinigte Tabelle)

Auch jetzt noch fällt der 1999 erhöhte Anteil der Schlichtungsversuche mit sonstigem Hindernis auf. Als denkbare Erklärung käme in Betracht, dass es sich hauptsächlich um Verfahren am Anfang des Projektes handelt, die deswegen erst kurz vor der Verhandlung gestartet werden und wegen des Zeitdrucks nicht mehr zu einem Ergebnis gebracht werden konnten. Dieser Verdacht bestätigt sich allerdings nur hinsichtlich eines der drei entsprechenden Fälle, in dem zwischen Fallmeldung und Termin zur Hauptverhandlung gerade einmal neun Tage lagen. In einem anderen Fall bestand mit neun Monaten genügend Zeit, eine Schlichtung erfolgreich durchzuführen. Der dritte ist mit einem Monat ein Grenzfall, zumal in diesem Verfahren drei Geschädigte betroffen waren.[365]

Kreuzt man die Frage nach den verfahrenstechnischen Hindernissen mit den bisher untersuchten Variablen, so errechnet sich ein schwach signifikanter Zusammenhang zu der Frage, wer die Schlichtung eingeleitet hat.[366] Dieses Ergebnis überrascht insofern nicht, als es bei Schlichtungsinitiative durch die Staatsanwaltschaft kaum zum Problem der Verfahrensbeendigung vor Abschluss der Schlichtung kommen wird. Andererseits ist das Risiko, dass der Beschuldigte unbekannt verzogen ist, deutlich geringer, wenn die Initiative vom Strafverteidiger ausgeht.

		Anregung		
		Verteidigung	StA	**Gesamt**
kein Hindernis	*Anzahl*	72	105	**177**
	erwartete Anzahl	74,4	102,6	
Beteilige/r verstorben	*Anzahl*	1	1	**2**
	erwartete Anzahl	0,8	1,2	
Beteiligte/r unbekannt	*Anzahl*	2	6	**8**
verzogen	*erwartete Anzahl*	3,4	4,6	
sonstige Hindernisse	*Anzahl*	7	1	**8**
	erwartete Anzahl	3,4	4,6	
	Gesamt	**82**	**113**	**195**

Tabelle 6: Zusammenhang zwischen verfahrenstechnischen Hindernissen und Schlichtungsinitiator

365 zum Ausgangspunkt von zwei Monaten als Zeitraum, in dem die Schlichtung zu Ende gebracht werden sollte, siehe F. II. 8.

366 p = 0,048 (*).

Bei statistischen Berechnungen muss jedoch stets die Aussagekraft des Ergebnisses hinterfragt werden. So ist die berechnete Signifikanz hier nicht verwertbar, da in 75% der Felder eine erwartete Häufigkeit[367] von kleiner als 5 besteht.[368] Um diese Fehlerquelle auszuschließen, muss man versuchen, mehrere Kategorien zusammenzufassen. So kann man die Variable „verfahrenstechnisches Hindernis" dichotomisieren, indem man ihr lediglich die Merkmalsausprägungen „Hindernis/kein Hindernis" bzw. „ja/nein" zuweist.[369] Kreuzt man diese umkodierte Variable mit dem Schlichtungsinitiator, so erhält man keine erwartete Häufigkeit unter 5; allerdings erweist sich dieses Ergebnis auch nicht mehr als signifikant.[370]

Um die hier gewonnenen Ergebnisse an geeigneter Stelle ins Verhältnis zu bisherigen Erfahrungen setzen zu können, werden sie mit denen der bundesweiten Täter-Opfer-Ausgleich-Statistik (im folgenden: TOA-Statistik) verglichen. Leider liegt seit 1995 kein aktuelleres Material vor, so dass auf die damaligen Werte zurückgegriffen werden muss. Bei Gegenüberstellung der Zahlen ist stets darauf zu achten, dass...

- die TOA-Statistik sich auf sämtliche Täter-Opfer-Ausgleichsprojekte bezieht, also auch und vor allem auf die aus dem Jugendstrafrecht. Insofern ist ein direkter Vergleich nur bedingt aussagekräftig. Teilweise werden die Ergebnisse der TOA-Statistik aber auch nach den Entwicklungsstufen der Täter getrennt angegeben.
- viele Täter-Opfer-Ausgleichsprojekte auf eine Einstellung gem. §§ 153ff. StPO im Erfolgsfall angelegt sind, während das Projekt Ausgleich e.V. darüber hinausgehen will.
- der Schwerpunkt dieses Projekts im Bereich der Schadenswiedergutmachung liegt.

Der Vergleich zeigt, dass die Größenordnung übereinstimmt. Während in 90,4% der Kombinationen dieses Projektes kein Hindernis besteht, trifft dies auf Bundesebene in 90,8% der Fälle zu.[371] Den größten Anteil in der Statistik macht jedoch eine Kategorie aus, die im Schlichtungsbogen nicht enthalten ist: „Rückgabe, da Eignungskriterien nicht erfüllt". Bei der Darstellung der Projektkonzeption wurde hervorgehoben, dass bewusst auf konkrete Kriterien verzichtet wurde. Soweit das Ziel eines vermittelten Ausgleichs die Ungeeignetheit solcher Fälle nach sich zieht, in denen mangels Ansprechpartner auf der Opferseite eine Schlichtung keinen Sinn macht[372], handelt es sich um im Vorfeld überschaubare Fragen, so dass es zu keinen Fehlzuweisungen kommen konnte und auch nicht kam. Darüber hinaus gilt vor allem, dass die Geeignetheit der einzelnen Konstellationen mit diesem Projekt erst

---

[367] Die erwartete Häufigkeit berechnet sich aus Zeilengesamtzahl multipliziert mit Spaltengesamtzahl dividiert durch Tabellengesamtzahl.

[368] wenn überhaupt ist ein Anteil von weniger als 20% akzeptabel: Bühl/Zöfel 1999, 224; strenger, da überhaupt keine erwartete Häufigkeit <5 zulassend: Brosius/Brosius 1996, 355; die erwartete Häufigkeit ist ausschlaggebend, da der Chi-Quadrat-Test auf dieser basiert.

[369] dies geht allerdings stets mit einem Qualitätsverlust der Variablen einher, da deren Aussagekraft sehr vereinfacht wird.

[370] p = 0,316 (n.s.).

[371] Hartmann/ Stroezel 1998, 158, Tab.12.

[372] also die Delikte, die nur mittels symbolischer Wiedergutmachung ausgeglichen werden können.

untersucht werden sollte; deshalb kam es innerhalb des Projektes Ausgleich e.V. zu keiner Zurückweisung eines Falles als ungeeignet.[373]

V. Die Deliktsstruktur

Pro Kombination werden bis zu fünf Delikte erfasst.[374] Dabei ist gleichgültig, ob sie in Tateinheit oder Tatmehrheit zueinander stehen. Jeder Straftatbestand wird allerdings nur einmal pro Kombination gezählt, auch wenn er mehrfach verwirklicht wurde. Dies ist für eine gleichmäßige Auswertung nötig, da die Schlichter oftmals die genauen Häufigkeiten selbst nicht kennen. Eine Unterausnahme wird lediglich für die Konstellation gemacht, wenn ein Delikt sowohl vollendet, als auch versucht wurde.
Die Versuchsstrafbarkeit ist insofern interessant, als es bei ihr häufig an einem materiellen Schaden fehlt. Auch löst der Versuch keine Schmerzensgeldansprüche aus. Im Rahmen des § 46a Nr.2 StGB müsste der Schwerpunkt einer Vereinbarung bzgl. materieller Leistungen demnach in symbolischer Wiedergutmachung liegen. Diese Konstruktion entspricht jedoch wohlgemerkt nicht der herrschenden Meinung, so dass für den Versuch kaum ein Anwendungsbereich innerhalb des § 46a Nr.2 StGB besteht. Diese Praxis spiegelt sich in den Ergebnissen wider: lediglich zehn der gemeldeten Delikte waren im Stadium des Versuchs steckengeblieben. Für eine weitere statistische Auswertung ist eine solche Anzahl nicht ergiebig und wird daher nicht weiter beachtet.
Durch die Mehrfachnennung von Straftatbeständen ergibt sich für 224 Kombinationen eine Summe von 305 Delikten. Dementsprechend werden in der nach Jahrgängen unterteilten Tabelle 7 jeweils zwei Prozentangaben aufgeführt.

Die ausgewiesenen Werte lassen bereits folgende Tendenzen erkennen:

- Betrugstaten stehen eindeutig im Vordergrund. Jeder vierte genannte Straftatbestand war § 263 StGB und sogar in jeder dritten Kombination spielte er eine Rolle. Allerdings lässt sich auch ein starker Rückgang über die Jahre erkennen. Während 1999 noch mehr als jedes zweite im Raum stehende Delikt ein Betrug war, galt dies 2000 nur noch für 16,1% der Fälle. 2001 zog der Prozentsatz zwar wieder leicht an, liegt aber weiterhin unter 20.
- Eine umgekehrte Entwicklung zeigt sich beim Straftatbestand der Verletzung der Unterhaltspflicht. Während 1999 nur ein Fall mit diesem Delikt gemeldet wurde, spielte er 2000 bereits 14mal eine Rolle und 2001 ging es schon in fast jeder fünften Kombination um dieses Delikt.
- Kein kontinuierlicher Zuwachs, aber eine deutliche Zunahme ab dem zweiten Projektjahr zeigt sich beim Diebstahl und bei der Sachbeschädigung.
- Dagegen erweisen sich die Körperverletzungsdelikte als recht konstant über den berichteten Projektzeitraum hinweg.

---

[373] jedoch kam es innerhalb der Staatsanwaltschaft München I zu solchen Zurückweisungen. Denn intern bedurften die einzelnen Sachbearbeiter der Zustimmung einer zentralen Ausgleichsbeauftragten, bevor sie einen Fall dem Ausgleich e.V. zuleiten durften. Welche Kriterien bei dieser Zustimmungserteilung zugrunde gelegt wurden, ist nicht bekannt; es ist aber zu befürchten, dass durch vereinzelt vorgekommene Ablehnungen Entwicklungspotential gebremst wurde.

[374] anders diesbezüglich die TOA-Statistik, die 5 Angaben pro Beschuldigten zuließ; Hartmann/ Stroezel 1998, 160.

- Starke Schwankungen zeigen sich auch im Rahmen der Beleidigung. Hier muss allerdings gesehen werden, dass § 185 StGB selten allein einen Fall bildet, sondern als „Beiprodukt" in anderen Verfahren mit auftaucht.

	1999 n = 65; k = 53			**2000** n = 161; k = 108			**2001** n = 79; k = 63			**Gesamt** n = 305; k = 224		
	n	s%	k%	n	s%	k%	n	s%	k%	n	s%	k%
113[375]	2	3,1	3,8	---	---	---	1	1,3	1,6	3	1,0	1,3
123	---	---	---	4	2,5	3,7	3	3,8	4,8	7	2,3	3,1
164	---	---	---	1	0,6	0,9	1	1,3	1,6	2	0,7	0,9
170	1	1,5	1,9	14	8,7	13,0	11	13,9	17,5	26	8,5	11,6
176	1	1,5	1,9	2	1,2	1,9	---	---	---	3	1,0	1,3
177	1	1,5	1,9	---	---	---	1	1,3	1,6	2	0,7	0,9
184	1	1,5	1,9	---	---	---	---	---	---	1	0,3	0,4
185	3	4,6	5,7	18	11,2	16,7	4	5,1	6,3	25	8,2	11,2
186	---	---	---	1	0,6	0,9	---	---	---	1	0,3	0,4
187	---	---	---	1	0,6	0,9	---	---	---	1	0,3	0,4
212	1	1,5	1,9	1	0,6	0,9	1	1,3	1,6	3	1,0	1,3
223	6	9,2	11,3	17	10,6	15,7	9	11,4	14,3	32	10,5	14,3
224	3	4,6	5,7	9	5,6	8,3	3	3,8	4,8	15	4,9	6,7
229	1	1,5	1,9	1	0,6	0,9	1	1,3	1,6	3	1,0	1,3
239	---	---	---	1	0,6	0,9	---	---	---	1	0,3	0,4
240	---	---	---	10	6,2	9,3	5	6,3	7,9	15	4,9	6,7
241	4	6,2	7,5	8	5,0	7,4	2	2,5	3,2	14	4,6	6,3
242	2	3,1	3,8	15	9,3	13,9	7	8,9	11,1	24	7,9	10,7
242, 243	---	---	---	1	0,6	0,9	2	2,5	3,2	3	1,0	1,3
246	---	---	---	6	3,7	5,6	4	5,1	6,3	10	3,3	4,5
249	---	---	---	1	0,6	0,9	---	---	---	1	0,3	0,4
253	---	---	---	1	0,6	0,9	---	---	---	1	0,3	0,4
259	---	---	---	---	---	---	1	1,3	1,6	1	0,3	0,4
263	34	52,3	64,2	26	16,1	24,1	15	19,0	23,8	75	24,6	33,5
263a	---	---	---	2	1,2	1,9	---	---	---	2	0,7	0,9
265a	---	---	---	1	0,6	0,9	---	---	---	1	0,3	0,4
266	---	---	---	1	0,6	0,9	1	1,3	1,6	2	0,7	0,9
266a	---	---	---	2	1,2	1,9	---	---	---	2	0,7	0,9
266b	---	---	---	---	---	---	1	1,3	1,6	1	0,3	0,4
267	1	1,5	1,9	4	2,5	3,7	---	---	---	5	1,6	2,2
303	---	---	---	12	7,5	11,1	6	7,6	9,5	18	5,9	8,0
306	1	1,5	1,9	---	---	---	---	---	---	1	0,3	0,4
340	1	1,5	1,9	---	---	---	---	---	---	1	0,3	0,4
370 AO	2	3,1	3,8	---	---	---	---	---	---	2	0,7	0,9
53 WaffG	---	---	---	1	0,6	0,9	---	---	---	1	0,3	0,4

Tabelle 7: Deliktsstruktur

375 ohne Angaben beziehen sich auf Delikte des StGB.

Die bloßen Häufigkeiten sagen noch nichts über die Bedeutung einzelner Delikte aus, die diesen im Bereich der Schadenswiedergutmachung zugeschrieben wird. Diese ergibt sich erst aus einem Vergleich mit dem Anteil der entsprechenden Delikte an der Gesamtkriminalität. Dabei ist zu überlegen, welche Statistik zum Vergleich heranzuziehen ist. Denkbar wären die Polizeiliche Kriminalstatistik (PKS) und die Strafverfolgungsstatistik. Gegen die PKS spricht, dass die erfassten Zahlen keinerlei Wertung durch Juristen unterliegen und deshalb überhöht sind, da sie auch alle Fälle erfasst, die später durch § 170 II StPO erledigt werden und bereits deswegen für ein Schlichtungsverfahren ausscheiden. Andererseits fehlen in der Strafverfolgungsstatistik sämtliche Fälle, die durch die Staatsanwaltschaft eingestellt wurden. Genaugenommen entspricht dies jedoch der Konzeption der Projekte im Bereich der Wiedergutmachung, die solche Bagatelltaten, die auch ohne Vermittlung diversionsrechtlich behandelt werden können, ausschließen wollen. Deshalb ist die Strafverfolgungsstatistik zugrundezulegen. Da es in der Regel aber um eine staatsanwaltliche Beurteilung des Falles geht, muss ein solcher Wert zum Vergleich herangezogen werden, der deren Fehleinschätzungen mitträgt. Dies ist die Abgeurteiltenzahl, also alle Verurteilten plus diejenigen Personen, die freigesprochen oder deren Verfahren in der Hauptverhandlung eingestellt werden.
Gleichzeitig werden die Werte der TOA-Statistik gegenübergestellt[376] und die Straftatbestände jeweils zu den gängigen Deliktsgruppen zusammengefasst:

	Projekt *n = 305*		**Strafverfolgung 1999** *n = 540.244*[377]		**TOA-Statistik** *n = 3037*[378]	
	n	%	n	%	n	%
§§ 80-168, 331-357	13	4,3	23.382	4,3	92	3,0
§§ 169-173	26	8,5	6.900	1,3	---	---
darunter § 170	26	8,5	6.572	1,2		
§§ 174-184b	6	2,0	7.174	1,3	25	0,8
§§ 185-200	27	8,9	16.007	3,0	230	7,6
§§ 211-222	3	1,0	1.147	0,2	---	---
§§ 223-231	50	16,4	51.034	9,4	1541	50,7
§§ 234-241a	30	9,8	12.885	2,4	249	8,2
§§ 242-248c	37	12,1	143.204	26,5	261	8,6
§§ 249-256	2	0,7	5.755	1,1	223	7,3
§§ 257-261	1	0,3	5.539	1,0	1	0,03
§§ 263-266b	83	27,2	120.881	22,4	45	1,5
darunter § 263	75	24,6	81.321	15,1	34	1,1
§§ 267-281	5	1,6	24.476	4,5	5	0,2
§§ 283-305a	18	5,9	11.997	2,2	350	11,5
darunter § 303	18	5,9	9.018	1,7	345	11,4
§§ 306-323c	1	0,3	5.491	1,0	15	0,5
andere Bundes- und Landesgesetzen	3	1,0	104.372	19,3	---	---

Tabelle 8: Vergleich Deliktsstruktur Projekt/ Strafverfolgungs-/ TOA-Statistik

[376] berechnet nach Hartmann/ Stroezel 1998, 160-162, Tab.13.
[377] abgeurteilte Erwachsene.
[378] alle Altersstufen.

Die Wiedergutmachungsprojekte beschränken sich im wesentlichen auf Delikte aus dem StGB. Dies ist insofern verständlich, als der Großteil der Straftaten nach anderen Gesetzen solche sind, die Gemeinschaftswerte schützen und demnach einer Schlichtung nicht zugänglich sind. Dies gilt insbesondere für Straftaten gegen das Betäubungsmittelgesetz, das Ausländer- und Asylverfahrensgesetz, das Pflichtversicherungsgesetz. Nicht per se als mögliche Anknüpfungspunkte für Schadenswiedergutmachung ausgeschlossen sind Verstöße gegen die Abgabenordnung, insbesondere § 370 AO. Hier darf aber nicht übersehen werden, dass mit § 371 Abs.3 AO eine eigenständige Regelung hinsichtlich einer möglichen Straffreiheit durch Selbstanzeige und Wiedergutmachung existiert. Im Hinblick darauf ist die Anwendbarkeit von § 46a StGB auf § 370 AO streitig.[379] Dies scheint die Bereitschaft der Staatsanwaltschaft, Schlichtungen in diesem Bereich zu initiieren, zu unterbinden.
Innerhalb der Delikte nach dem StGB fällt auf, dass Diebstähle unterdurchschnittlich oft an Schlichtungsstellen herangetragen werden. Insbesondere bei dem hier untersuchten Projekt mit dem Ziel der Schadenswiedergutmachung ist dies auf den ersten Blick nicht nachvollziehbar, auch wenn darin der größere Anteil der §§ 242-248c StGB gegenüber der TOA-Statistik begründet liegen dürfte. Zu bedenken ist jedoch folgendes: ein Großteil dieser Delikte gelangt deshalb zur Aufklärung, weil die Täter auf frischer Tat ertappt werden, was mit der sofortigen Sicherstellung des Diebesgutes verbunden ist. Wenn auch aufgrund der Konstruktion über die Gewahrsamssphäre Vollendung vorliegt, so gleicht die Situation mangels materiellen Schadens der Versuchskonstellation, die kaum Spielraum für Schadenswiedergutmachung im Rahmen einer Vereinbarung lässt.
Dagegen sind Sachbeschädigung, Körperverletzung, Straftaten gegen die persönliche Freiheit und Beleidigung überproportional häufig in den Wiedergutmachungsprojekten vertreten. Dabei handelt es sich oft um Fälle mit starkem personalen Konflikt, woraus sich der deutlich erhöhte Anteil der Körperverletzungsdelikte im Rahmen der TOA-Statistik erklärt. Allerdings liegt durch den Anspruch auf Schmerzensgeld in der Körperverletzung auch ein großes Potential für reine Schadenswiedergutmachung, gerade wenn der Konflikt so groß ist, dass eine Lösung desselben ausgeschlossen ist, aber auch, wenn das Opferinteresse vorrangig in der Begleichung der zivilrechtlichen Schuld liegt. Ähnlich liegt es bei den Straftaten gegen die persönliche Freiheit und den Beleidigungen, bzgl. derer der Anteil innerhalb des Ausgleich e.V. sogar höher liegt.
Der fast doppelt so hohe Prozentsatz der Sachbeschädigung in der TOA-Statistik lässt sich entsprechend erklären. Oftmals geht es um einen persönlichen Konflikt, da die Tat nicht gegen das Vermögen allgemein, sondern gegen bestimmtes Sacheigentum gerichtet ist, dessen Beeinträchtigung immaterielle Schäden herbeiführen kann.
Die herausragende Bedeutung des Betruges für das Projekt Ausgleich e.V. zeigt sich auch darin, dass dieser auf hohem Niveau prozentual fast doppelt so häufig vorkommt wie in der Verfolgungsstatistik.
Von Interesse ist die Frage, ob sich Staatsanwaltschaft und Verteidigung hinsichtlich der Delikte, bezüglich derer sie sich um eine Schlichtung bemühen, unterscheiden. Dieser Verdacht liegt angesichts der deutlichen Unterschiede innerhalb der einzelnen Projektjahre und der vorab bereits gezeigten Verlagerung zur Staatsanwaltschaft

[379] für die Anwendbarkeit des § 46a StGB im Steuerstrafrecht: Brauns 1996b, 214ff.; dagegen: Blesinger 1996, 90f.; offengelassen von: BayObLG NStZ 1997, 33.

nahe. Entsprechend der oben beschriebenen Entwicklungen bei den Delikten wäre somit zu erwarten, dass

- §§ 170, 242, 303 StGB vornehmlich von Staatsanwälten der Schlichtungsstelle gemeldet wurden;
- Betrugsfälle überproportional häufig von der Verteidigerseite weitergegeben wurden;
- Körperverletzungs- und Beleidigungsdelikte keinen großen Unterschied bei der Frage des Initiators aufzeigen.

Da jedoch ein Fall nur ganz oder gar nicht weitergeleitet werden kann, wird parallel auch eine Beschränkung der Auswertung auf die jeweils erste Kombination eines Falles durchgeführt.

	alle Kombinationen				**nur die erste Kombination**			
	Verteidigung		**StA**		**Verteidigung**		**StA**	
	n	%	n	%	n	%	n	%
§ 170 Abs.1	2	1,8	24	15,8	2	2,9	23	17,3
§§ 185-200	12	11,0	13	8,6	8	11,4	11	8,4
§§ 223-231	22	20,2	24	15,8	21	30,0	20	15,0
§§ 234-241a	6	5,5	23	15,1	3	4,3	18	13,5
§§ 242-248c	17	15,6	19	12,5	10	14,3	18	13,5
§§ 263-266b	46	42,2	35	23,0	22	31,4	33	24,8
§ 303	4	3,7	14	9,2	4	5,7	10	7,5
Gesamt	**109**	**100**	**152**	**100**	**70**	**100**	**133**	**100**
Zeilenverteilung	**109**	**41,8**	**152**	**58,2**	**70**	**34,5**	**133**	**65,5**

Tabelle 9: Zusammenhang zwischen Deliktsgruppe und Schlichtungsinitiator

Grundlage des Vergleichs ist in etwa eine Verteilung von 60% zu 40% zwischen Staatsanwaltschaft und Verteidigung. Genau diese Verteilung wird bei den Betrugsdelikten erreicht, wenn man nur auf die erste Kombination abstellt. Insofern scheint die Vermutung nicht bestätigt, dass die Anwaltschaft grundsätzlich eher Betrugsdelikte zur Schlichtung meldet. Wenn sich dies in Bezug auf alle Fälle so verhält, so kann hier wiederum auf den Fall mit den zwölf Geschädigten abgestellt werden. Dieser verzerrt das Bild, da es für die Meldung des Falles eigentlich keine Rolle spielen kann, ob einer oder mehrere geschädigt wurden.
Eindrücklich bestätigt wird jedoch die Vermutung, dass die Zunahme im Bereich des § 170 StGB auf die Staatsanwaltschaften zurückzuführen ist. Sie hat in 92% dieser Fälle die Schlichtung eingeleitet. Eine ähnlich starke einseitige Verteilung zeigt sich bzgl. der §§ 234-241a StGB.
Ebenfalls wird bestätigt, dass Sachbeschädigungsfälle überdurchschnittlich oft von Staatsanwälten gemeldet werden und dass bei Beleidigungsdelikten kein Unterschied zu erkennen ist. Dahingegen werden - entgegen der Erwartung - Körperverletzungsdelikte öfters von Verteidigern dem Ausgleich e.V. angezeigt, während im Bereich des Diebstahls und der Unterschlagung der Überhang der Staatsanwaltschaft nur sehr gering ausfällt.
Diese beschriebenen Zusammenhänge weisen sich bezüglich der ersten Kombination jedoch nur im Bereich des § 170 StGB als signifikant aus, wobei dieser Zusam-

menhang bei einem Korrelationswert von r = 0,264 (***)[380] eher schwach ist. Bei Abstellen auf alle Kombinationen wächst dieser Wert an und es ergeben sich weitere, schwach signifikante Werte.[381]
Bisher unberücksichtigt blieb folgender Aspekt: ein Fall kann nur dann von einem Verteidiger eingeleitet werden, wenn der Beschuldigte überhaupt anwaltlich vertreten ist. Dabei kommt es in diesem Zusammenhang nur darauf an, ob im Zeitpunkt der Schlichtungseinleitung der Beschuldigte rechtlichen Beistand hatte. Beschränkt man die Auswertung auf diese Fälle, so ergibt sich folgende Verteilungen bzgl. des Schlichtungsinitiators:

	Verteidigung		StA		r =
	n	%	n	%	
§ 170 Abs.1	2	2,8	6	10,0	**0,199 (*)**
§§ 185-200	8	11,3	8	13,4	
§§ 223-231	21	29,6	14	23,3	
§§ 234-241a	3	4,2	9	15,0	**0,221 (*)**
§§ 242-248c	10	14,1	7	11,7	
§§ 263-266b	23	32,4	8	13,3	**-0,196 (*)**
§ 303	4	5,6	8	13,3	
Gesamt	**71**	**100**	**60**	**100**	
Zeilenverteilung	**71**	**54,2**	**60**	**45,8**	

Tabelle 10: Zusammenhang zwischen Delikt und Initiator bei anwaltlicher Vertretung des Beschuldigten

Innerhalb dieser Beschränkung, in der sich das Grundverhältnis hin zu mehr Initiativen durch die Verteidiger umgedreht hat, zeigt sich vor allem hinsichtlich der Betrugsdelikte eine starke Überrepräsentierung der Einleitung durch Anwälte bei gleichzeitiger Unterrepräsentierung im Bereich der Straftaten gegen die persönliche Freiheit. Diese scheinen also die Projektstruktur im Sinne einer klassischen Schadenswiedergutmachung bei Vermögensdelikten ernster zu nehmen. Aufgrund der insgesamt geringen Fallzahl errechnen sich jedoch allenfalls sehr schwache Zusammenhänge.
Zeigt sich somit ein Unterschied derart, dass es für das gegenständliche Delikt darauf ankommt, ob ein Staatsanwalt oder ein Verteidiger den Ausgleich e.V. einschaltet, so drängt sich die Frage auf, ob sich eventuell auch Unterschiede zwischen den Staatsanwälten der zwei Gerichtsbezirke nachweisen lassen. Dafür können

---

[380] um hier eine möglichst hochwertige Korrelationsberechnung durchführen zu können und ausreichend hohe Fallzahlen zu erreichen, wurde folgender „Trick" durchgeführt. Für jede Deliktsgruppe wurde eine eigene dichotome Variable mit den Ausprägungen „ja/ nein" kreiert. Dies erlaubt mit der ebenfalls dichotomen Variable „Einleitung durch..." die Durchführung eines Korrelationstests nach Spearman. Der Nachteil liegt darin, dass in jeder Kombination eine Deliktsgruppe nur einmal vorkommen kann, so dass zum Beispiel ein Fall, in dem Betrug und Untreue vorliegen, eins dieser Delikte unter den Tisch fallen muss.

[381] § 170: r = 0,284 (***); §§ 263-266b: r = -0,170 (*); §§ 234-241a: r = 0,148 (*); § 303: r = 0,143 (*); ein Gesamtzusammenhang lässt sich aufgrund der Möglichkeit der Mehrfachnennung nicht berechnen.

selbstverständlich nur die Fälle ausgewertet werden, die von der Staatsanwaltschaft eingeleitet wurden.[382]

	München I		München II		r =
	n	%	n	%	
§ 170	21	27,3	1	1,8	**-0,326 (***)**
§§ 185-200	2	2,6	9	16,4	**0,332 (***)**
§§ 223-231	10	12,9	10	18,2	**0,185 (*)**
§§ 234-241a	8	10,4	10	18,2	
§§ 242-248c	11	14,3	7	12,7	
§§ 263-266b	22	28,6	11	20,0	
§ 303	3	3,9	7	12,7	**0,261 (**)**
Gesamt	**77**	**100**	**55**	**100**	
Zellenverteilung	**77**	**58,3**	**55**	**41,7**	

Tabelle 11: Zusammenhang zwischen Deliktsgruppe und Gerichtsbezirk

Bei diesem Vergleich ergeben sich die stärksten Zusammenhänge. Beide Behörden weisen unterschiedliche Schwerpunkte auf. Während Straftaten gem. § 170 StGB fast ausschließlich von München I einer Schlichtung zugeleitet werden, sind im Landgerichtsbezirk München II Beleidigungen, Sachbeschädigungen und Straftaten gegen die persönliche Freiheit deutlich überrepräsentiert. Es zeigt sich also, dass in diesem Bereich viel von der persönlichen Einstellung des ermittelnden Staatsanwaltes abhängt und somit davon, für welchen Deliktsbereich dieser zuständig ist.

VI. DIE GESCHÄDIGTEN

An den 171 ausgewerteten Schlichtungsfällen waren 218 Opfer beteiligt. Dies entspricht einem Mittelwert von 1,28 Geschädigten pro Fall. In 87,7% der Fälle war lediglich eine Person betroffen. Die Maximalzahl liegt bei 12. Darüber hinaus existierten in einem Strafverfahren offensichtlich so viele Geschädigte, dass eine Kontaktaufnahme zu diesen umfassend nicht möglich war.
Immerhin 41mal (18,8%) waren juristische Personen involviert. Dies belegt das auch praktische Bedürfnis der Anwendbarkeit zumindest des § 46a Nr.2 StGB auf diese Opfergruppe. Eine genauere Aufschlüsselung nach Art und Größe der juristischen Person ist nicht möglich.
Das Geschlechterverhältnis bei den natürlichen Personenopfern ist ausgeglichen. Auf 88 männliche, kommen 89 weibliche Geschädigte.
16,7% haben keine deutsche Staatsangehörigkeit; erstaunlicherweise zeigen sich dabei kaum Unterschiede im Gerichtsbezirk[383], die angesichts des höheren Ausländeranteils im Großstadtbereich München I zu erwarten gewesen wären. Da die PKS Opfer nicht nach ihrer Nationalität ausweist, ist ein Vergleich mit der allgemeinen Viktimisierung von Nichtdeutschen in der Bundesrepublik nicht möglich. Nach der TOA-Statistik, die fast flächendeckend Projekte umfasst[384], beträgt der Ausländeranteil

[382] bei Beschränkung auf die erste Kombination.
[383] München I: 17,1%; München II: 15,6%.
[384] Hartmann/ Stroezel 1998, 153.

der Geschädigten 10%[385], was in etwa dem Anteil an der Gesamtbevölkerung entspricht.[386] Überträgt man dies auf die Gerichtsbezirke, weist München I einen unter-, München II einen überproportionalen Anteil an nichtdeutschen Opfern auf. Von den 27 ausländischen Verletzten, von denen die Staatsangehörigkeit bekannt ist, kamen 10 aus Österreich, 5 aus der Türkei und 2 aus Kroatien. Alle anderen sind Einmalnennungen, vornehmlich aus dem europäischen Ausland, aber auch aus Peru, Kenia und Tansania.
Das durchschnittliche Alter liegt bei 38,07 Jahren, wobei das jüngste Opfer 7, das älteste 86 Jahre alt war. Dabei sind folgende Besonderheiten bei der Erfassung zu beachten:

- erstrecken sich die Taten über einen längeren Zeitraum, so wird das Alter zum Zeitpunkt des Tatbeginns ausgewertet;
- das genaue Alter kann nur in den Fällen angegeben werden, in denen selbst eine Aktenauswertung stattgefunden hat oder den Schlichtern die Strafakte zur Verfügung stand. Ansonsten beruht die Angabe auf Schätzung oder liegt nicht vor.

Folgende Abbildung bietet einen Überblick über die Altersverteilung[387]:

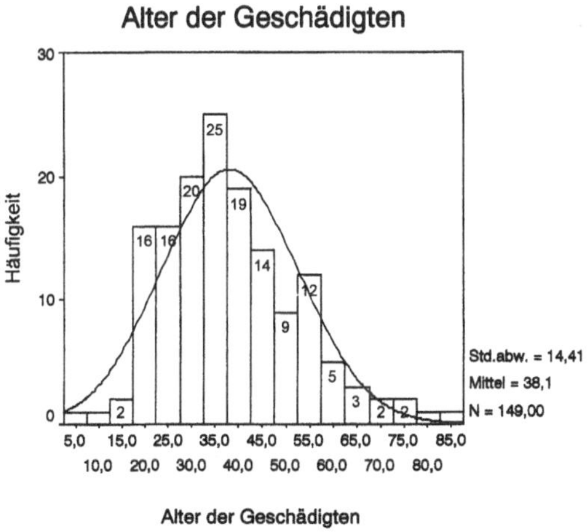

Abbildung 5: Alterskurve der Geschädigten

Zusammenfassend ergibt sich folgende Verteilung über die Projektjahre und folgender Vergleich zu der TOA-Statistik:

---

385 Hartmann/ Stroezel 1998, 167.

386 7.318.200 Ausländer auf 82.440.300 Einwohner am 31.12.2001; das entspricht 9,0%; für Bayern errechnet sich ein Anteil von 9,4% - vgl. http://www.destatis.de/basis/d/bevoe/bevoetab4.htm und http://www.destatis.de/jahrbuch/jahrtab2.htm.

387 ein Test auf Normalverteilung (nach Lilliefors oder Kolmogorov-Smirnoff) ist überflüssig, da fehlende Normalverteilung der intervallskalierten Variable „Alter" lediglich dazu führen würde, dass man sie im Rahmen von Korrelationstests nur als ordinalskalierte Variable behandeln darf; dieses niedrigere Niveau wird jedoch bereits durch die übrigen Variablen bedingt.

	Projekt				TOA-Statistik
	1999	2000	2001	gesamt	1995[388]
Anzahl der Opfer	51	105	62	218	2127
Anzahl/Fall	1,82	1,24	1,09	1,28	1,3
Max. an Opfern	12	6	4	12	23
Anteil nP	70,6%	85,7%	82,3%	81,2%	96,0%
Anteil w Opfer	28,6%	58,9%	51,0%	50,6%	30,0%
Anteil nd Opfer	20,0%	14,3%	17,6%	16,5%	10,0%
Durchschnittsalter	32,85	38,55	41,45	38,07	nicht ausgewiesen
Min./Max Alter	12/54	7/86	16/81	7/86	<6/>75

Tabelle 12: Opferdaten

Angaben über den Beruf liegen bezüglich 144 Geschädigten vor. Ein Drittel davon ist nicht erwerbstätig.[389] Eine genauere Auflistung der ausgeübten Tätigkeiten scheint wenig sinnvoll, zumal sie aufgrund der unpräzisen Angaben in den Strafakten und durch die Schlichter wenig aussagekräftig wäre. Festzuhalten ist lediglich, dass von der Küchenhilfe, über den Tennislehrer bis zur Zahnärztin die unterschiedlichsten Berufsgruppen vertreten sind. Bei sechs der Geschädigten handelt es sich um Polizeibeamte, bei dreien um Rechtsanwälte. Hinsichtlich deren berufsmäßigen Verbindung zum Strafrecht erscheint die Beobachtung besonders interessant, inwieweit solche Geschädigten schlichtungsbereit sind.

Ausgehend von der Feststellung, dass ab der zweiten Jahreshälfte 2000 die Zuweisungen durch die Staatsanwaltschaft stark zugenommen haben, ergibt Tabelle 12 Anlass zu folgenden Vermutungen:

- Staatsanwälte vermitteln vermehrt Fälle mit natürlichen Personen als Geschädigten;
- Staatsanwälte vermitteln vermehrt Fälle mit deutschen Geschädigten;
- Staatsanwälte vermitteln vermehrt Fälle mit weiblichen Opfern.

Tatsächlich wird nur die letzte Vermutung durch ein signifikantes Ergebnis bestätigt.[390] Bei allen Korrelationsberechnungen muss jedoch bedacht werden, dass es sich bei dem ausgewiesenen Zusammenhang lediglich um einen scheinbaren handeln kann. Ein solcher könnte sich dadurch ergeben, dass zu den beiden Ausgangsvariablen eine dritte jeweils in einem signifikanten Verhältnis steht, so dass die zwischen ihnen gemessene Korrelation darauf zurückgeführt werden kann. Zwischen der Schlichtungsinitiative und den verwirklichten Straftatbeständen wurden bereits Abhängigkeiten aufgezeigt. Auch zeigt die Praxis, dass gerade die Verletzung der Unterhaltspflicht nach wie vor zumeist Frauen als alleinerziehende Mütter trifft.[391] Es besteht somit die Möglichkeit, dass der Tatbestand des § 170 Abs.1 StGB eine soge-

---

388 Hartmann/ Stroezel 1998, 167f.

389 Rentner, Arbeitslose, Hausfrauen/-männer, Auszubildende.

390 der ausgewiesene Zusammenhang ist jedoch sehr schwach: $r = 0,185$ (*).

391 wobei auf die Mutter und nicht das unterhaltsberechtigte Kind abzustellen ist, da der Vermögensschaden regelmäßig bei ihr eintritt.

nannte Störvariable ist. Und in der Tat ergibt sich auch zwischen Geschlecht und diesem Delikt ein mittelstarker Zusammenhang von r = 0,370 (***).[392]
Dies macht eine sogenannte partielle Korrelationsberechnung nötig, bei der die Bestimmung des Zusammenhangs unter Herausrechnung der vermeintlichen Störvariablen erfolgt. Diese bestätigt den Verdacht: auf diesem Wege erhält man für die Verbindung von Schlichtungsinitiator und Geschlecht des Opfers ein unsignifikantes Ergebnis von p = 0,458.
Dieses Beispiel zeigt die Gefahr unreflektierter Auswertungen, wobei diese Gefahr, scheinbare Zusammenhänge als wesentlich auszugeben, mit wachsender Variablenzahl steigt. Es muss daher stets genau überlegt werden, wo ein Zusammenhang sinnvoll erscheint und eine dementsprechende Variablenkreuzung durchgeführt werden. Dennoch darf der Wert bloßer deskriptiver Darstellungen nicht unterschätzt werden. Selbst wenn es zu keinem signifikanten Ergebnis kommt, können diese einen Trend beschreiben, den es im weiteren Verlauf des Projekts zu beobachten gilt.

Das Ausgangsbeispiel hat bereits die Bedeutung der Delikte für die Entscheidung zur Schlichtung dargelegt. Daher soll im folgenden der Beziehung der Opferdaten zu den einzelnen Deliktsgruppen näher nachgegangen werden:

	Geschlecht (w)		**Nationalität (nd)**		**Art des Opfers (nP)**	
	n/alle	a%	n/alle	a%	n/alle	a%
§170 Abs.1	24/25	96,0	7/25	28,0	25/26	96,2
§§ 185-200	12/27	44,4	3/27	11,1	27/27	100
§§ 223-231	21/49	42,9	6/49	12,2	49/49	100
§§ 234-241a	17/29	58,6	3/29	10,3	29/29	100
§§ 242-248c	15/30	50,0	4/24	16,7	30/37	81,1
§§ 263-266b	17/47	36,2	9/47	19,1	48/81	59,3
§ 303	9/17	52,9	3/17	17,6	17/17	100
Gesamt	**115/224**	**51,3**	**35/218**	**16,1**	**225/266**	**84,6**

Tabelle 13: Zusammenhang zwischen Deliktsgruppe und Opferdaten

Bei der Frage nach möglichen Korrelationen und Signifikanzen sind hinsichtlich der Art des Opfers nur die Deliktsgruppen relevant, bei denen beide Opfertypen vorkommen können. Somit scheiden die Gruppen der Straftaten gegen die körperliche Unversehrtheit und die persönliche Freiheit aus. Eine juristische Person kann weder genötigt, noch am Körper verletzt werden. Auch der Bereich der Beleidigungsdelikte kann unberücksichtigt bleiben; zwar sind nach herrschender Meinung auch juristische Personen beleidigungsfähig[393], doch sind diese Fälle so selten, dass eine Zusammenhangsberechnung sinnlos erscheint. Im Übrigen gilt: §§ 263-266b: r = 0,337 (***); § 170: r = -0,226 (**); § 303: r = -0,208 (*).
Hinsichtlich des Geschlechts wurde bereits auf den Zusammenhang zu § 170 Abs.1 StGB hingewiesen. Ansonsten zeigt sich nur noch ein signifikantes Ergebnis derart, dass Männer häufiger Opfer eines Betruges waren.[394] Bei der Nationalität errechnet sich im Bereich des § 170 StGB eine allerdings unsignifikante Abweichung, was auf

[392] bzgl. des Schlichtungsinitiators vergleiche oben G. V.: r = 0,264 (***).
[393] T/F- Fischer, Vor § 185, Rd.12.
[394] r = -0,164 (*).

fehlende Anzeigen und damit eine uneinheitliche Verfahrenszahl zurückzuführen sein dürfte, wenn andere kulturelle Vorstellungen hineinspielen. Beim Alter ergibt sich ein mittelstarker Zusammenhang zu den Sachbeschädigungsdelikten; dabei sind die Opfer überdurchschnittlich alt. Ebenso beim Diebstahl, während die Geschädigten einer Unterhaltspflichtverletzung erwartungsgemäß jünger sind.[395]

VII. ART DER EINGETRETENEN SCHÄDEN

Bei den Schäden werden folgende Kategorien unterschieden: materielle Schäden, Körperschäden, erhebliche psychische Schädigungen und „Sonstige", die mehr der Veranschaulichung der Schlichtungsbasis dient als eine genau definierbare Gruppe darzustellen. Alle Fälle schließen sich grds. nicht aus, so dass die Summe der Antworten die Anzahl der Kombinationen übersteigt.

	n	s%	% der Opfer	TOA-Statistik % der Opfer[396]
Materielle Schäden	158	60,3	72,5	32,7
Körperschäden	49	18,7	22,5	57,9
Erhebl. Psychische Schäden	18	6,9	8,3	9,1
Sonstige Schäden	37	14,1	17,0	4,9

Tabelle 14: Art der Schäden

Entsprechend der Konzeption des Projekts stellen materielle den Hauptteil der eingetretenen Schäden dar. Sie machen mehr als 60% aus und über 72% aller Opfer haben einen solchen erlitten. Der Anteil an Körperschäden korreliert offensichtlich mit dem Anteil der Deliktsgruppe der §§ 223-231 StGB.

1. Materielle Schäden

Bei 139 der 158 Kombinationen mit materiellen Schäden ist auch eine Angabe über die Höhe enthalten. Dabei handelt es sich jedoch in der Regel um Angaben, die den Strafakten entnommen oder von der Opferseite erfragt wurden. Über ihre zivilrechtliche Berechtigung ist damit nichts gesagt. Insofern geht es bei dieser Erfassung mehr um eine grobe Tendenz, vor allem im Hinblick auf einen Vergleich mit dem später Vereinbarten.
Innerhalb dieser 139 Kombinationen ergibt sich ein durchschnittlicher Schaden von 28.167,22 DM mit einer Spannbreite von 10 DM bis zu 480.000 DM. Die gesamte Schadenssumme beläuft sich auf 3.915.244 DM. Rechnet man den Ausreißer nach oben heraus, sinkt der Mittelwert zwar auf weniger als die Hälfte (12.860,19 DM).[397] Dennoch bleibt erfreulich, dass auch Schäden deutlich oberhalb einer etwaigen Bagatellschwelle einer Schlichtung zugeführt werden. Insofern ist ein Mittelwertvergleich der Schadenshöhe in Bezug auf den Initiator interessant: dabei steht ein durchschnittlicher Schaden von 14.319,63 DM bei Einleitung durch die Strafverteidi-

---

[395] § 303: r = 0,346 (***); §§ 242-248c: r = 0,201 (*); § 170: r = -0,187 (*).
[396] Hartmann/ Stroezel 1998, 168 Tab.16.
[397] dabei handelt es sich um das Verfahren mit 12 Geschädigten, das ein Schadensvolumen von über zwei Millionen DM aufweist.

ger einem von 9.745,70 DM bei Einleitung durch die Staatsanwaltschaft gegenüber. Auch wenn das Ergebnis nicht signifikant ist, so scheint die Staatsanwaltschaft bzgl. der Schadenshöhe zurückhaltender zu sein.[398] Dies wird in Zukunft weiter zu beobachten sein.
Entstehen materielle Schäden in der Regel bei Vermögensdelikten, so sind sie darauf nicht beschränkt: so kommt es zu ihnen auch im Rahmen von Körperverletzungen, wenn z.B. die Versicherung nicht sämtliche Schäden abdeckt.[399] Darüber hinaus umfasst § 823 Abs.1 BGB auch eventuellen Verdienstausfall, sowie Anwaltskosten aus zivilrechtlicher Tätigkeit.[400]
Entsprechend der unterschiedlichen Schwerpunktsetzung lag der Anteil materieller Schäden in der TOA-Statistik deutlich niedriger. Über die Höhe der Schäden lässt sich die Statistik nicht aus, sondern nur über die vereinbarten Zahlungen; eine Gegenüberstellung dieser Daten kann somit erst an späterer Stelle erfolgen.

2. Körperschäden

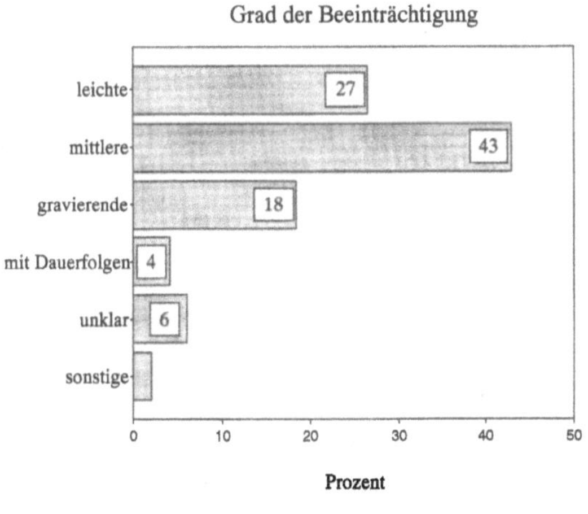

Abbildung 6: Grad der Beeinträchtigung bei körperlichen Schäden

Diesbezüglich wurde nach dem Grad der Beeinträchtigung unterschieden. Dabei ergibt sich folgende Verteilung[401], wobei sich die Prozentwerte auf die Zahl der Opfer beziehen.

---

398 dabei wurde ebenfalls der schadensintensivste Fall ausgeschlossen, um das Ergebnis nicht zu verzerren. Da der Levene-Test der Varianzgleichheit ein signifikantes Ergebnis auswarf, war in diesem Fall der Welch-Test durchzuführen; dabei kommt man auf einen Wert von p = 0,305; zum ganzen siehe Diehl/Staufenbiehl 2001, 214-217.

399 zu denken ist hier an Eigenbeteiligungen bei Rehabilitationsmaßnahmen oder im Krankenhaus.

400 dazu Staudinger- Schiemann, § 251, Rd.114-121.

401 die Stufen waren wie folgt definiert: leicht = keine ärztliche Behandlung erforderlich; mittel = relativ schnell heilende Verletzung mit ambulanter ärztlicher Versorgung; gravierend = längerer Heilungs-

Bei der Unterscheidung zwischen leichter und mittlerer Beeinträchtigung muss bedacht werden, dass viele Opfer, die sich zu einer Anzeige entschließen, allein aus Beweisgründen einen Arzt aufsuchen und sich die erlittenen Verletzungen bestätigen lassen, ohne dass es einer weiteren ärztlichen Maßnahme bedarf. Damit fällt diese Gruppe allerdings bereits unter den mittleren Schweregrad. ohne sich von der ersten Gruppe qualitativ zu unterscheiden. Das rechtfertigt die gemeinsame Betrachtung. Dadurch wird deutlich, dass in 70% der Fälle mit Körperschäden diese im unteren Bereich liegen. Insoweit entspricht die Verteilung in etwa derjenigen der TOA-Statistik[402]. Hier machen leichte und mittlere Beeinträchtigungen sogar 83,8% aus.
Parallel zu den materiellen Schäden ist zu untersuchen, ob auch im Bereich der Körperverletzungen die schwerwiegenderen Folgen auf Fälle zurückgehen, die von Verteidigerseite dem Ausgleich e.V. zugeleitet wurden. Bei der Untersuchung wird auf jedes Opfer abgestellt, was angesichts der Fragestellung nötig ist, angesichts der Tatsache, dass ein Fall regelmäßig nur ganz oder gar nicht dem Ausgleich zugeleitet werden kann, in Fällen mit Opferhäufung jedoch problematisch ist. Bei 45 der 49 Opfer einer Körperverletzung erfolgte die Einleitung der Schlichtung entweder durch die Staatsanwaltschaft (22mal) oder die Verteidigung (23mal). Hinsichtlich der gravierenden Verletzungen ist die Aufteilung genau hälftig und damit proportional zum Gesamtbild, während die beiden Fälle mit Dauerfolgen durch Verteidiger gemeldet wurden. Aufgrund der niedrigen Fallzahl erlaubt sich für diesen Bereich jedoch keine statistische Aussage.
Der Fall der sonstigen Beeinträchtigung umschreibt eine Konstellation, in der die Verletzung nur behauptet, aber niemals durch ein Attest belegt wurde und im Verfahren auch streitig war.

3. erhebliche psychische Schädigungen

Der Begriff der psychischen Schädigung ist nicht so eindeutig zu erfassen wie die vorherigen. Dies gilt umso mehr, wenn dieser Schaden auch noch erheblich sein soll. Es lässt sich nicht vermeiden, dass in diesem Punkt ein Beurteilungsspielraum für die Schlichter entsteht. Die geringe Häufigkeit dieser Variante zeigt jedoch, dass die Schlichter den Hinweisen zum Ausfüllen ihrer Berichtsbögen gefolgt sind und nur bei Äußerung größerer Betroffenheit, nicht schon bei jedem Hinweis auf Schrecken oder Angst diese Alternative angekreuzt haben.
Zunächst soll untersucht werden, bei welchen Delikten es zu solch erheblichen psychischen Schäden kam. Tabelle 15 zeigt, dass bei Vermögens- und Eigentumsdelikten solche kaum zu entstehen scheinen. Ihnen liegt somit in der Regel kein starker Konflikt zugrunde, sie rufen keine starke Belastung hervor. Wenn sie überhaupt in dieser Rubrik auftauchen, dann auch nur in Verbindung mit Delikten gegen die Person.
Dass Sexualdelikte meist mit starken psychischen Schädigungen verbunden sind, ist bekannt und der starke Zusammenhang entspricht somit den Erwartungen. Im Übrigen zeigt sich, dass erhebliche psychische Schädigungen fast durchweg mit langjährigen Familien-, Beziehungs- oder Nachbarschaftskonflikten einhergehen. Nur in ei-

---

prozess mit ärztlicher Versorgung/ Krankenhausaufenthalt; die Einteilung beruht auf einer Einschätzung durch die Schlichter; gerade im Bereich zwischen mittlerer und gravierender Verletzung mögen hier Überschneidungsmöglichkeiten bestehen.
[402] Hartmann/ Stroezel 1998, 169, Tab.17.

nem Fall der Körperverletzung litt das Opfer psychisch sehr unter den Folgen der Tat, die unvermittelt und ohne vorgeschichtlichen Anlass geschah.

	S%	k%	r =
§§ 185-200	26,3	55,6	0,352 (***)
§§ 234-241	23,7	50,0	0,214 (***)
§§ 223-231	21,1	44,4	0,162 (***)
§§ 174-184	15,8	33,3	0,511 (***)
Vermögens- und Eigentumsdelikte	10,5	22,2	[403]

Tabelle 15: Zusammenhang zwischen Deliktsgruppe und psychischer Schädigung

Ansonsten lassen sich keine signifikanten Abhängigkeiten bzw. Prädispositionen bzgl. einer psychischen Schädigung feststellen; weder das Geschlecht, noch die Staatsangehörigkeit, noch das Alter ergeben einen Zusammenhang diesbezüglich.

4. Sonstige Schädigungen

Beispiele im Musterbogen für diese Untergruppe waren „hoher ideeller, bei niedrigem materiellen Wert" oder „Affektionsinteresse". Letzteres wäre in den meisten Fällen der Schmerzensgeldberechtigung zu bejahen, so dass eine Gleichsetzung damit die Gruppe der „sonstigen Schäden" sprengen würde. Insofern hat sich in der Praxis der Schlichter aus diesem Punkt eine Art Auffangtatbestand für alle Fälle mit Besonderheiten in Bezug zur Schädigung entwickelt. Insofern kann nur eine Beschreibung typischer Punkte angebracht sein, die zu beachten im Hinblick auf die Schlichtungsbedürftigkeit sinnvoll erscheint.
Dabei kann man danach unterscheiden, ob diese Kategorie zusätzlich zu einer der drei anderen angegeben wurde, oder ob es die einzige Antwort auf die Frage war. In 23 der 37 Fälle hatte das Opfer noch einen anderen Schaden erlitten: 19mal einen materiellen, viermal einen Körperschaden. Parallel zu den materiellen Schäden ging es meistens um die Klarstellung, dass der bisher entstandene Schaden ständig anwächst. Dies ist für die Bestimmung des nach § 46a Nr.2 StGB wieder gutzumachenden Schadens von wesentlicher Bedeutung. Dies betrifft zum einen die meisten Fälle der Unterhaltspflichtverletzung, aber auch Betrugsfälle, beispielsweise wenn das Opfer Bürge ist und aus dieser Bürgschaft fortlaufend in Anspruch genommen wird. In einem anderer Fall geht es um den Wunsch, die durch die Straftatsaufarbeitung verbundenen Mühen irgendwie kompensiert zu bekommen. Dies umschreibt den bereits erwähnten Punkt, dass im Strafrecht ein Bedürfnis für Schmerzensgeldzahlungen über § 253 Abs.2 BGB hinaus besteht.
Im Bereich der Körperverletzung wurden Angst und Beunruhigungsempfindungen beschrieben, die nicht den Grad einer erheblichen psychischen Störung erreichten, aber auch über die mit jeder Straftat verbundene Empörung hinausgingen. Zweimal bezog sich dieser Punkt auf von der Tat betroffene Dritte, namentlich die Kinder des Opfers.

---

[403] in Bezug auf die Gruppe der Vermögens- und Eigentumsdelikte besteht keine Gesamtvariable, für die Gruppen der Diebstahls- und Sachbeschädigungsdelikte, die diese Fälle ausmachen, besteht kein signifikanter Zusammenhang.

Zur Schädigung Dritter kam es auch vereinzelt in Fällen, in denen sonst kein Schaden entstanden ist. Ansonsten betreffen die Kombinationen des ausschließlich „sonstigen Schadens" zu einem Großteil Konstellationen, in denen gerade kein Schaden entstanden ist, etwa beim Versuch oder aber bei den schon erwähnten vollendeten Delikten, die aufgrund der sofortigen Entdeckung und Sicherstellung der Beute gerade nicht zu einer bleibenden materiellen Schädigung führen.

VIII. Die Beschuldigten

	Projekt				TOA-Statistik
	1999	**2000**	**2001**	**gesamt**	**1995**[404]
Anzahl der Täter	29	91	59	179	2409
Anzahl/Fall	1,04	1,06	1,04	1,05	1,5
Max. an Tätern	2	2	3	3	25
Anteil w Täter	13,8%	15,4%	15,3%	15,1%	16,0%
Anteil nd Täter	13,8%	14,8%	22,8%	17,2%	25,0%
Durchschnittsalter	35,96	41,47	38,72	39,67	nicht ausgewiesen
Min./Max Alter	20/54	17/70	20/78	17/78	nicht ausgewiesen

Tabelle 16: Beschuldigtendaten

Den 218 Geschädigten stehen 179 Beschuldigte gegenüber. Durchschnittlich waren damit 1,05 Täter an jedem Fall beteiligt. Dabei gab es sechs Konstellationen mit zwei Tätern und eine mit drei Beschuldigten, wobei letzterer insofern eine Besonderheit darstellt, als an diesem Fall insgesamt „nur" drei Personen beteiligt waren, jede von ihnen aber sowohl als Beschuldigter als auch als Opfer. Es handelt sich um Fälle mit gegenseitigen Anzeigen. Diese Konstellation kommt auch in drei der sechs Fälle mit zwei Beschuldigten vor.

1. Alter

Das durchschnittliche Alter beträgt bei einer Spanne von 17 bis 78 Jahren 39,67. Ein Viertel aller Täter sind jünger als 31, die Hälfte jünger als 39 Jahre. Wie bei den Opfern wurde auch hier das Alter zum Zeitpunkt der Tataufnahme bestimmt und – wenn aus der Akte nicht bekannt – geschätzt bzw. offengelassen. Dabei ergibt sich folgende Verteilungskurve:

[404] Hartmann/ Stroezel 1998, 167f.

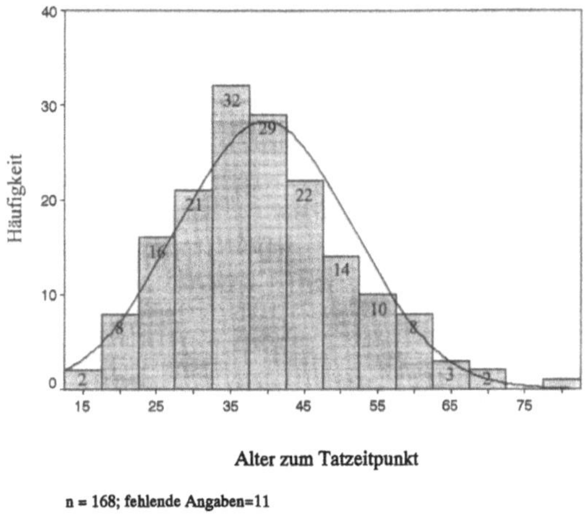

Abbildung 7: Alterskurve der Beschuldigten

Vergleicht man die Verteilung auf die Altersstufen mit der der Strafverfolgungsstatistik, so ergibt sich für erwachsene[405] Täter folgendes[406]:

	Verurteiltenstatistik 1999 n = 444.813[407]		**Projekt** n = 162	
	n	%	n	%
21-24	88.436	19,9	12	7,4
25-29	90.437	20,3	15	9,3
30-39	138.959	31,2	52	32,1
40-49	73.790	16,6	52	32,1
50-59	37.378	8,4	20	12,3
60-69	12.782	2,9	9	5,6
> = 70	3.031	0,7	2	1,2

Tabelle 17: Vergleich Alter der Beschuldigten Projekt/ Strafverfolgungsstatistik

[405] die Kurve zeigt, dass es vereinzelt entgegen der Projektplanung auch zu Zuweisungen mit jugendlichen und heranwachsenden Beschuldigten kam.
[406] die TOA-Statistik weist innerhalb der erwachsenen Beschuldigten keine genauere Aufschlüsselung des Alters auf und kann deswegen nicht zu einem Vergleich herangezogen werden.
[407] Zahl aller Verurteilten nach Straftaten ohne Straftaten im Straßenverkehr; dabei musste die Verurteiltenzahl, nicht die Abgeurteiltenzahl herangezogen werden, da letztere nicht nach Altersgruppen ausgewiesen wird.

Es ist erkennbar, dass die Altersstruktur innerhalb des Projekts im Vergleich zur allgemeinen Statistik deutlich nach oben verschoben ist. Dies könnte zuvorderst an dem begrenzten Deliktsausschnitt liegen. Um dies zu überprüfen, werden die Verteilungen der Altersgruppen in den zwei für die Schlichtung maßgeblichen Deliktsbereichen Körperverletzung und Betrug gegenübergestellt:

	Verurteiltenstatistik				Projekt			
	§§ 263-266b		§§ 223-231		§§ 263-266b		§§ 223-231	
	n	%	n	%	n	%	n	%
21-24	16.583	16,8	7.368	21,1	1	2,0	6	14,3
25-29	18.850	19,1	7.351	21,1	3	5,9	4	9,5
30-39	32.171	32,5	11.300	32,4	15	29,4	12	28,6
40-49	19.334	19,5	5.275	15,1	19	37,3	13	31,0
50-59	9.663	9,8	2.472	7,1	10	19,6	3	7,1
60-69	2.097	2,1	882	2,5	2	3,9	3	7,1
>= 70	229	0,2	270	0,8	1	2,0	1	2,4

Tabelle 18: Vergleich Alter der Beschuldigten Projekt/ Strafverfolgungsstatistik bei Betrugs- und Körperverletzungsdelikten

Die Tabelle ergibt zweierlei. Zum einen entspricht das Verhältnis der Altersstufen bei dem verschiedenen Deliktsgruppen im Projekt tendenziell dem der Verurteiltenstatistik; die Beschuldigten der Körperverletzungsdelikte sind jeweils jünger als diejenigen, denen eine Betrugsstraftat vorgeworfen wird. Andererseits sind die dem Ausgleich übermittelten Täter unabhängig von der Deliktsgruppe älter. Fast 50% der wegen eines Delikts der §§ 223-231 StGB Beschuldigten sind in der Projektgruppe über 40 Jahre. In der Verurteiltenstatistik sind dies lediglich 25%. Noch deutlicher ist der Unterschied bei den Betrugsdelikten (knapp 32% zu 62%).

2. Geschlecht

Kriminalität ist nach wie vor Männersache: 84,9% der erfassten Beschuldigten sind männlich. Dabei wird sogar noch der Wert der Strafverfolgungsstatistik übertroffen (81,0%[408]).

3. Staatsangehörigkeit

Von 174 Beschuldigten ist die Staatsangehörigkeit bekannt. 144 davon sind Deutsche. Der Ausländeranteil liegt somit bei 17,2%. Die Herkunft dieser Beschuldigten ist weit gefächert. Lediglich türkische Täter bilden innerhalb der Nichtdeutschen eine Gruppe, indem mehr als jeder vierte dieser Nationalität ist. Von den übrigen 22 ausländischen Tätern kamen 15 aus Europa (sechs aus dem Gebiet der EU), fünf aus Asien und zwei aus Afrika.
Aufgrund der bereits aufgezeigten unterschiedlichen regionalen Strukturen der beiden beteiligten Gerichtsbezirke ist eine unterschiedliche Verteilung zu erwarten. Der Anteil nichtdeutscher Täter sollte im Großstadtbereich München I deutlich höher lie-

[408] erwachsene Abgeurteilte ohne Straftaten im Straßenverkehr.

gen. Diese Vermutung wird bei einer Kreuzung beider Merkmale bestätigt: 7,8% im Bezirk München II stehen 21,8% im Bezirk München I gegenüber. Damit entspricht der Anteil ausländischer Täter, bzgl. derer ein Schlichtungsverfahren eingeleitet wird, in etwa deren Anteil an der Gesamtbevölkerung. Dies überrascht insofern, als bekannt ist, dass der Anteil ausländischer Täter an den bundesweit Verurteilten deutlich höher liegt. Bei den Verurteilten nach dem StGB ohne Verkehrsstraftaten beträgt ihr Anteil 25,7%[409], eine Deliktsgruppe also, die den wesentlichen Verzerrungsfaktor, die Kriminalität im Bereich des Ausländer- und Asylverfahrensgesetzes, bereits umgeht. Wenn aber der Anteil der ausländischen Straffälligen mehr als doppelt so hoch ist wie der an der Bevölkerung, so müsste bei einer entsprechenden Verteilung im Rahmen des Projekts der Ausländeranteil im Bezirk München I bei mindestens 40% liegen. Dies spricht für eine deutliche Unterrepräsentierung der ausländischen Täter innerhalb des Projekts. Es gilt zu überprüfen, worauf dies zurückzuführen ist und ob es eventuell der Projektkonzeption geschuldet ist.
Aufgrund des durchschnittlich höheren Alters im Projekt und aufgrund des Wissens, dass der Anteil der Ausländer an der Wohnbevölkerung mit zunehmenden Alter deutlich abnimmt, wäre insofern eine Verschiebung zu erklären. So liegt er bei den 21-29jährigen bei etwa einem Fünftel Drittel, während er bei den über 65jährigen nur noch 5% beträgt.[410] Der Anteil ausländischer Täter unter 30 beträgt aber im Projekt auch „nur" 21,2%.
Denkbare wäre weiterhin, dass nichtdeutsche Beschuldigte seltener anwaltlich vertreten sind und die Staatsanwaltschaft eine solche zur Voraussetzung einer Schlichtungseinleitung durch sich macht. Aber dem ist nicht so: von den 107 Beschuldigten aus den Fällen, die von der Staatsanwaltschaft dem Ausgleich e.V. gemeldet wurden, hatten lediglich 43 zu Beginn der Schlichtung bereits einen Verteidiger. Allenfalls trifft also das Gegenteil zu: wenn der Täter keinen Anwalt hat, scheint die Staatsanwaltschaft eher eine Schlichtung einzuleiten.[411] Im Übrigen zeigt sich, dass mit 17,5% der Anteil der verteidigten nichtdeutschen Beschuldigten sogar geringfügig höher liegt als der deutscher Täter mit anwaltlicher Vertretung
Möglicherweise beruht die Unterrepräsentierung auf dem begrenzten Ausschnitt der Deliktsgruppen. Daher werden in Tabelle 19 die Anteile der ausländischen Beschuldigten nach dem Projekt Ausgleich und der Strafverfolgungsstatistik in den einzelnen Straftatengruppen gegenübergestellt. Dabei kann bereits festgehalten werden, dass sich innerhalb des Projekts kein signifikanter Zusammenhang zwischen beiden Variablen nachweisen lässt.
Während im Bereich der Sachbeschädigung und der Beleidigung der Anteil nichtdeutscher Beschuldigter nahezu übereinstimmt, ergeben sich im Bereich der Körperverletzungsdelikte und der Delikte gegen die persönliche Freiheit deutliche Unterschiede zuungunsten der Nichtdeutschen. Lediglich im Bereich der Unterhaltspflichtverletzung sind ausländische Täter im Vergleich zum Bundesdurchschnitt überrepräsentiert.

---

[409] Statistisches Bundesamt 2001, Tabelle 7; einen Anteil an 25% nichtdeutschen Beschuldigten weist auch die TOA-Statistik auf: Hartmann/ Stroezel 1998, 167.

[410] http://www.destatis.de/themen/d/thm_bevoelk.htm.

[411] dieser Verdacht wurde auch von einem Schlichter geäußert, der das Gefühl hatte, dass man von Seiten der Staatsanwaltschaft in manchen Fällen dem unverteidigten Beschuldigten durch die Schlichtungseinleitung in der Person des Schlichters eine Art Ersatzverteidiger zur Seite stellen wolle.

	Projekt		Strafverfolgungsstatistik
	nd/alle	a%	a%
§ 170 Abs.1[412]	7/24	29,2	11,1
§§ 185-200	5/22	22,7	21,1
§§ 223-231	7/46	15,2	26,5
§§ 234-241a	4/24	16,7	28,3
§§ 242-248c	6/28	21,4	27,8
§§ 263-266b	8/57	14,0	20,3
§ 303	3/16	18,8	18,2
Gesamt	**40/217**	**17,5**	**25,7**[413]

Tabelle 19: Zusammenhang zwischen Ausländeranteil und Deliktsgruppe bei Projekt/ Strafverfolgungsstatistik

Letztendlich besteht die Möglichkeit, dass nichtdeutsche Täter finanzschwächer sind und deshalb für ein Projekt, in dem es vorrangig um die Vereinbarung materieller Leistungen geht, seltener in Frage kommen. Dagegen spricht allerdings, dass – wie gezeigt – die Staatsanwaltschaft diesen Ausgangspunkt bei der Auswahl der vermittelten Delikte ohnehin nur teilweise beachtet. Darüber hinaus sollte die Mittellosigkeit ein Ergebnis der Schlichtungsbemühungen sein, anstatt sie aufgrund der spärlichen Angaben eines Polizeiberichts zu vermuten.[414]
Insgesamt lässt sich festhalten, dass die Daten keine Begründung für die unterdurchschnittliche Vermittlung von Fällen mit ausländischen Tätern liefern.

4. Vorstrafenbelastung[415]

Die Daten zur Vorstrafenbelastung basieren auf der deutlich kleineren Stichprobe der Beschuldigten, bzgl. derer bereits eine Aktenauswertung stattgefunden hat (n = 75). 52% waren nicht vorbestraft. Auf 36 Täter kommen 194 Vorverurteilungen, also im Schnitt mehr als fünf. Ein Viertel dieser Täter hatte eine Vorstrafe, die Hälfte weniger als fünf. Dagegen hatten fünf der vorbestraften Beschuldigten zehn oder mehr Einträge, wobei der „Rekord" bei 19 lag. Diese Ergebnisse decken sich in etwa mit denen der TOA-Statistik.[416] Insbesondere steht eine Vorstrafenbelastung einer Zuweisung an den Ausgleich e.V. deswegen nicht im Wege, da das verfahrensrechtliche Ziel - wie bereits mehrfach erwähnt - nicht auf eine Einstellung beschränkt ist.[417]

[412] in der Verurteiltenstatistik wird jeweils nur die gesamte Deliktsgruppe ausgewiesen.
[413] Straftaten nach dem StGB ohne Straßenverkehr.
[414] eine Ausnahme stellt § 170 StGB dar, da hier die Leistungsfähigkeit Tatbestandsmerkmal ist; wenn aber hinreichender Tatverdacht Voraussetzung für eine Schlichtung ist, so muss die Frage der Leistungsfähigkeit ausermittelt werden und darf nicht dem Schlichter überbürdet werden.
[415] in diesem Zusammenhang findet sich in der TOA-Statistik auch die Untersuchung, ob einem Täter bereits zuvor ein Angebot zu einem Täter-Opfer-Ausgleich angeboten und ein solcher evtl. durchgeführt wurde; Hartmann/ Stroezel 1998, 171. Dieser Punkt kann im Projekt Ausgleich e.V. nicht untersucht werden, da den Schlichtern eine entsprechende Information nicht zugänglich ist.
[416] Hartmann/ Stroezel 1998, 179,Tab.19.
[417] zu diesem Aspekt der Projektkonzeption für die Häufigkeit von vorbestraften Beschuldigten Hartmann/ Stroezel 1998, 171.

Bei 20 Beschuldigten lag eine einschlägige Vorstrafe vor. Von Einschlägigkeit wurde ausgegangen, wenn die Straftat aus der gleichen Deliktsgruppe wie die schlichtungsgegenständliche stammt. Die größte Anzahl einschlägiger Vorahndungen lag bei fünf, wobei die höchste Strafe zwei Jahre und sechs Monate Freiheitsstrafe betrug. Drei Beschuldigte hatten vier einschlägige Eintragungen. Neunmal wurden Freiheitsstrafen verhängt, wovon die bereits erwähnte die einzig unbewährte war. In einem Fall des § 170 Abs.1 StGB lag eine einschlägige Vorstrafe mit offener Bewährung vor.
Bzgl. der Eintragungen ergibt sich folgende Verteilung, wobei eine jeweils mehrere Deliktsgruppen betreffen kann:

	n	s%	% Täter
§§ 315b,c, 316,142 StGB, 21 StVG	56	22,0	155,6
§§ 242-248c	53	20,9	147,2
§§ 263-266b	40	15,7	111,1
§§ 223-231	26	10,2	72,2
§§ 234-241a	13	5,1	36,1
§§ 185-200	12	4,7	33,3
sonstige nach dem StGB	28	11,0	77,8
nach dem BtMG	9	3,5	25,0
andere	17	6,7	47,2
Gesamt	**254**	**100,0**	**(36 Täter)**

Tabelle 20: Deliktsverteilung der Vorstrafen

Allein aus der Häufigkeit entsprechender Vorstrafen ergibt sich die Notwendigkeit der Einbeziehung von Delikten gegen Gemeinschaftswerte in den Anwendungsbereich von § 46a StGB, wenn sie auch innerhalb eines auf Vereinbarungen abzielenden Projektes kaum relevant werden können. Die Parallele der fünf nächst häufigen Vorstrafengruppen zu auch bei den Schlichtungen vorrangig auftretenden Delikten unterstreicht dessen weiten Anwendungsbereich.
In diesem Zusammenhang stellt sich die Frage, ob sich die Deliktsverteilung im Projekt bzgl. der vorbestraften Tätergruppe verschiebt. Auch wenn sich keine über mögliche Zufälligkeit hinausgehende Beziehung errechnet, erscheinen einige Ergebnisse bemerkenswert.

	Vorverurteilungen		**keine Vorverurteilungen**	
	n	z%	n	z%
§ 170 Abs.1	2	66,7	1	33,3
§§ 185-200	6	46,2	7	53,8
§§ 223-231	16	59,3	11	40,7
§§ 234-241a	8	53,3	38	52,8
§§ 242-248c	2	22,2	7	77,8
§§ 263-266b	13	44,8	16	55,2
§ 303	3	42,9	4	57,1
Gesamt	**50**	**37,3**	**84**	**62,7**

Tabelle 21: Zusammenhang zwischen Deliktsgruppe und Vorstrafenbelastung

Auffallend ist, dass einerseits Diebstahls- und Unterschlagungs- nach den Verkehrsdelikten die meisten Vorstrafen ausmachen, andererseits der Anteil der Vorbestraften bei der entsprechenden Deliktsgruppe innerhalb des Schlichtungsprojekts am kleinsten ist. Aufgrund der geringen Fallzahl verbietet sich eine Beurteilung, aber es lohnt sich, der Frage weiterhin nachzugehen, ob eine einschlägige Vorstrafe einer Einleitung der Schlichtung durch die Staatsanwaltschaft entgegensteht. Dafür spricht, dass eine Diversion bei Vorbelastung regelmäßig nicht mehr in Frage kommt.[418] Von daher sollen die Fälle, in denen eine Vorstrafe festgestellt wurde, auf den Initiativgeber hin untersucht werden.
Von 71 Beschuldigten, bzgl. derer der Bundeszentralregisterauszug ausgewertet werden konnte, wurden 50,7% über die Staatsanwaltschaft dem Ausgleich zugeleitet, 49,3% über die Verteidigung. Bei den Beschuldigten mit Vorstrafe (n = 34) zeigt sich eine Verschiebung zugunsten der Verteidigung mit 69,4% der Schlichtungseinleitungen. Bereits dies ergibt einen mittelstarken Zusammenhang von r = 0,352 (**). Dieser nimmt noch zu, wenn man die Auswertung auf die Fälle mit einschlägig Vorbestraften beschränkt.[419] Nur in jedem fünften dieser Fälle erfolgte die Anregung zur Schlichtung durch die Staatsanwaltschaft.
Bei einem Vergleich beider Gerichtsbezirke zeigt sich, dass der Anteil vorbestrafter Täter bei Einleitung durch die Staatsanwaltschaft im Bezirk München I deutlich höher ist (45,5% ggü. 24,0% in München II). Aufgrund der zu geringen Fallzahl verbietet sich jedoch eine Aussage über Signifikanz und Korrelation.

5. weitere Merkmale

Die Erhebungsbögen sahen Angaben zu folgenden weiteren Merkmalen vor: Familienstand, Kinder, Beruf, Schule, Einkommen, Schulden, Zahlungsverpflichtungen. Eine dementsprechende Erfassung ist jedoch nur bedingt möglich. Angaben zu den wirtschaftlichen Verhältnissen finden sich nur selten in den polizeilichen Ermittlungsberichten. Sie liegen vielmehr nur im Rahmen von Hauptverhandlungsprotokollen oder Urteilen vor. Entsprechendes gilt für die Frage nach Kindern und den Familienstand. Dementsprechend klein sind die Auswertungsmengen, deren Aussagekraft erheblich eingeschränkt.
Von 77 Beschuldigten ist der Familienstand bekannt. Danach sind 39% ledig, 42,9% verheiratet, 3,9% leben getrennt und 14,3% sind geschieden. Bei 54 Tätern liegen Angaben über Kinder vor. Fast die Hälfte von ihnen sind kinderlos, insgesamt 87% haben höchstens zwei Kinder. Die Höchstzahl betrug sechs. Soweit das Alter der Kinder bekannt war, handelt es sich zum Großteil um minderjährige Kinder (73,0%).
Bei gerade einmal 37 Beschuldigten konnten Angaben zum Einkommen erhoben werden. Im Schnitt lag das Monatseinkommen bei 2.100 DM netto bei einem Spitzenverdienst von 5.800 DM.
Ähnlich wie bei den Opfern ist die Bandbreite der Berufe enorm und reicht vom Kellner bis zum Wirtschaftsberater. Auch mit drei beschuldigten Polizeibeamten wurde eine Schlichtung versucht. Jeder fünfte Beschuldigte war nicht erwerbstätig.[420]

---

[418] Meyer-Goßner, § 153a, Rd.13; diesen Automatismus wegen der Gefahr eines bloßen Gesinnungsstrafrechts ablehnend: Volk, § 12, Rd.17.
[419] r = 0,457 (*).
[420] siehe Fn.389.

IX. SCHLICHTUNGSBEREITSCHAFT UND AKZEPTANZ DES TATVORWURFS

1. Schlichtungsbereitschaft der Geschädigten

	Projekt		TOA-Statistik
	n	%	%[421]
Opfer zur Schlichtung bereit	158	73,1	69,1
Opfer nicht zur Schlichtung bereit	23	10,6	19,6
Opfer nicht erreicht bzw. keine Reaktion	10	4,6	4,1
verfahrenstechnisches Hindernis	16	7,4	-----
Beschuldigter hat abgelehnt	9	4,2	7,3

Tabelle 22: Schlichtungsbereitschaft der Opfer bei Projekt/ TOA-Statistik

Die Tabelle ergibt, dass fast drei Viertel aller Geschädigten zu einer Schlichtung bereit waren. Das ist ein für das Erwachsenenstrafrecht erfreulich hoher Wert, der den der TOA-Statistik sogar übertrifft.[422] Noch erfreulicher ist, dass der Umkehrschluss, 25% wären gegen einen Ausgleichsversuch, nicht zutrifft. Bereits für die zwei letzten Fallgruppen ist offensichtlich, dass sie mit einer Ablehnung durch den Geschädigten nicht gleichgesetzt werden dürfen. Aber auch die Gruppe der Opfer, die nicht erreicht wurden bzw. von denen keine Reaktion kam[423], ist nicht ohne weiteres der Ablehnung zuzuschlagen. Es liegt zwar nahe, dass sich ein Geschädigter, der auf Schreiben und Anrufe des Schlichters nicht reagiert, dies tut, weil er an einer Schlichtung nicht interessiert ist. Zwingend ist diese Interpretation jedoch nicht. Es kann sich auch um mangelnde Organisation handeln.
Viele der Fälle, die unter verfahrenstechnischen Hindernissen erfasst wurden, fallen genaugenommen unter die Kategorie der schlichtungsbereiten Opfer. Es wurde bereits dargelegt, dass mehrfach das Schlichtungshindernis in einer bereits erfolgten Einigung lag. Wenn aber eine Einigung außerhalb der Schlichtung erfolgen konnte, dann nur, weil der Geschädigte zu einer solchen bereit war. Dies betrifft drei Fälle. Dazu kommt der Fall, in dem aufgrund des unmittelbar bevorstehenden Gerichtstermins eine Schlichtung nicht gestartet wurde, der aber durch die Opferhilfsorganisation des „Weißen Ring" und damit auf Veranlassung des Geschädigten an den Verein Ausgleich herangetragen wurde. Wenn im übrigen die Anzahl der verfahrenstechnischen Hindernisse hier niedriger ausfällt als in der Gesamtheit[424], so liegt das zum einen an der geringeren Stichprobe (gezählt wird jedes Opfer, nicht jede Kombination[425]), zum anderen daran, dass bisweilen ein verfahrenstechnisches

[421] Hartmann/ Stroezel 1998, 174, Tab. 22.
[422] es muss jedoch zugegeben werden, dass die Möglichkeit einer unterschiedlich strengen Handhabung bei der Annahme von Schlichtungsbereitschaft besteht. Von fehlender Bereitschaft wurde im vorliegenden Projekt nur dann gesprochen, wenn das Opfer von Anfang an eine Beteiligung abgelehnt hat; hat es sich inhaltlich zu seinen Vorstellungen geäußert, so wurde es stets als schlichtungsbereit gewertet, unabhängig davon, ob es eine völlig unrealistische Forderung aufgestellt und diese als nicht weiter verhandelbar bezeichnet hat.
[423] dies umfasst nicht die Fälle der verzogenen Opfer, denn diese fallen unter die verfahrenstechnischen Hindernisse - vgl. G. IV.
[424] vgl. Tabelle 4.
[425] selbstverständlich ist dies nicht: da die Frage der Schlichtungsbereitschaft von den Einzelumständen des Falles abhängen kann, wäre es nicht verwunderlich, wenn ein und das selbe Opfer gegenüber

Hindernis sich erst auftat, nachdem die Schlichtungsbereitschaft bereits abgeklärt war.
Beschränkt man demzufolge die Zählung auf eindeutige Fallkonstellationen, so ergibt sich eine Ausgleichsbereitschaft von 87,6% auf Seiten der Geschädigten (n = 163). Wenn im Rahmen folgender Untersuchungen dennoch an den Ausgangswerten von 158:23 bzgl. der eindeutigen Antwortalternativen festgehalten wird, so hat das seinen Grund darin, dass es nicht gerechtfertigt erscheint, die Gruppe der Schlichtungsbereiten durch Einzelfallanalysen zu erhöhen, ohne gleichzeitig die ablehnende Haltung anhand der Fallgruppe nicht erreicht bzw. keine Reaktion präzisieren zu können.
Die Schlichtungsbereitschaft kann von vielen Faktoren beeinflusst werden. Denkbar wäre, dass juristische Personen mangels zwischenmenschlichen Konflikts öfter einer Schlichtung zustimmen als natürliche. Ebenso ist vorstellbar, dass sich durch die Schlichtungsbereitschaft die Einstellung der Geschädigten zu Funktion und Aufgabe des Strafrechts ausdrückt, so dass eine Abhängigkeit von Alter, Geschlecht und/ oder Staatsangehörigkeit der Opfer möglich erscheint bzw. auch davon, wer die Schlichtung einleitet: der Verteidiger als Angehöriger der Gegenseite oder die Staatsanwaltschaft als neutrale Stelle. Es lässt sich jedoch in Bezug auf all diese Aspekte keine Signifikanz errechnen.
Ein nicht nur zufälliger, wenn auch sehr schwacher Zusammenhang ergibt sich jedoch bei der Unterscheidung nach den Gerichtsbezirken.[426] Zwar ist denkbar, dass regionale Gegebenheiten den Entschluss, an einer Schlichtung teilzunehmen, beeinflussen können. Möglich ist aber auch der Einfluss einer Störvariablen. Auch wenn bezüglich der Schlichtungseinleitung kein signifikantes Ergebnis erzielt wurde, ergeben sich doch deutliche Unterschiede. So wurden nur 53,3% der Fälle mit zu einer Schlichtung bereiten Opfern, aber 68,2% der Fälle mit den eine solche ablehnenden Geschädigten von der Staatsanwaltschaft eingeleitet. Da im Bezirk München II anteilig deutlich mehr Fälle durch die Staatsanwaltschaft eingeleitet wurden[427], liegt es nahe, dass hier auch der Anteil der nicht schlichtungsbereiten Opfer höher liegt. Dennoch bestätigt die Durchführung einer partiellen Korrelationsberechnung den gemessenen Zusammenhang zwischen Einigungsbereitschaft und Gerichtsbezirk.[428] Des weiteren kommt wieder einmal die unterschiedliche Deliktsstruktur in beiden Bezirken als Störvariable in Betracht.
Dabei zeigt sich in Tabelle 23 im Bereich der Beleidigungsdelikte ein mittelstarker Zusammenhang derart, dass in diesem Bereich die Schlichtungsbereitschaft niedriger ausfällt. Entsprechendes gilt für die Delikte gegen die persönliche Freiheit, wenn auch der Zusammenhang sehr schwach ausgeprägt ist. Dagegen fällt im Bereich des Betruges eine erhöhte Schlichtungsbereitschaft auf. Entsprechend der vermehrten Einleitung von Beleidigungsdelikten im Bereich der Staatsanwaltschaft München II, ist hiermit die Störvariable gefunden. Eine insoweit durchgeführte par-

---

einem Beschuldigten zur Schlichtung bereit wäre, gegenüber einem anderen dies aber ablehnt. Insofern wäre es korrekter, alle Kombinationen auszuwerten und nicht nur die Bereitschaft jeden Opfers. Allerdings hat eine Übersicht der Fälle mit mehreren Beschuldigten ergeben, dass es in keinem Fall zu einer unterschiedlichen Einstellung des Geschädigten kam. Deshalb ist es gerechtfertigt, nur von der Opfer- und nicht von der Gesamtzahl der Fälle auszugehen.
[426] r = 0,175 (*).
[427] vgl. Abbildung 3.
[428] r = 0,161 (*).

tielle Korrelationsberechnung zwischen Bezirk und Schlichtungsbereitschaft weist kein signifikantes Ergebnis mehr aus.[429]

	n/ alle	a%	R
§§ 170 Abs.1	22/ 23	95,7	
§§ 185-200	14/ 24	58,3	**0,303 (***)**
§§ 223-231	37/ 44	84,1	
§§ 234-241a	15/ 23	65,2	**0,151 (*)**
§§ 242-248c	27/ 34	79,4	
§§ 263-266b	62/ 64	96,9	**-0,193 (**)**
§ 303	13/ 15	86,7	

Tabelle 23: Zusammenhang zwischen Schlichtungsbereitschaft der Opfer und Deliktsgruppe

Die zuletzt dargestellte Abhängigkeit vom Deliktstypus sowie die besseren Werte im Vergleich zur TOA-Statistik legen die Vermutung nahe, dass für die Möglichkeit des Ausgleichs materieller Schäden ein noch größeres Bedürfnis und Interesse besteht als für die Lösung der zwischenmenschlichen Konflikte. Andererseits liegt auch die Schlichtungsbereitschaft der Geschädigten im Bereich der Körperverletzungsdelikte mit 84,1% im Projekt deutlich höher als in der TOA-Statistik mit 78,1%. Allerdings ist die Konfliktbelastung bei Körperverletzungen gerade sehr unterschiedlich stark ausgeprägt und die Konzentration auf das Materielle erlaubt auch psychisch belasteten Opfern von Anfang an eine Beschränkung auf diesen Ausschnitt der Tatfolgen. Die größere[430] Attraktivität materiellen Ausgleichs wird auch durch eine Zusammenhangsberechnung der Zustimmungsbereitschaft mit der Schadensart bestätigt: während erstere bei materiellen Schäden bei 91,0% liegt, kommt sie bei erheblichen psychischen Schädigungen lediglich auf 61,1%.[431] Dagegen kommt es innerhalb der Körperverletzungen nicht auf den Grad der Beeinträchtigung an.

2. Schlichtungsbereitschaft der Täter

	Projekt		TOA-Statistik
	n	%	%[432]
Täter zur Schlichtung bereit	133	74,3	87,0
Täter nicht zur Schlichtung bereit	18	10,1	7,7
Täter nicht erreicht bzw. keine Reaktion	16	8,9	3,8
verfahrenstechnisches Hindernis	9	5,0	-----
Opfer hat abgelehnt	3	1,7	1,6

Tabelle 24: Schlichtungsbereitschaft der Beschuldigten bei Projekt/ TOA-Statistik

[429] p = 0,159.

[430] In diesem Zusammenhang darf nicht übersehen werden, dass bereits die Konfliktlösungsbereitschaft der Geschädigten von 77,9% bundesweit ein ausgesprochen hoher Wert ist.

[431] r = -0,179 (*) bei materiellen Schäden und r = 0,262 (***) bei erheblichen psychischen Schädigungen - angesichts des hohen Ausgangsniveaus der Schlichtungsbereitschaft von 87% können stärkere Zusammenhangswerte nur bei Abweichungen nach unten ausgewiesen werden.

[432] Hartmann/ Stroezel 1998, 177, Tab. 27.

Bei den Beschuldigten lässt sich ebenfalls eine große Offenheit einer Schlichtung gegenüber erkennen, auch wenn diesmal der Wert hinter dem der TOA-Statistik zurückbleibt. Gerade auf Täterseite ist es im Hinblick auf das Eingeständnis der Schadensverursachung denkbar, dass Schlichtungsbereitschaft nur in Bezug auf eines von mehreren Opfern besteht. Jedoch ergibt auch hier eine Gesamtschau eine durchgehend einheitliche Verhaltensweise der Beschuldigten. Insofern ist es gerechtfertigt, die Berechnungen an der Beschuldigtenzahl von 179 anstatt an der Kombinationsgesamtzahl von 225 zu orientieren.
Wie bei den Geschädigten können auch in Bezug auf die Täter manche Einzelfälle bzgl. der letzten drei Konstellationen nachvollzogen und den ersten beiden Auswertungskategorien zugeordnet werden. Eine entsprechende Korrektur ergebe eine Schlichtungsbereitschaft von 85,5%. Doch entsprechend der zu den Opfern angestellten Überlegungen soll auch in diesem Zusammenhang lediglich von den Werten der beiden Kategorien „bereit" und „nicht bereit" ausgegangen werden. Grundlage ist somit eine Bereitschaft der Täter von 88,1%. Dieser Prozentsatz entspricht demjenigen der TOA-Statistik in Bezug auf erwachsene Beschuldigte.[433]
Aufgrund dieses hohen Ausgangswertes ist eine signifikante Abweichung nach oben kaum möglich. Deshalb ergibt sich auch lediglich ein Ausreißer nach unten, nämlich bei der Staatsangehörigkeit des Opfers[434]. So ergibt sich eine geringere Schlichtungsbereitschaft bei nichtdeutschen Geschädigten, wobei in der Hälfte dieser Fälle die Beschuldigten selbst nicht deutsche Staatsbürger sind.
Dennoch sind einige unsignifikante Verschiebungen erwähnenswert; so ist zum einen die Schlichtungsablehnung durch ausländische Täter mit 33,2% deutlich erhöht. Und es fällt auf, dass die Bereitschaft des Täters mit Vorstrafe und insbesondere mit Einschlägigkeit der Vorstrafe zunimmt. Diese Beschuldigten, die bereits Erfahrungen mit der Strafjustiz gesammelt haben, scheinen einen stärkeren Anreiz zu verspüren, alles zu probieren, was für das weitere Verfahren vorteilhaft sein könnte.
Kurios ist die fehlende Signifikanz bei der Untersuchung einer Abhängigkeit von der Frage bzgl. des Initiators der Schlichtung. Denn die Gruppe der nicht zu einer Schlichtung Bereiten dürfte bei den durch die Verteidigung gemeldeten Fällen eigentlich gar nicht auftauchen. Dennoch kam es viermal zu einer solchen Konstellation. Dies lässt zumindest Fragen in Bezug auf das gemeinsame Vorgehen von Mandant und Anwalt aufkommen.
Ein verstärktes Augenmerk soll einmal mehr auf die Abhängigkeit von den Deliktsgruppen gerichtet werden:
Nach Tabelle 25 scheinen die Delikte gegen die persönliche Freiheit auch auf Täterseite die Schlichtungsbereitschaft nicht zu fördern. Gleichfalls sehr gering ist der Wert in Bezug auf solche Straftaten, die beim Opfer zu erheblichen persönlichen Schädigungen geführt haben (76,9%). Andererseits liegt die größte Diskrepanz gegenüber den Geschädigten im Bereich der Beleidigungsdelikte. Dadurch drängt sich der Verdacht auf, dass es für die Entscheidung des Beschuldigten weniger darauf ankommt, ob es in der Schlichtung vornehmlich um den Konflikt oder um die materielle Schädigung geht.

---

[433] Hartmann/ Stroezel 1998, 178, Tab. 28; gegenüber 92,8% der jugendlichen und heranwachsenden Beschuldigten.
[434] r = 0,212 (*).

	n/ alle	a%
§ 170 Abs.1	17/ 19	89,5
§§ 185-200	16/ 19	84,2
§§ 223-231	40/ 44	90,9
§§ 234-241a	15/ 20	75,0
§§ 242-248c	22/ 26	84,6
§§ 263-266b	37/ 45	82,2
§ 303	14/ 16	87,5

Tabelle 25: Zusammenhang zwischen Schlichtungsbereitschaft des Beschuldigten und Deliktsgruppe

Kombiniert man die Bereitschaft beider Seiten zu einer Schlichtung, so lässt sich das Potential für erfolgreiche Ausgleichsversuche erkennen. Denn nur wenn beide Seiten in diese einwilligen, können sie fortgesetzt werden. Dies triff auf 144 und damit 64% aller und 83,7% derjenigen Kombinationen zu, in denen die Schlichtungsbereitschaft eindeutig bestimmbar ist.

	Täter bereit	Täter nicht bereit
Opfer zur Schlichtung bereit	144	9
Opfer nicht zur Schlichtung bereit	14	5

Tabelle 26: beiderseitige Schlichtungsbereitschaft

Untersucht man die fünf Fälle genauer, in denen beide Seiten eine Einigung ausschlossen, so ergibt sich keine augenfällige Gemeinsamkeit: weder stimmen die inmitten stehenden Delikte überein, noch handelt es sich jeweils um einen Langzeitkonflikt. Gemein ist diesen Fällen lediglich, dass sich Täter und Opfer bereits vor der Tat kannten. Dies wirft allgemein die Frage auf, ob und wenn ja wie sich die Bekanntschaft beider Seiten auf die Schlichtungsaussichten auswirkt.

3. Bekanntschaft von Beschuldigten und Opfern vor der Tat

Aus diesem Verteilungsdiagramm (Abb. 8) ergibt sich, dass gute Kenntnis beider Seiten einer Schlichtung nicht grundsätzlich entgegensteht. Denn wenn in über 60% der Kombinationen beide Seiten schlichtungsbereit sind und in 54% der Kombinationen sich beide Seiten vor der Tat gut kannten, so besteht zwangsläufig ein Überschneidungssegment.

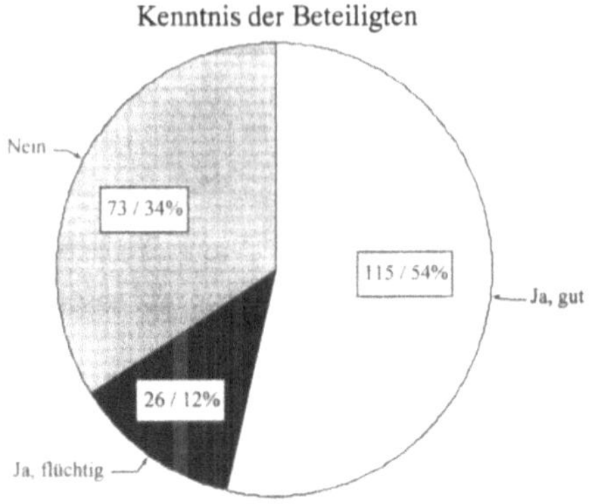

n = 214; fehlende Angaben: 11

Abbildung 8: Bekanntschaft von Opfer und Täter vor der Tat (alle Kombinationen)

Der große Anteil der Fälle mit vorheriger Kenntnis beider Beteiligten (66%) ist erstaunlich, vor allem im Vergleich zur TOA-Statistik, wo die Fallgruppen der guten und der flüchtigen Kenntnis zusammen lediglich 55,8% ausmachen.[435] Diese Differenz erhöht sich noch, wenn man im vorliegenden Projekt die Fälle mit juristischen Personen als Geschädigten herausrechnet. Zwingend ist dies zwar nicht; innerhalb des Verhältnisses Arbeitgeber-Arbeitnehmer macht es nämlich durchaus Sinn, von einem Kennen zu sprechen, auch wenn der Arbeitgeber eine Aktiengesellschaft ist. Ebenso in dem Fall, in dem einer Betrugstat jahrelange geschäftliche Beziehungen vorausgehen, der Lieferant jedoch in der Form einer Ein-Mann-GmbH organisiert war. Die Frage nach einem Kennen ist jedoch vor allem in Bezug auf Straftaten zum materiellen Nachteil des Staates unergiebig, zum Beispiel beim Sozialhilfebetrug oder beim Vorenthalten von Arbeitnehmerbeiträgen zur Sozialversicherung. Um wessen Kenntnis soll es hierbei gehen? Die Dominanz solcher Fallgestaltungen rechtfertigt es, die Beziehung zu den juristischen Personen insgesamt außen vor zu lassen. Dann ergibt sich die aus Abbildung 9 ersichtliche Verteilung.

Einen signifikanten und darüber hinaus mittelstarken Zusammenhang[436] erhält man bei der Gegenüberstellung der gegenseitigen Bekanntschaft mit der Frage, wer die Schlichtung eingeleitet hat. In 90% der von der Staatsanwaltschaft initiierten Fälle lag eine solche vor. Bei dieser Frage gehen auch erstmals beide Bezirke Hand in Hand. Bzgl. der Staatsanwaltschaft München I ist dies zum großen Teil auf die Fälle des § 170 Abs.1 StGB zurückzuführen, die Kenntnis von Beschuldigten und Geschädigten geradezu voraussetzen. Im Hinblick auf den Bezirk München II entsteht jedoch einmal mehr der Eindruck, dass dessen Staatsanwaltschaft das vorliegende

---

[435] Hartmann/ Stroezel 1998, 173, Tab.21.
[436] r = -0,490 (***).

Projekt mehr in Richtung eines Täter-Opfer-Ausgleichs mit dem Ziel einer umfassenden Konfliktlösung[437] begreift und das darüber hinausgehende Potential für reine Schadenswiedergutmachung übersieht.

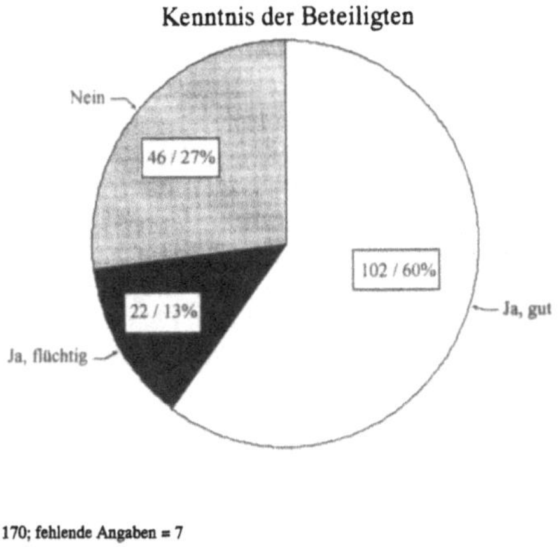

Abbildung 9: Bekanntschaft von Opfer und Täter vor der Tat (ohne juristische Personen)

Kreuzt man die vorherige Kenntnis mit der Schlichtungsbereitschaft, zeigt sich ein unterschiedliches Bild. Hinsichtlich der Opfer entspricht die Verteilung zwischen denen, die zu einer Einigung bereit sind, und denen, die eine solche ablehnen, der allgemeinen, während es nur zweimal vorkam, dass ein Täter, der das Opfer vor der Tat nicht kannte, eine Schlichtung nicht versuchen wollte.[438] Man wird daraus vorsichtig eine Tendenz dahingehend herauslesen können, dass Opfer sich mehr am Wert ihrer Kränkung über die Rechtsgutsbeeinträchtigung orientieren, während es Tätern dann leichter zu fallen scheint, auf die Geschädigten zuzugehen wenn sie diese zuvor nicht gekannt haben. Die Ablehnung auf Beschuldigtenseite dürfte demnach vor allem die Fälle betreffen, in denen er die Stellung als Täter ablehnt, sondern vielmehr die Straftat als Folge eines Langzeitkonflikts betrachtet, innerhalb dessen er selbst mehrfach zum „Opfer" wurde.[439]

4. Akzeptanz des Tatvorwurfs

Mit dem letzt genannten Aspekt eng verbunden ist die Frage, wie der Beschuldigte zu dem Tatvorwurf steht. Im Rahmen der Projektkonzeption wurde bereits betont,

[437] und dabei insbesondere Langzeitkonflikte.
[438] angesichts der insgesamt hohen Schlichtungsbereitschaft der Beschuldigten ergibt dies jedoch kein signifikantes Ergebnis.
[439] dies vermag auch die aufgezeigten Unterschiede hinsichtlich der Schlichtungsbereitschaft der Täter im Hinblick auf § 185 und §§ 234-241a StGB zu erklären.

dass lediglich die Anerkennung der zivilrechtlichen Verantwortlichkeit Voraussetzung für eine Schlichtung ist; ein Geständnis des Täters ist dagegen nicht erforderlich. Gerade im Bereich des Betruges geben viele Täter an, dass sie auf eine Besserung ihrer finanziellen Situation und damit auf die Möglichkeit der Erfüllung ihrer eingegangenen Verpflichtung vertraut hätten. Sie leugnen also den subjektiven Tatbestand, nicht aber die objektiven Umstände des Geschehens. Solchen Tätern darf nicht die Möglichkeit einer zivilrechtlichen Ausgleichsvereinbarung genommen werden.
Bei der Auswertung der Kategorie „Akzeptanz des Tatvorwurfs" muss überlegt werden, welche Grundgesamtheit zugrundezulegen ist. Ebenso wie bei der Frage der Schlichtungsbereitschaft ist auch hier denkbar, dass Beschuldigte in unterschiedlichen Kombinationen, also gegenüber mehreren Opfern, sich differenziert zum Tatvorwurf äußern. Das spricht für die Auswertung jeder Kombination. Andererseits ist es in Fällen, bei denen eine Handlung oder eine fortgesetzte Handlungsweise mehrere Opfer schädigt, schwer vorstellbar, dass der Täter bzgl. der verschiedenen Geschädigten unterscheidet. Bei einer Auswertung aller Kombinationen bestünde also die Gefahr einer Verzerrung. Insofern sollen beide Häufigkeiten gegenübergestellt werden.

	alle Kombinationen n = 225		**jeder Beschuldigte einmal** n = 179	
	n	%	n	%
vollständig	87	38,7	58	32,4
im wesentlichen	23	10,2	23	12,8
teilweise	15	6,7	15	8,4
gar nicht	69	30,7	55	30,7
unbekannt	31	13,8	28	15,6

Tabelle 27: Akzeptanz des Tatvorwurfs (alle Fälle)

Beim Vergleich beider Gruppen fällt auf, dass sich eine Verschiebung zuungunsten der vollständig Geständigen ergibt, wenn man auf den Beschuldigten an sich abstellt. Das bedeutet, dass in Fällen einer Zweierbeziehung die Täter seltener geständig sind. Dies spricht dafür, dass es im konkreten Konflikt eher Probleme gibt, die Tat zuzugeben als im Rahmen eines Delikts, das mehrere Personen meist nicht sehr zielgerichtet trifft. Allerdings bedeutet dies keine Verschiebung hin zu den nicht Geständigen, sondern das Minus verteilt sich auf die Gruppen, die den Tatvorwurf anteilig einräumen und bei der die Einstellung des Täters unbekannt ist. Dies wird bestätigt, wenn man die drei Gruppen der Geständigen zusammenfasst und die Unbekannten ausschließt: stellt man diese neue Variable (Geständnis: ja/nein) der Anzahl der Opfer gegenüber, zeigt sich kein großer Unterschied zwischen Fällen mit einem und Fällen mit mehreren Geschädigten.
Ein Problem des Merkmals „Akzeptanz des Tatvorwurfs" liegt in der Auslegung der einzelnen Kategorien. So sprechen einige Schlichter von einem teilweisen oder wesentlichen Geständnis, wenn der Beschuldigte den objektiven Tatvorwurf einräumt, den subjektiven jedoch abstreitet. Dies entspricht jedoch nicht den ausgeteilten Richtlinien für die Ausfüllung der Erhebungsbögen. Danach sollte ein Teilgeständnis nur dann angenommen werden, wenn gegenüber einem Opfer mehrere Straftatbe-

stände erfüllt und hiervon nicht alle eingeräumt wurden. Der einzelne Tatbestand kann nur ganz oder gar nicht eingestanden werden.
Eventuelle Ungenauigkeiten können erst durch die Aktenauswertung bereinigt werden. Daher scheint es angebracht, eine Häufigkeitsauszählung beschränkt auf diese Fälle vorzunehmen. Das ermöglicht nebenbei auch eine Reduzierung der Rubrik „unbekannt", wenn sich aus der Akte neue Erkenntnisse bzgl. der Haltung des Täters zum Tatvorwurf ergeben.

	alle Kombinationen n = 93		**jeder Beschuldigte einmal** n = 79	
	n	%	n	%
vollständig	35	37,6	27	34,2
im wesentlichen	12	12,9	12	15,2
teilweise	11	11,8	11	13,9
gar nicht	30	32,3	24	30,4
unbekannt	5	5,4	5	6,3

Tabelle 28: Akzeptanz des Tatvorwurfs (nur Fälle mit Aktenauswertung)

Durch diese einheitlichere Auswertung ergeben sich keine wesentlichen Verschiebungen. Jedoch wird deutlich, dass – gleichgültig, welche Gesamtheit man zugrunde legt – der Anteil der nicht Geständigen in diesem Projekt um ein Vielfaches höher liegt als in der TOA-Statistik, nach der dieser nur 4,2% beträgt.[440] Diese Unterscheidung dürfte vorrangig auf die Projekte im Rahmen der Statistik zurückzuführen sein, die ein Geständnis als Zuweisungsvoraussetzung verlangen.
Auch wenn sich ein mittelstarker Zusammenhang dahingehend ergibt, dass es bei fehlendem Geständnis auch an der Bereitschaft des Täters zur Schlichtung fehlt[441], so darf nicht übersehen werden, dass drei Viertel derer, die den Tatvorwurf nicht einräumen, dennoch zu einer Schlichtung bereit sind. Dies betrifft 34 Fälle der Eigentums- und Vermögensdelikte und 16 Fälle der Verletzungen von Persönlichkeitsrechten. Dies unterstreicht die Ausgangsannahme, dass materielle Entschädigung und Geständnis nur bedingt etwas miteinander zu tun haben und rechtfertigt den unterschiedlichen Ansatz.
Wenig überraschend ist, dass in Fällen, die von Verteidigerseite aus einer Schlichtung zugeführt werden, die Geständnisquote deutlich höher liegt als bei den Fällen, die die Staatsanwaltschaft weiterleitet.[442] Zwingend ist dieses Ergebnis aus den gezeigten Überlegungen nicht, da sich eine Freispruchstrategie und ein erfolgter materieller Ausgleich streng juristisch nicht widersprechen müssen. Es ist jedoch zuzugeben, dass die Gefahr besteht, dass die Strafverfolgungsbehörden zumindest indirekt die Bereitschaft zur Schlichtung im Sinne eines Geständnisses werten. Insbesondere besteht die Gefahr, dass die Staatsanwaltschaft mit der Einleitung einer Schlichtung versucht, durch die Hintertür ein Geständnis zu erzeugen. Ein solcher Verdacht drängt sich auf, wenn man sieht, dass in 53,8% aller Kombinationen, die die Staats-

[440] Hartmann/ Stroezel 1998, 172, Tab. 20.
[441] die Korrelationswerte liegen je nach zugrundegelegter Gesamtheit zwischen r = 0,226 (*) und r = 368 (***).
[442] die Korrelationswerte liegen je nach zugrundegelegter Gesamtheit zwischen r = 0,358 (***) und r = 0,558 (***).

anwaltschaft vermittelt hat, der Täter nicht geständig war.[443] Deshalb muss gegebenenfalls im Rahmen der Schlichtung der Unterschied zwischen strafrechtlicher und zivilrechtlicher Verantwortungsübernahme klar herausgestellt werden.

X. DER SCHLICHTUNGSABLAUF

1. Die Schlichter

Von den anfänglich ausgewählten 15 Schlichtern wurden überhaupt nur 12 tätig. Angesichts des schleppenden Beginns des Projekts war diese Zahl ausreichend. Mittlerweile sind allerdings weitere vier Schlichter ausgeschieden: zwei beschränken sich nunmehr auf die verwaltungsmäßige Abwicklung (Kontakt mit den Staatsanwaltschaften und Fallverteilung auf die übrigen Schlichter, Kostenerstattung), ein Schlichter schied aus privaten Gründen aus, beim vierten ist der Grund nicht bekannt. Da diese vier Schlichter vor ihrem Ausscheiden lediglich 14 Fälle bearbeitet hatten, bleiben sie im weiteren unberücksichtigt. Die übrigen Ausgleichsfälle verteilen sich auf die verbliebenen acht Schlichter:

	bearbeitete Fälle n = 156		**bearbeitete Kombinationen** n = 205	
	n	%	n	%
Schlichter A	17	10,9	25	12,2
Schlichter B	19	12,2	24	11,7
Schlichter C	19	12,2	22	10,7
Schlichter D	15	9,6	23	11,2
Schlichter E	15	9,6	27	13,2
Schlichter F	20	12,8	25	12,2
Schlichter G	17	10,9	19	9,3
Schlichter H	34	21,8	40	19,5

Tabelle 29: Verteilung nach Schlichtern

Die Tabelle lässt grundsätzlich eine Gleichverteilung erkennen. Einzige Ausnahme ist hierbei Schlichter H. Er bearbeitete fast doppelt so viele Fälle/ Kombinationen wie die anderen. Erklärung dafür ist, dass diesem Vermittler alle Fälle der Unterhaltspflichtverletzung zugeteilt wurden, um sich seine Erfahrungen auf dem Gebiet der Familienmediation zunutze zu machen. Damit lag die Zahl der bearbeiteten Fälle bereits bei 25, was fast drei Viertel seines gesamten Aufkommens ausmacht. Als Folge der Konzentration des § 170 Abs.1 StGB auf diesen Schlichter und des damit einhergehenden starken Zusammenhangs[444] ergeben sich umgekehrte, wenn auch deutlich schwächere Abhängigkeiten zu den anderen Deliktsgruppen.[445]

---

[443] die Gefahr, den Beschuldigten durch die Schlichtung in ein Geständnis zu treiben, wurde auch von einem Schlichter beschrieben; dabei war nicht eindeutig, ob dies auf praktischen Erfahrungen beruht oder lediglich als abstrakte Gefahr erkannt wurde.

[444] r = 0,777; eigentlich müsste dieser Wert bei r = 1 liegen.

[445] r = -0,217 (***) für Körperverletzungsdelikte; r = -0,213 (***) für Betrugsdelikte; r = -0,137 (*) für Sachbeschädigung; r = -0,132 (*) für Beleidigungsdelikte.

Eine entsprechende Spezialisierung weiterer Schlichter auf andere Tatbestände ist nicht bekannt. Dennoch ergeben sich vereinzelt signifikante Zusammenhänge, die jedoch jeweils sehr schwach ausgeprägt sind[446], wobei fast alle dieser Korrelationswerte positiv sind, d.h., dass einige Schlichter bestimmte Delikte überdurchschnittlich häufig bearbeiten.[447] Das ist rechnerisch darauf zurückzuführen, dass die Ausgangszahl an Fällen bei einer Verteilung auf acht Schlichter so niedrig ist, dass eine Abweichung nach unten kaum den Bereich des Zufälligen verlassen kann.[448]
Nun wurde schon mehrfach betont, dass die Deliktsverteilung in den zwei Gerichtsbezirken variiert. Daher erscheint es denkbar, dass eventuelle signifikante Zusammenhänge eher auf örtliche Begebenheiten zurückzuführen sind. Dieser Verdacht drängt sich deshalb auf, da Schlichter B und D im Gerichtsbezirk München II ihre Kanzlei haben, während alle anderen Schlichter Kanzleiräume im Stadtgebiet München unterhalten.

	München I			München II		
	n	s%	z%	n	s%	z%
Schlichter A	15	13,9	88,2	2	4,5	11,8
Schlichter B	8	7,4	42,1	11	25,0	57,9
Schlichter C	16	14,8	84,2	3	6,8	15,8
Schlichter D	5	4,6	33,3	10	22,7	66,7
Schlichter E	12	11,1	85,7	2	4,5	14,3
Schlichter F	14	13,0	73,7	5	11,4	26,3
Schlichter G	12	11,1	70,6	5	11,4	29,4
Schlichter H	26	24,1	81,3	6	13,6	18,7

Tabelle 30: Zusammenhang zwischen Schlichter und Gerichtsbezirk

Die Zahlen bestätigen den Verdacht. Knapp die Hälfte der Fälle des Bezirks München II werden von den Schlichtern B und D erledigt. Es lässt sich also festhalten, dass außerhalb des § 170 Abs.1 StGB die Verteilung der Delikte auf die Schlichter keine gezielte Zuweisung erkennen lässt.
Betrachtet man sich erneut die Fall- und Kombinationszahlen pro Schlichter, so wird der enorme Zeitaufwand ersichtlich. Deshalb soll bereits an dieser Stelle ein kurzer Überblick über die investierte Zeit gegeben werden, wenn auch den zeitlichen Abläufen ansonsten ein eigener Abschnitt gewidmet ist.
In 133 Fällen (85%) liegen zeitliche Angaben vor. Die Zeitdauer für eine Schlichtung reicht von 15 Minuten bis zu 16h. Dabei war nach dem zeitlichen Aufwand insgesamt gefragt, also nicht nur die Dauer eventueller Schlichtungsgespräche.[449] Insgesamt haben die acht Schlichter 468h in die Schlichtungsarbeit investiert. Dies ergibt einen

[446] der höchste Wert liegt bei r = 0,253 (***) für Schlichter E bei Betrugstaten, wobei dieser Zusammenhang auf der Verzerrung des Falles mit 12 jeweils durch Betrug Geschädigten beruht.
[447] negative Werte ergeben sich neben Schlichter H lediglich bei Schlichter E im Bereich der Beleidigungs- und Unterhaltspflichtverletzungen mit jeweils r = -0,133 (*).
[448] bei absoluter Gleichverteilung ergäbe sich folgende Ausgangszahl: 213 Delikte/7Deliktsgruppen/8Schlichter = 3,8 Fälle pro Deliktsgruppe pro Schlichter.
[449] tatsächlich scheint es hier gewisse Ungenauigkeiten der Frage gegeben zu haben, so dass im Falle von Schlichtungsgesprächen bisweilen nur die Dauer eben dieser und nicht der Gesamtaufwand angegeben wurde. Da es jedoch – wie gleich zu sehen sein wird – nur selten zu solchen Gesprächen kam, wiegt die Verzerrung nicht schwer.

Durchschnittswert von 58,5h pro Schlichter. Dieser Wert könnte allerdings nur bei Gleichverteilung der Fall- bzw. der Kombinationszahlen herangezogen werden. Die Orientierung muss vielmehr am Durchschnittswert pro Fall erfolgen, der bei 3,5h liegt. Tatsächlich variiert jedoch die im Schnitt aufgebrachte Zeit zwischen den Schlichtern zwischen 1,9h und 6,2h pro Fall. Es liegt auf der Hand, dass die benötigte Zeit von der Anzahl der Beteiligten abhängt.[450] Wertet man nur die Fälle mit einem Opfer aus, so ergibt sich allerdings immer noch eine Spannbreite von 1,75h bis zu 5,65h. Ein aussagekräftiger Vergleich ist jedoch allenfalls bei erfolgreich geschlichteten Fällen möglich. An dieser Stelle soll lediglich der ungeheure Einsatz der Schlichter zum Ausdruck gebracht werden. Die Höchstzahl der investierten Zeit beträgt 167,8h. Bei einem Arbeitstag von 8h entspricht dies 21 Arbeitstagen, also in etwa einem Monat Zeitaufwand allein für Vermittlungsbemühungen im Rahmen des Projekts Ausgleich e.V.

2. Der Schwerpunkt der Schlichtung

Aufgrund der Konzeption des Projekts waren in erster Linie Fälle zu erwarten, in denen es überwiegend oder ausschließlich um Schadensausgleich geht. Sollte sich während der Schlichtung herausstellen, dass der zwischenmenschliche Konflikt im Mittelpunkt steht, so war angedacht, den Fall an diesbezüglich ausgebildete Vermittler andere Projekte abzugeben.

	Projekt		TOA-Statistik
	n	%	%[451]
ausschließlich Schadenswiedergutmachung	62	27,7	4,2
überwiegend Schadensausgleich	57	25,4	5,3
gleichermaßen Schadens- und Konfliktregelung	81	36,2	44,9
überwiegend Konfliktschlichtung	18	8,0	16,4
ausschließlich Konfliktschlichtung	6	2,7	29,3

Tabelle 31: Schwerpunkt der Schlichtung

Die Tabelle ergibt ein anderes Bild. In fast jedem zweiten Fall ging es (auch) um Konfliktschlichtung. Die größte Gruppe der gemischten Problemlage ist insofern akzeptabel, als materieller Schadensausgleich auch konfliktregelnde Kraft hat. Dennoch beschreibt dies lediglich eine Annexwirkung, die nichts daran ändert, dass es überwiegend um Schadensausgleich geht. Definitiv nicht in die Projektkonzeption passen die 11% der überwiegenden oder ausschließlichen Konfliktfälle. Dies darf nicht dahingehend missverstanden werden, dass für das Projekt „Ausgleich e.V." keine Fälle in Frage kamen, die einen Konflikt beinhalteten. Die Lösung dieses Konflikts sollte lediglich nicht vorrangige Aufgabe der Schlichtung sein.
Entgegen bisheriger Auswertungen lässt sich kein Zusammenhang zwischen dem Schwerpunkt der Schlichtungsbemühungen und des Initiators der Schlichtung erkennen. Eine mittelstarke Abhängigkeit ergibt sich jedoch vom Gerichtsbezirk, wobei es

---

[450] ein Mittelwertvergleich ergibt, dass bei einem Opfer durchschnittlich 3,3h, bei mehreren Opfern durchschnittlich 4,9h benötigt werden.
[451] bei erwachsenen Beschuldigten, Hartmann/ Stroezel 1998183, Tab.33.

im Bezirk München II - im Einklang zu den bisherigen Feststellungen - zu übermäßig vielen Schlichtungsfällen mit Konfliktlösungstendenzen kam.[452]
Es besteht aber auch die Gefahr, dass die Verteilung auf die Schlichter zurückzuführen ist, die nicht sauber zwischen Tatfolge und Schlichtungsaufgabe trennen und einen zu universellen Ansatz vertreten. So ergeben sich neben Schlichter H nur noch bei den hauptsächlich für München II tätigen Schlichter B und D signifikante Zusammenhänge.[453] Es führt an dieser Stelle nicht weiter, über Ursache und Wirkung zu spekulieren, zumal sich eine partielle Korrelationsberechnung aufgrund des niedrigen Variablenniveaus verbietet. Es wird daher bei der Frage nach dem Schlichtungserfolg ein besonderes Augenmerk auf die Fälle der reinen und überwiegenden Konfliktschlichtung zu richten sein.

3. Beteiligte Dritte

In 125 der 171 Fälle waren insgesamt 186 Außenstehende am Schlichtungsverfahren beteiligt. Maximal nahmen vier Personen neben den eigentlich Beteiligten am Schlichtungsverfahren teil. Bei 95 der 186 beteiligten Dritten handelt es sich um Strafverteidiger, bei 63 um Opferanwälte. Wenn dies unterhalb der Gesamtzahl der anwaltlich vertretenen Beschuldigten und Geschädigten liegt, dann möglicherweise deshalb, weil erst nach der Schlichtung ein Anwalt hinzugezogen oder weil diese nicht in die Schlichtung miteinbezogen wurden. Letzteres wäre allerdings ein Verstoß gegen Standesrecht §§ 12 Abs.1, 18 Berufsordnung der Rechtsanwälte. Des weiteren waren 15mal Familienmitglieder beteiligt und fünfmal das Jugendamt. In der Regel übernahmen die Dritten eine positiv begleitende oder auch nur klärende Funktion. In zwei Fällen kam es jedoch dazu, dass die Schlichtung aufgrund der Einflussnahme der Ehepartner der Geschädigten scheiterte.
Erwähnenswert, da kurios und bezeichnend zugleich, ist der Fall, in dem es zu Kontakten mit einem Dritten in Form der Landesversicherungsanstalt für Angestellte kam, da diese sich fünf Monate lang geschädigt wähnte. Erst dann wurde anhand der Endziffer der Betriebsnummer des Unternehmens (!), deren Geschäftsführer wegen Betruges und Steuerhinterziehung angeklagt waren, die BfA als zuständige Stelle und somit auch als Geschädigte erkannt.

4. Adressat der ersten Kontaktaufnahme

Die erste Frage, die sich dem Schlichter stellt, ist, wen er zuerst kontaktieren soll. Viele Wege sind denkbar: zuerst den Beschuldigten, um dem Geschädigten keine falsche Hoffnungen zu machen und diesem für den Fall einer Ablehnung durch den Täter eine zweite Enttäuschung zu ersparen? Zuerst das Opfer, um dem Täter im Falle des Einverständnisses gleich sagen zu können, was dieses sich vorstellt? Oder beide gleichzeitig, allein schon aus Gründen der Verfahrenserleichterung und –beschleunigung. Ein richtig oder falsch kann es hier nicht geben, vielmehr wird es auf die konkreten Umstände eines jeden Falles ankommen.

[452] CC = 0,370 (***) - zur einschlägigen Berechnungsmethode vgl. Fn.362.
[453] Schlichter B: CC = 0,368 (***); Schlichter D: CC = 0,213 (**); Schlichter H: CC = 0,346 (***).

	n	%
Beschuldigtenseite	97	43,3
beide gleichzeitig	73	32,6
Opferseite	54	24,1

Tabelle 32: Adressat der ersten Kontaktaufnahme (alle Kombinationen)

Diese theoretischen Überlegungen werden durch die Häufigkeitsverteilung auf die drei Alternativen bestätigt. Dabei wurden alle Kombinationen berücksichtigt. Es ist jedoch schwer vorstellbar, dass die Schlichtungsbereitschaft des Beschuldigten oder des Opfers nur in Bezug auf einen Teil der jeweils anderen Seite angefragt wird. Daher scheint es gerechtfertigt, jeweils nur den ersten Unterfall zu berücksichtigen. Dann ergibt sich folgende Verteilung:

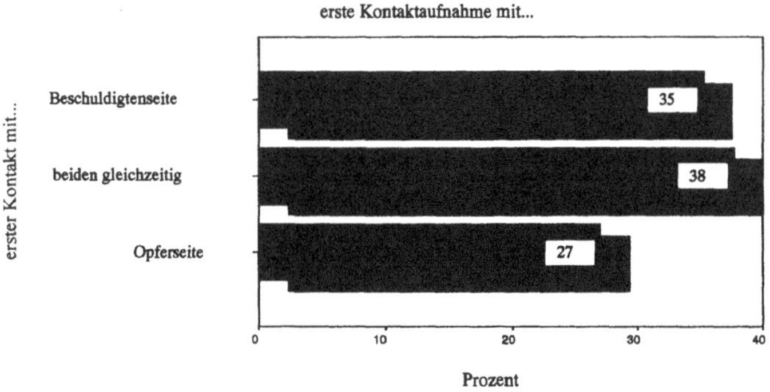

Abbildung 10: Adressat der ersten Kontaktaufnahme (nur erste Kombination)

Es zeigt sich eine Verschiebung zugunsten einer vorrangigen Kontaktierung beider Seiten oder des Geschädigten. Dies macht Sinn, wenn man sich überlegt, dass es sich bei Fällen mit mehreren Kombinationen hauptsächlich um solche mit mehreren Geschädigten handelt. Denn es wäre verfahrensökonomisch sinnlos, die Schlichtungsbereitschaft zahlreicher Opfer zu klären, um dann von dem einen Täter zu erfahren, dass dieser kein Interesse hat. Dies gilt insbesondere, da auch eine Schlichtung mit nur einem von mehreren Geschädigten in Betracht kommt, solange nur der Beschuldigte dazu bereit ist.
Folgende Grafik veranschaulicht diese Verschiebung sehr eindrucksvoll. So wird in Fällen mit mehr als einem Geschädigten in 67% der Kombinationen die Beschuldigtenseite zuerst kontaktiert im Vergleich zu 32% bei nur einem Opfer. Insgesamt ergibt dies einen mittelstarken Zusammenhang von CC = 0,328 (***).Entsprechendes gilt für Fälle mit mehreren Beschuldigten.

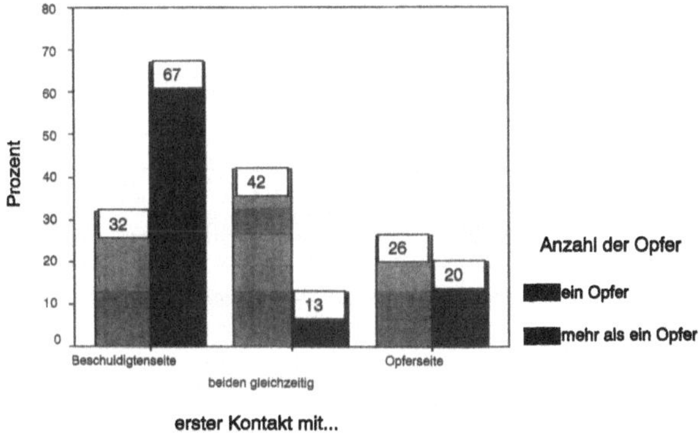

Abbildung 11: Zusammenhang zwischen Adressat und Anzahl der Opfer

Eine noch stärkere Korrelation zeigt sich bzgl. des Initiators der Schlichtung.[454] 88,7% der Fälle, in denen mit beiden Seiten gleichzeitig Kontakt aufgenommen wird, wurden von der Staatsanwaltschaft dem Ausgleich e.V. zugeleitet. Auch dies ist leicht nachvollziehbar: denn kommt die Initiative von einem der beiden Beteiligten, dann ist es eine Geschmacksfrage, ob man zunächst mit der initiierenden Seite über deren konkreten Erwartungen an die Schlichtung spricht, oder zunächst die Schlichtungsbereitschaft des jeweils anderen abklärt. Eine gleichzeitige Kontaktaufnahme macht allerdings wenig Sinn.

Weitere, wenn auch durchweg schwache Abhängigkeiten ergaben sich zu manchen Schlichtern und einigen Deliktsgruppen. Während Schlichter A ganz selten auf beide gleichzeitig zugeht, das Verhältnis zwischen Täter und Opfer sich jedoch die Waage hält, verhält sich Schlichter F genau umgekehrt: er kontaktiert in 70% seiner Fälle beide zugleich; in den übrigen Fällen gilt sein erster Kontakt fast ausschließlich dem Beschuldigten. Wieder anders Schlichter C, der auf Kosten beider anderer Möglichkeiten vornehmlich zuerst auf das Opfer zugeht, und Schlichter H, der lediglich die Möglichkeit der ersten Kontaktaufnahme mit dem Beschuldigten weniger häufig wahrnimmt und dafür die Opferseite oder beide gleichzeitig vorrangig kontaktiert.[455]

In diesem Zusammenhang lohnt es sich, der Frage nachzugehen, ob der Adressat des ersten Kontakts davon abhängt, ob eine oder beide Parteien anwaltlich vertreten sind.

Darüber gibt Tabelle 33 Aufschluss. Es lässt sich beobachten, dass der leichte Vorrang der Beschuldigtenkontaktierung in erster Linie auf die Fälle zurückzuführen ist, in denen dieser anwaltlich vertreten ist, das Opfer hingegen nicht. Die Schlichter scheinen das klärende Gespräch mit den Kollegen über Chancen und Möglichkeiten einer Schlichtung vorzuziehen. Für den umgekehrten Fall gilt dies jedoch nicht; viel-

[454] CC = 0,405 (***) bei der Beschränkung auf den ersten Unterfall.
[455] A: CC = 0,214 (*); C: CC = 0,278 (***); F: CC = 0,247 (**); H: CC = 0,225 (**).

mehr zeigt sich, dass dann vorrangig beide Seiten kontaktiert werden. Dabei bleibt es auch, wenn zusätzlich ein Strafverteidiger im Spiel ist.[456]

	Täter: + Opfer: +		Täter: - Opfer: -		Täter: - Opfer: +		Täter: + Opfer:-		Gesamt n = 217	
	n	%	n	%	n	%	n	%	n	%
Beschuldigtenseite	12	21,8	16	35,6	5	25,0	59	60,8	92	42,4
beide gleichzeitig	28	50,9	21	46,7	11	55,0	12	12,4	72	33,2
Opferseite	15	27,3	8	17,8	4	20,0	26	26,8	53	24,4

Tabelle 33: Zusammenhang zwischen Adressat der ersten Kontaktaufnahme und anwaltlicher Vertretung

5. Art und Person der jeweiligen Kontaktaufnahme

5.1 Art der jeweils ersten Kontaktaufnahme

Hat sich der Schlichter entschieden, welche Seite er zuerst kontaktieren will, so gilt die nächste Überlegung der Frage, in welcher Form der Kontakt hergestellt werden soll - schriftlich oder telefonisch. Die Vorzüge einer schriftlichen Kontaktaufnahme sind offensichtlich: nur auf diesem Weg kann das Projekt anschaulich vorgestellt und die Absicht der Schlichtung dargelegt werden. Nur so wird auch dem Betroffenen genügend Zeit eingeräumt, über den Vorschlag nachzudenken. Ein telefonisches Vorgehen mag zwar schneller sein, bietet aber die Gefahr, dass der Täter oder das Opfer sich überrumpelt fühlen und deshalb spontan nicht auf das Angebot eingehen, obwohl sie vielleicht einem Vermittlungsversuch nach reiflicher Überlegung nicht ablehnend gegenüber gestanden hätten.

	Opferseite		Täterseite	
	n	%	n	%
schriftlich	138	73,8	110	70,1
telefonisch	49	26,2	47	29,9

Tabelle 34: Zusammenhang zwischen Art der jeweils ersten Kontaktaufnahme und kontaktierter Seite

Die hohe Anzahl fehlender Angaben (für 31 Opfer und 22 Beschuldigte) ist nicht nachvollziehbar. Es mag daran liegen, dass den Schlichtern im Zeitpunkt des Ausfüllens des Erhebungsbogens das Vorgehen im Einzelnen selbst nicht mehr bewusst war. Das vorliegende Fallmaterial bestätigt jedoch die Vermutung. Der Anteil der telefonischen Kontaktaufnahme ist aufgrund seiner Problematik allerdings recht hoch. Eine Erklärung könnte sein, dass es sich dabei um Fälle handelt, in denen die entsprechende Seite anwaltlich vertreten ist und das Telefongespräch zwischen den Anwälten geführt wurde. Dafür spricht auch der etwas höhere Prozentsatz auf der Beschuldigtenseite, da diese öfters einen Rechtsbeistand haben. Dieser Verdacht soll im Folgenden zu verifizieren versucht werden.

---

[456] entsprechend ergibt sich CC = 0,221 (**) bei „Strafverteidiger * Beschuldigtenseite" und CC = 0,307 (***) bei „Opferanwalt * beide gleichzeitig".

5.2 Kontaktperson der jeweils ersten Kontaktaufnahme

	Täterseite						**Opferseite**					
	mit Anwalt				**ohne Anwalt**		**mit Anwalt**				**ohne Anwalt**	
	Anwalt		*direkt*				*Anwalt*		*direkt*			
	n	%	n	%	n	%	n	%	n	%	n	%
schriftlich	24	43	13	93	53	91	20	54	8	100	97	78
telefonisch	32	57	1	7	5	9	17	46	0	0	28	22
Gesamt	**56**		**14**		**58**		**37**		**8**		**125**	
	70				**58**		**45**				**125**	
	128						**170**					

Tabelle 35: Zusammenhang zwischen Art und Person der jeweils ersten Kontaktaufnahme und anwaltlicher Vertretung

Die angestellten Vermutungen werden nur teilweise bestätigt. Zunächst fällt auf, dass im Falle anwaltlicher Vertretung der erste Kontakt - den Standesnormen entsprechend - meist mit dem Anwalt gesucht wird. Wurde dennoch das Opfer oder der Täter direkt kontaktiert, so geschah dies bis auf einen Fall ausschließlich schriftlich. Hinsichtlich der Beschuldigten gilt dieser Vorrang des schriftlichen Verkehrs auch dann, wenn diese keinen Verteidiger haben, während die Geschädigten ohne Anwalt in 22% der Fälle beim ersten Kontakt angerufen wurden. Die Form der Kontaktaufnahme Anwälten gegenüber verteilt sich gleichmäßig.
Warum mit Opfern so deutlich häufiger beim ersten Kontakt telefoniert wird, lässt sich schwer nachvollziehen. Es könnte etwas mit den mittelstarken Zusammenhängen zu tun haben, die sich dahingehend ergeben, dass das Telefon als Kontaktmittel dann zunimmt, wenn die jeweils andere Seite bereits angesprochen wurde.[457] Es wäre verständlich, wenn dann zum Telefon gegriffen würde, wenn bereits inhaltlich etwas angeboten werden kann, da mit der Seite, auf die der Schlichter zuerst zugegangen ist, bereits über mögliche Wiedergutmachungsleistungen gesprochen wurde. Auch in ihrem Vorgehen weisen die Schlichter gewisse Unterschiede auf. Während Schlichter C deutlich mehr das Telefon als den Postverkehr nutzt[458], schreibt Schlichter E in Bezug auf beide Gruppen und Schlichter F in Bezug auf die Opfer überdurchschnittlich häufig.[459]

5.3 Form der weiteren Kontaktaufnahme

Der erste Kontaktversuch dient der Abklärung der Schlichtungsbereitschaft. Gibt der Betroffene endgültig zu erkennen, dass er keine Vermittlung wünscht, so ist das Verfahren damit beendet. Ansonsten muss weiterhin Kontakt hergestellt werden; sei es, weil der Beteiligte sich bisher nicht abschließend erklärt hat, sei es, um inhaltlich über ein mögliches Schlichtungsergebnis zu beraten, sei es, um Erwartungen bzw. Angebote der Gegenseite zu übermitteln.

[457] zwischen CC = 0,367 (***) bei allen Opfern und CC= 0,431 (***) bei Tätern mit Anwalt.
[458] r = 0,272 (***) bzgl. der Opfer; r = 0,289 (***) bzgl. der Täter.
[459] Schlichter E: r = -0,163 (*) bzgl. der Opfer und r = -0,203 (**) bzgl. der Täter; Schlichter F: r = -0,180 (*) bzgl. der Opfer.

Dabei könnte man erwarten, dass nun die schnellere und flexiblere Form des Telefonierens bzw. die persönlichere Form eines Treffens an die Stelle des bisher vorrangigen Schriftverkehrs tritt. Da es bei aussichtsreichen Schlichtungsbemühungen mehr als einen weiteren Kontaktversuch gibt, ergeben sich in folgender Tabelle Möglichkeiten der Mehrfachnennung.

	mit dem Opfer			mit dem Täter		
	n	s%	k%	n	s%	k%
schriftlich	154	50,0	81,5	119	44,7	75,3
telefonisch	143	46,4	75,7	131	49,2	82,9
persönlich	11	3,6	5,8	16	6,0	10,1

Tabelle 36: Art der weiteren Kontaktaufnahmen mit Opfer und Täter

Auch wenn - wie erwartet - der Anteil telefonischer Kontaktversuche massiv zugenommen hat, so ist die schriftliche Konversation weiterhin sehr wesentlich, bei den Geschädigten sogar immer noch dominierend. Dies ist erklärlich. Denn spätestens, wenn es um die Signatur einer eventuellen Schlichtungsvereinbarung geht, ist die Papierform vonnöten. Dies gälte nur dann nicht, wenn es zum Abschluss solcher Vereinbarungen in der Regel zu einem persönlichen Treffen zwischen den Betroffenen und dem Schlichter käme. Damit wird zum nächsten Aspekt übergeleitet.

6. Kamen Beschuldigte und Opfer zu einem persönlichen Gespräch zusammen?

Im Rahmen der Täter-Opfer-Ausgleichsprojekte im Jugendstrafrecht hat sich ein persönliches Treffen zwischen den Parteien etabliert. Zum einen wird der Geschädigte auf diesem Wege dem Beschuldigten gegenüber personifiziert und damit Neutralisierungstechniken vorgebeugt. Dem Täter wird es möglich zu erfahren, welche Spuren die Tat beim Opfer hinterlassen hat. Zum anderen sind viele Geschädigte daran interessiert zu wissen, warum der Jugendliche die Tat begangen hat. Diese Bedürfnisse spiegeln sich wider in einer Quote von Schlichtungsgesprächen von 60,4% aller Fälle, in denen beide Seiten schlichtungsbereit waren.[460]
Die geschilderten Anliegen sind grundsätzlich nicht jugendspezifisch. Dennoch hat sich gezeigt, dass im Erwachsenenstrafrecht der Wunsch nach einer persönlichen Begegnung deutlich geringer ausfällt und die Quote der Treffen bei lediglich 39,9% liegt. Nimmt man die Fälle hinzu, in denen es zu einer Begegnung der Beteiligten während des Täter-Opfer-Ausgleichs ohne das Beisein des Vermittlers kommt, so steigt sie auf 52,1% (bei Jugendlichen 65,8%).[461]

War aufgrund der Betonung des materiellen Ausgleichsgedankens auch zu erwarten, dass der Anteil von persönlichen Treffen zwischen Täter und Opfer im Projekt Ausgleich e.V. noch niedriger liegt, so ist das Ergebnis in seiner Deutlichkeit dennoch eine Überraschung.

---

460 Hartmann/ Stroezel 1998, 180, Tab.30.
461 Hartmann/ Stroezel 1998, 180, Tab.30.

	n	s%	k%
ja, im Beisein des Schlichters	13	5,7	5,8
ja, ohne den Schlichter	4	1,7	1,8
Treffen vorgeschlagen, aber Opfer lehnt ab	18	7,9	8,0
Treffen vorgeschlagen, aber Täter lehnt ab	3	1,3	1,3
schriftliche Schlichtung ist ausreichend bzw. es kam gar nicht zu der Frage eines Treffens	191	83,4	84,9

Tabelle 37: Schlichtungstreffen (alle Kombinationen)

Lediglich in 34 Kombinationen wurde von Schlichterseite ein Treffen überhaupt ins Spiel gebracht. Die Möglichkeit der Doppelnennung im Bereich der Kategorien drei und vier lässt sogar vermuten, dass die tatsächliche Zahl noch geringer ist. Auf der anderen Seite verzerren Fälle, in denen von vornherein einer der Beteiligten nicht schlichtungsbereit war, das Ergebnis, da in ihnen sich die Frage nach einem Treffen ernsthaft nicht stellen konnte. Daher wird eine auf Fälle beiderseitiger Schlichtungsbereitschaft beschränkte Auswertung vorgenommen, wobei die Antworten 1, 3 und 4 zusammengefasst werden und die Antwort 2 als vom Schlichter nicht ohne weiteres verifizierbar ausgeschlossen wird. Dann ergibt sich folgendes Bild.

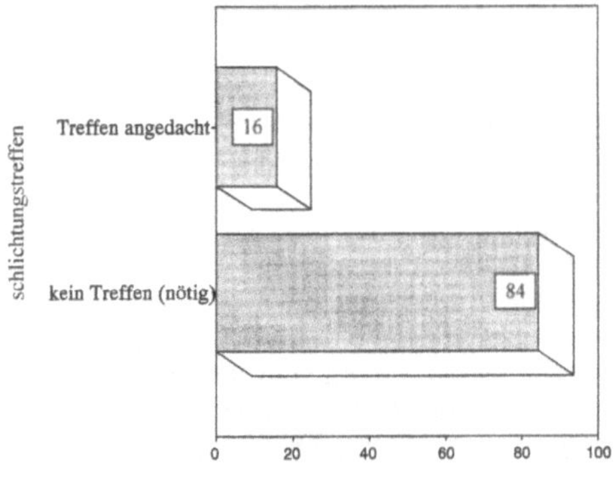

Abbildung 12: Schlichtungstreffen (beide Seiten schlichtungsbereit)

Dennoch wurde nur in 23 dieser Kombinationen ein Treffen vorgeschlagen. Das überrascht insofern, als selbst bei Parallelität der Kombinationen, in denen entweder Opfer oder Täter den Vorschlag für ein Treffen abgelehnt haben, nach Tabelle 37 die absolute Zahl bei 31 hätte liegen müssen. Es kam demnach mehrfach vor, dass ein Treffen bereits zu einem Zeitpunkt vorgeschlagen wurde, zu dem die Schlichtungsbereitschaft noch nicht eruiert war. Eine Überprüfung der Fälle ergab, dass in acht Kombinationen Opfer eine Begegnung ablehnten, die auch insgesamt nicht an einem Ausgleich interessiert waren. Aus dem Gespräch mit einem Schlichter wurde deutlich, dass dieser in einigen Fällen bereits mit dem Vorschlag eines Schlich-

tungstreffens an die Geschädigten herangetreten ist.[462] In der diesbezüglichen Ablehnung sah er eine Ablehnung der Schlichtung allgemein. Dies überzeugt nicht, da vorstellbar ist, dass das betreffende Opfer an einer Einigung außerhalb eines Treffens interessiert gewesen wäre.
Die Initiative für ein gemeinsames Gespräch wird in der Regel vom Schlichter ausgehen. Insofern drängt sich die Frage auf, ob diesbezüglich die beteiligten Schlichter unterschiedlich häufig ein solches vorgeschlagen haben. Angesichts der geringen Häufigkeit können die Ergebnisse nur dargestellt werden. Eine statistische Bewertung verbietet sich.

	zumindest vorgeschlagen		**nicht geplant**	
	n	z%	n	z%
Schlichter A	2	12,5	14	87,5
Schlichter B	0	0,0	13	100,0
Schlichter C	5	38,5	8	61,5
Schlichter D	0	0,0	7	100,0
Schlichter E	0	0,0	18	100,0
Schlichter F	3	18,8	13	81,3
Schlichter G	4	30,8	9	69,2
Schlichter H	5	15,6	27	84,4

Tabelle 38: Zusammenhang zwischen Schlichtungstreffen und Schlichter

Schlichter C und G weisen eine deutlich erhöhte Sympathie gegenüber einem Schlichtungstreffen auf, während Schlichter B, D und E dies offensichtlich für nicht notwendig erachten. Es gilt, diese Tendenz weiter aufmerksam zu verfolgen, vor allem im Hinblick auf Erfolgsquoten im Rahmen der Schlichtung.
Betrachtet man, bei welchen Straftaten über ein Treffen nachgedacht wurde, so zeigt sich, dass dies bei Betrugsfällen niemals der Fall war. Rechnet man diese Deliktsgruppe heraus, ergibt sich bereits ein Anteil von angedachten Schlichtungstreffen von 22,1%. Demgegenüber wurde bei Körperverletzungs- und Sachbeschädigungsdelikten überproportional oft ein Treffen vom Schlichter in Erwägung gezogen. Letzteres unterstreicht einmal mehr, dass Sachbeschädigungen trotz eines klassischen materiellen Schadens wie beim Betrug häufig auch ein verstärktes Konfliktpotential in sich tragen.

XI. Der Abschluss der Schlichtung

1. Ergebnis der Schlichtungsbemühungen

Offensichtlich kann eine Schlichtung nur erfolgreich sein, wenn beide Beteiligten schlichtungsbereit sind. Von daher ist es angezeigt, die 144 Kombinationen zugrundezulegen, in denen dies der Fall war. Dennoch soll auf eine Betrachtung aller Kom-

---

[462] dieses Vorgehen wurde damit begründet, dass ein Langzeitkonflikt nur im Rahmen eines Gespräches mit allen Seiten gelöst werden könne. Dies mag stimmen, manifestiert jedoch nur einen vorab begangenen Fehler in der Fallzuweisung, wenn ein zwischenmenschlicher Konflikt so offensichtlich Mittelpunkt des Problems ist, dass eine Konzentration auf den das eigentliche Strafverfahren auslösenden Konflikt ausgeschlossen ist.

binationen nicht verzichtet werden, da nur so der Erfolgsanteil an der Gesamtheit der Fälle augenscheinlich wird. Diejenigen Kombinationen, in denen sich der Täter oder das Opfer oder beide auf keinerlei Vermittlungsbemühungen einließen, werden als Fälle mit keinem Ergebnis erfasst. Im Übrigen wird beim Misserfolg zwischen Rücktritt bzw. Abbruch der Verhandlungen und dem Scheitern einer Einigung unterschieden. Entsprechend wird im Fall der Einigung zwischen einer umfassenden und einer teilweisen differenziert.

	alle Kombinationen		**beide schlichtungsbereit**		**TOA-Statistik**
	n	%	n	%	%[463]
kein Ergebnis	79	36,1	0	0,0	-----
Rücktritt bzw. Abbruch	22	10,0	21	15,1	16,8
keine Einigung	22	10,0	22	15,8	
teilweise Einigung	8	3,7	8	5,8	4,8
umfassende Einigung	88	40,2	88	63,3	78,4

Tabelle 39: Ergebnis der Schlichtungsbemühungen bei Projekt/ TOA-Statistik

Während gemessen an allen Kombinationen nicht einmal die Hälfte wenigstens teilweise erfolgreich abgeschlossen werden konnten, sind dies im Rahmen der Fälle, die die entscheidende Hürde der beiderseitigen Bereitschaft genommen haben, fast 70%. Dies ist eine erfreulich hohe Zahl, auch wenn sie hinter dem Ergebnis der TOA-Statistik zurückbleibt. Es liegt die Vermutung nahe, dass dies auf den unterschiedlichen Ansatz zurückzuführen ist, da den Bemühungen um Einigung im Bereich der materiellen Wiedergutmachung durch die finanzielle Situation der Täter eine faktische Grenze gesetzt ist, während immaterielle, konfliktlösende Leistungen oft kostenlos sind und deswegen, wenn erst einmal Bereitschaft dazu besteht, unkomplizierter erbracht und somit auch problemlos vereinbart werden können. Diese Frage wird bei der Untersuchung des Inhalts der Schlichtungsvereinbarungen erneut aufgegriffen werden müssen.
Kommt es zu keiner Einigung oder bricht das Opfer den Ausgleichsversuch ab, so kommt dennoch ein Bemühen im Sinne von § 46a Nr.1 StGB in Frage.[464] Insofern ist zu untersuchen, ob im Falle mangelnder Einigung ein Angebot des Täters bestand und aus welchen Gründen der Geschädigte von den Verhandlungen zurücktrat. Die Konstellation einer gescheiterten Einigung trotz Angebots des Täters lag achtmal vor. Darüber hinaus existierte viermal zwar ein Angebot des Täters, die weitere Verhandlung scheiterte dann aber an diesem selbst, indem er auf weitere Schreiben der Schlichter nicht mehr reagierte bzw. nicht mehr erreichbar war. Bei einem weiteren Fall ist aus dem Bericht des Schlichters nicht ersichtlich, wer den Kontakt beendet hat. Dies dokumentiert die Schwierigkeit der Abgrenzung zwischen Rücktritt und keine Einigung. Letztlich kommt es auf diese Unterscheidung aber nicht an. Allein entscheidend ist die Frage, ob das Verhalten des Geschädigten rechtsmissbräuchlich ist, was nur im Rahmen der Einzelfallanalyse beurteilt werden kann.

---

[463] nur erwachsene Beschuldigte; die TOA-Statistik ist auf die Fälle beiderseitiger Schlichtungsbereitschaft beschränkt; so dass darüber hinaus die Fallgruppe „kein Ergebnis" fehlt. Die beiden Möglichkeiten des Scheiterns sind zusammengefasst - Hartmann/ Stroezel 1998, 185, Tab.34.
[464] nicht jedoch bei fehlender Schlichtungsbereitschaft des Opfers, siehe D. I. 3.1.4.

Betrachtet man die Fälle der gescheiterten Verhandlungen genauer, so zeigt sich, dass in den meisten Fällen die unterschiedliche Beurteilung des durch die Straftat hervorgerufenen Schadens eine Einigung ausschloss. Dies betraf 59,1% dieser Kombinationen. In zwei Fällen rankte der Streit nicht um die Höhe des Schadens, sondern um die Ausgleichsmodalitäten: einmal lehnte das Opfer die angebotene Ratenzahlung an sich ab, ein weiteres mal konnte man sich nicht auf die Höhe der jeweiligen Raten einigen. Das Bedürfnis nach Ratenzahlungen beruht auf den meist beengten finanziellen Verhältnissen der Täter. Dementsprechend kam es in einem weiteren Fall aufgrund der absoluten Leistungsunfähigkeit des Beschuldigten zu keiner Einigung. Es muss jedoch noch einmal betont werden, dass mangelnde Leistungsfähigkeit lediglich das Ergebnis und nicht Ausschlussgrund eines Schlichtungsversuchs sein sollte, da im Rahmen der Vermittlungsbemühungen oftmals außergewöhnliche Anstrengungen von Täterseite unternommen werden, um Geldmittel zur Schadloshaltung des Opfers zu beschaffen.
In weiteren 13,6% der Kombinationen beruht die fehlende Verständigung auf tiefgreifenden Langzeitkonflikten, in denen bereits die Einigung schwerfällt, wer - zumindest zivilrechtlich - Täter und wer Opfer ist. In der Regel mangelt es in solchen Fällen jedoch bereits an der Schlichtungsbereitschaft. Bemerkenswert auch der Fall, in dem die Schlichtung allein (!) an der Frage der Erstattung der Gebühren für den Geschädigtenanwalt scheiterte.

2. Bivariate Untersuchungen zur Frage des Schlichtungserfolges

Von besonderem Interesse ist die Frage, ob bestimmte Variablen übermäßig häufig zu einer erfolgreichen Schlichtung führen. Dabei läge es nahe, wiederum nur die Fälle zu betrachten, in denen beide Seiten schlichtungsbereit waren. Denn schließlich wurden die Zusammenhänge zu dieser Frage bereits untersucht. Doch im Gegenteil: die Schlichtungsbereitschaft stellt keinen Wert an sich dar. Würde man nur diese Kombinationen betrachten, so könnte eine Variable einen starken Zusammenhang zum Erfolg aufweisen, obwohl sie in der Regel zur Ablehnung einer Schlichtung führt und nur in dem Ausnahmefall, in dem beide Seiten eine Einigung versuchen wollen, einen Erfolg zeitigt. Führt beispielsweise eine Deliktsgruppe regelmäßig dazu, dass beide Seiten an einem Ausgleich kein Interesse haben, verläuft dann aber - wenn es doch einmal zu einer Bereitschaft kommt - die eigentliche Schlichtung erfolgreich, so würde dies eine hohe Erfolgswahrscheinlichkeit der Deliktsgruppe hervorrufen, die insgesamt nicht den Tatsachen entspricht. Von daher ist es angezeigt, die Untersuchung zur Abhängigkeit des Erfolgs von anderen Variablen auf die Kombinationsgesamtzahl zu erstrecken. Dabei ergeben sich folgende Zusammenhänge (Tab. 40), die durchweg nur schwach bzw. mittelstark ausgeprägt sind.

	alle Kombinationen	Richtung des Zusammenhangs
Schlichter A	0,142 (*)	Erfolg
Schlichter D	0,156 (*)	Misserfolg
Schlichter E[465]	0,167 (*)	Misserfolg
§§ 223-231	0,161 (*)	Erfolg
materieller Schaden	0,144 (*)	Misserfolg
Höhe des Schadens	0,283 (***)	gering - Erfolg
Körperschaden	0,150 (*)	Erfolg
Grad der Körperverletzungen	0,133 (*)	stark - Erfolg
Akzeptanz des Schuldvorwurfs	0,399 (***)	vollständig - Erfolg
Vorverurteilungen	0,235 (*)	Vorstrafe - Erfolg
Alter des Täters	0,164 (*)	jung - Erfolg
Art der 1. Kontaktaufnahme mit Täter	0,320 (***)	telefonisch - Erfolg
Art der 1. Kontaktaufnahme mit dem Opfer	0,216 (**)	telefonisch – Erfolg
erste Kontaktperson Täterseite	0,236 (**)	Anwalt - Erfolg
erste Kontaktperson Opferseite	0,168 (*)	Anwalt - Erfolg
Kenntnis beider Parteien	0,214 (**)	nein - Erfolg

Tabelle 40: signifikante Zusammenhänge zwischen Erfolg und anderen Variablen

Überraschend ist die überdurchschnittliche Erfolgsquote bei den Körperverletzungsdelikten, zumal es in Bezug auf die Straftatbestände die einzige signifikante Abhängigkeit darstellt. Nach wie vor ist fraglich, wer sich wem angepasst hat: das Projekt Ausgleich den bisherigen Erfahrungen mit dem Täter-Opfer-Ausgleich oder die Körperverletzungsdelikte dem materiellen Schwerpunkt des Projekts.

Zwar spricht die starke Signifikanz und der verhältnismäßig starke Zusammenhang zwischen Höhe des Schadens und einer erfolgreichen Schlichtung dafür, dass im Rahmen der Vermittlungsbemühungen die Konzentration auf materielle Aspekte eingehalten wurde; andererseits unterstreicht die negative Tendenz des materiellen Schadens an sich - insbesondere im Vergleich zur positiven der Körperschäden - die faktischen Schwierigkeiten, wenn es an entsprechenden Ressourcen fehlt.

Die hinsichtlich der Schlichtungsbereitschaft aufgezeigte Abhängigkeit des Einverständnisses von einer Vorverurteilung und dem Geständnis setzt sich auch bei der Frage nach dem Erfolg fort. Nur bei zwei von 29 schlichtungsbereiten Vorbestraften (6,9%) kam es zu keiner Einigung mit dem Opfer, während dies bei den nicht Vorbestraften in 36,8% der Kombinationen der Fall war.

Warum jüngere Täter eher zum Erfolg der Schlichtung beitragen, lässt sich nur vermuten. Eine mögliche Erklärung könnte hier in der Schlichtungsresistenz von Langzeitkonflikten liegen. Dafür spricht auch der Zusammenhang zwischen Misserfolg und Kenntnis beider Beteiligten.

Interessant ist auch, sich zu vergegenwärtigen, zu welchen Variablen keine Korrelation festgestellt werden konnte: weder die Tatsache, ob ein persönliches Treffen im Beisein des Schlichters stattgefunden hat, noch die Täter- und Opferdaten außer des Alters des Beschuldigten, noch der Schwerpunkt der Schlichtung scheinen von Relevanz zu sein.

---

[465] die festgestellte Signifikanz beruht erneut allein auf dem Fall mit 12 Opfern.

Es ist wichtig, noch einmal zu betonen, dass die dargestellten Zusammenhänge nur Tendenzen beschreiben, welche Fälle **regelmäßig** besser, welche schlechter geeignet sind. Da sich Erfolg und Misserfolg in etwa die Waage halten, ist auch in beide Richtungen Platz für Ausreißer. Aber auch bei einer Abweichung nach unten bleiben stets Fälle übrig, die erfolgreich ausgeglichen wurden. Deshalb gibt es die Kategorie der Unmöglichkeit eines Erfolges nicht.

3. Multivariate Untersuchungen zur Frage des Schlichtungserfolges

Es versteht sich von selbst, dass keine Variable für sich allein Auswirkungen auf den Schlichtungserfolg zeitigen kann. Vielmehr entfalten mehrere Variablen erst im Zusammenspiel ihre Bedeutung oder heben sich in ihrer Wirkung gegenseitig auf, wie bereits mehrfach durch eine partielle Korrelationsberechnung gezeigt werden konnte.
Um das Zusammenspiel mehrerer Variablen für den Schlichtungserfolg zu bestimmen, wäre eine multivariate Untersuchung nötig. Letztendlich dienen diese der Erstellung einer Gleichung, mittels derer die Wahrscheinlichkeit des Eintritts der abhängigen Variablen - hier des Schlichtungserfolges - bestimmt werden kann. Soweit ersichtlich, wurden solche multivariaten Untersuchungen in Bezug auf den Täter-Opfer-Ausgleich im Erwachsenenstrafrecht bisher allein von Dölling und Hartmann hinsichtlich der Projekte in Nürnberg und Aschaffenburg durchgeführt.[466]
Methodisch wäre eine binäre logistische Regression angezeigt. Diese ermöglicht die Berechnung der Abhängigkeit einer dichotomen Variablen (Erfolg/ Misserfolg) von anderen unabhängigen Variablen beliebigen Skalenniveaus.[467] Wenn dennoch auf die Durchführung einer solchen Untersuchung verzichtet wird, so beruht das auf folgenden Erwägungen:

- zum einen setzt eine multivariate Analyse voraus, dass jede unabhängige Variable mit einem Wert belegt ist. Fehlt also bei nur einer Variablen die Angabe, so wird der gesamte Fall von der Berechnung ausgeschlossen. Das heißt für das Projekt, dass jede Variable, die erst durch die Aktenauswertung gewonnen wird, insbesondere die Vorstrafenbelastung, ausgeschlossen werden muss, um die Fallzahl nicht von Anfang an zu sehr zu reduzieren. Dies ist vor dem Hintergrund, dass die Vorstrafenbelastung einen der stärksten Zusammenhänge im Rahmen der bivariaten Untersuchungen ausgewiesen hat, methodisch bedenklich und macht den Ansatz bereits hinfällig. Will man dies vermeiden, so basiert eine durchgeführte Regression auf gerade einmal 32 Kombinationen, also 14,2% des Gesamtaufkommens.
- ein so gewonnenes Ergebnis hätte jedoch keine Aussagekraft und dem Wiedergutmachungsgedanken wäre ein Bärendienst erwiesen, wenn dieses dazu führen würde, dass die Entscheidung zu einer Schlichtung zu sehr von den als vermeintlich einflussreichsten unabhängigen Variablen abhängig gemacht werden würde. Täter-Opfer-Ausgleich und erst recht Schadenswiedergutmachung befinden sich immer noch in der Entwicklung, die weiterhin ein großes Maß an Experimentieren voraussetzt und deshalb ein schematisches Vorgehen kontraindiziert wäre.

---

[466] Dölling/ Hartmann 2000, 38ff (Nürnberg), 114ff (Aschaffenburg).
[467] anders Dölling/ Hartmann 2000, 38, Fn.33, die eine multiple Regressionsanalyse mit vorangegangener Faktorenanalyse durchführten, was wegen der fehlenden Intervallskalierung der meisten Variablen nur bedingt zulässig ist.

- Es bedarf also zunächst einer deutlich größeren Fallgesamtheit, bevor eine multivariate Analyse ein aussagekräftiges Ergebnis zeitigen kann.

4. Inhalt der Schlichtungsvereinbarung

In den 96 Kombinationen mit zumindest teilweiser Einigung wurden folgende Wiedergutmachungsleistungen vereinbart:

	n	s%	k%	TOA-Statistik %[468]
Geschenk	1	0,6	1,0	5,0
Entschuldigung	45	28,0	46,4	70,9
Rückgabe der entwendeten Sache	1	0,6	1,0	1,6
Arbeitsleistungen für das Opfer	2	1,2	2,1	1,6
Spende an eine Organisation	4	2,5	4,1	
Schmerzensgeld	29	18,0	29,9	22,1
Schadensersatz	51	31,7	52,6	19,8
Sonstiges	28	17,4	28,9	24,0
Gesamt	**161**	**100,0**	**(k = 97)**	

Tabelle 41: vereinbarte Wiedergutmachungsleistungen

Klammert man zunächst die Kategorie des „Sonstigen" aus, stellen Entschuldigungen, Schadensersatz und Schmerzensgeld das Gros der vereinbarten Leistungen dar, und zwar unabhängig von der Projektstruktur. Die unterschiedlichen Konzeptionen schlagen erst auf die Reihenfolge der drei Leistungsformen durch. Während beim konfliktorientierten Täter-Opfer-Ausgleich Entschuldigungen mit Abstand am meisten vereinbart werden[469], steht beim Projekt Ausgleich e.V. die Zahlung von Schadensersatz im Vordergrund. Beim Schmerzensgeld treffen sich beide Seiten. Hier erreicht der Konflikt materielle Bedeutung, hier kann die materielle Leistung gegenüber dem Konflikt in den Vordergrund treten.
Wenn versprochene Leistungen aus 97 Kombinationen aufgeführt sind, so ist dies auf den bereits erwähnten Fall des Betrugs in 244 Fällen zurückzuführen, der eine so große Anzahl an Geschädigten aufwies, dass eine Kontaktaufnahme mit diesen nicht möglich erschien. Es wurde vielmehr mit dem Beschuldigten isoliert verhandelt und die Bereitstellung eines Opferpools vereinbart, aus dem die Entschädigung der Geschädigten so weit möglich bestritten werden soll.
Die Möglichkeit der Vereinbarung mehrerer Leistungen verbietet es, die einzelnen Fallprozente zu addieren und daraus den Schluss zu ziehen, in über 80% der Fälle mit erfolgreicher Schlichtung sei Schadensersatz oder Schmerzensgeld vereinbart worden. Denn neunmal trat eine Koppelung auf, so dass der richtige Wert 73,2% beträgt. Die große Anzahl der Entschuldigungen im Rahmen des Projekts Ausgleich e.V. ist dennoch erstaunlich. Denn in einer Entschuldigung wird man regelmäßig keine erhebliche persönliche Leistung im Sinne von § 46a Nr.2 StGB sehen kön-

---

[468] Hartmann/ Stroezel 1998, 186, Tab.36.
[469] damit bestätigt sich der Verdacht, dass einer Einigung bei den gängigen Täter-Opfer-Ausgleichsprojekten zumindest keine faktischen Hindernisse in Form der Uneinbringlichkeit der erwarteten Leistung entgegenstehen.

nen.[470] Sie kann aber der berechtigten Hoffnung geschuldet sein, dass durch sie die im Übrigen vereinbarte Schadlosstellung des Geschädigten eine umfassende Konfliktlösung begründet und damit den Anwendungsbereich des § 46a Nr.1 StGB eröffnet. Betrachtet man die Verbindung der Entschuldigung zu anderen Leistungen, so fällt auf, dass sie nicht ziellos, sondern vielmehr in Konfliktfällen eingesetzt wird; denn sie geht meist mit der Vereinbarung einer Schmerzensgeldzahlung einher (82,8%), fehlt aber in der Regel bei der Einigung auf Schadensersatz (nur 35,3%).[471]
Bleibt die Frage, was – neben dem bereits aufgeführten Opferpool – unter die sonstige Leistungen fällt. Den weitaus größten Anteil machen hierbei die Vereinbarungen über zukünftige Unterhaltszahlungen aus (32,1%), gefolgt von gegenseitigen Strafantragsrücknahmen bei wechselseitigen Konflikten (25,0%). Viermal (14,3%) werden eventuelle Zukunftsschäden vorbehalten, zweimal (7,1%) verzichtet das Opfer ausdrücklich auf jegliche materielle Leistungen. Im Übrigen handelt es sich um einzelfallspezifische Lösungen, sei es die Bereitschaft des Täters, an einer Eheberatung teilzunehmen, sei es eine Kaufrückabwicklung im Rahmen eines Betrugsdelikts, sei es eine Leistung zugunsten Dritter, sei es eine Leistung des Opfers an den Täter.[472]
Die bisherigen Beobachtungen legen den Verdacht nahe, dass ein Zusammenhang zwischen dem verwirklichten Straftatbestand und der vereinbarten Leistung besteht.

	Entschuldigung		**Schmerzensgeld**		**Schadensersatz**		**Sonstiges**	
	n	a%	n	a%	n	a%	n	a%
§ 170 Abs.1	0	0	0	0	6	55	9	82
§§ 185-200	9	90	3	30	2	20	3	30
§§ 223-231	19	68	17	61	7	25	8	29
§§ 234-241a	10	83	5	42	1	8	5	42
§§ 242-248c	10	56	4	22	11	61	4	22
§§ 263-266b	7	23	2	7	27	90	4	13
§ 303	3	60	2	40	4	80	1	20

Tabelle 42: Zusammenhang zwischen vereinbarten Leistungen und Deliktsgruppe

Zunächst dürfte überraschen, dass Schmerzensgeldzahlungen auch im Rahmen von Vermögensdelikten vereinbart wurden.[473] Dabei handelt es sich ausweislich der Erhebungsbögen um zusätzliche Zahlungen „für den Ärger". Damit wird in der Praxis das praktiziert, was im theoretischen Teil als gerechtfertigt beschrieben wurde.[474] Solchen Zahlungen kommt ebenfalls eine Ausgleichs- und Genugtuungsfunktion zu, wie sie dem Schmerzensgeld nach § 253 Abs.2 BGB eigen ist. Entsprechendes gilt für manche

[470] großzügiger Schöch 2000, 319.
[471] unter letzteren auch 8 der 9 Fälle, in denen gleichzeitig ein Schmerzensgeld vereinbart wurde.
[472] diese seltsam anmutende Leistung wurde im Rahmen eines Falles vereinbart, in dem der Täter mit einer Gegenanzeige drohte, da der Geschädigte die Tochter des Beschuldigten genötigt und beleidigt haben soll, um seinem Anspruch mehr Geltung zu verleihen; Hauptleistung war in diesem Fall die Rückgabe der unterschlagenen Sache an den Geschädigten.
[473] es trifft auch nicht etwa zu, dass die Vereinbarung von Schmerzensgeld bei Vermögens- und Eigentumsdelikten auf die gleichzeitige Verwirklichung solcher Taten zurückzuführen ist, die zivilrechtliche einen Anspruch auf Schmerzensgeld auslösen.
[474] siehe D. I. 2.2.

Schadensersatzposten, die über das hinausgehen, was zivilrechtlich geschuldet ist, zum Beispiel die Anwaltskosten für die strafrechtliche Tätigkeit des Geschädigten.[475]
Im Übrigen werden die Erwartungen vollauf bestätigt: beim Betrug dominieren Schadensersatzzahlungen. Ebenso beim Diebstahl und der Sachbeschädigung, wobei hier der Entschuldigung bereits eine deutlich verstärkte Bedeutung zukommt. Schmerzensgeld kommt vorrangig bei Körperverletzungen zum Tragen. Bei Beleidigungen läuft fast alles ausschließlich über Entschuldigungen. Dies wird durch entsprechend starke Korrelationswerte bekräftigt.[476]
Ebenfalls können das Selbstverständnis und die Herangehensweise der Schlichter die jeweils typischen Leistungsformen beeinflussen. Allerdings besteht hier die offensichtliche Gefahr einer Verzerrung durch die Deliktsverteilung. Deshalb wurde von vornherein eine partielle Korrelationsberechnung durchgeführt, die dennoch mittelstarke jeweils höchst signifikante Zusammenhänge in vier Fällen ausweist: zwischen Schlichter C und der Vereinbarung von Schmerzensgeld (r = 0,409)[477], zwischen Schlichter F und Schadensersatz (r = 0,404), Schlichter A und Entschuldigungen (r = -0,375) und Schlichter B und Schmerzensgeld (r = -0,372), wobei ein positiver Wert häufige Anwendung bedeutet.

Im Folgenden sollen noch die materiellen Vereinbarungen mit den angegebenen Schäden verglichen werden, um zu sehen, ob die Summe der versprochenen Zahlungen an die entstandenen Schäden heranreicht. Dabei kann dieser Vergleich selbstredend nur auf gleicher Datenbasis erfolgen, also den erfolgreich geschlichteten Fällen. Damit verbleiben 43 Kombinationen.
Es ergibt sich fast Deckungsgleichheit. Einer verursachten Schadenssumme von 378.830 DM steht ein vereinbarter Schadensersatz in Höhe von 368.905 DM gegenüber, die Mittelwerte unterscheiden sich demnach lediglich um rund 230 DM.[478] Tatsächlich liegt in 25 dieser Fälle absolute Identität vor; sechsmal wird mehr gezahlt als ursprünglich beziffert; 12mal verhält es sich genau andersherum. Während es bei letzteren in der Regel um Abrundungen nach unten bzw. um teilweisen Verzicht des Geschädigten geht, liegt die vereinbarte Leistung in der Regel dann über dem ursprünglich angegebenem Schaden, zum Beispiel wenn sich mittlerweile ein Zinszuwachs ergeben hat. Es wurde also nicht mehr vereinbart als zusteht, sondern die Beurteilung hängt allein von dem Zeitpunkt der Angabe ab. Überhaupt ist die Aussagekraft begrenzt, da nicht jeweils klar ersichtlich ist, auf welcher Basis der Schlichter die Höhe des tatsächlichen Schadens beziffert hat. So ist auch denkbar, dass die Schlichter unreflektiert das Vereinbarte als das tatsächlich Geschuldete angegeben haben.
In 28 der 29 Kombinationen mit Schmerzensgeld ist die vereinbarte Höhe bekannt. Im Schnitt einigten sich beide Seiten auf 3.020 DM[479], wobei die Spannweite mit Werten zwischen 100 und 13.500 DM recht weit ist. Insgesamt wurden somit 84.560 DM Schmerzensgeld vereinbart. Eigentlich ist diesbezüglich kein großer Unterschied zu den Ergebnissen der TOA-Statistik zu erwarten gewesen, zumal die angesprochenen Zahlungen gegen den Ärger mehr symbolischen Charakter haben. Diese Erwartung wurde jedoch

---

[475] siehe dazu Staudinger- Schiemann, § 251, Rd.119.
[476] am stärksten (r = 0,530 (***)) zwischen Betrug und der Vereinbarung von Schadensersatz.
[477] auf diesen Schlichter geht vornehmlich die Ausdehnung des § 253 Abs.2 BGB zurück.
[478] dieser Mittelwert bezieht sich auf die Kombinationen nicht die Täter - bzgl. dieser liegt er bei 10.250 DM.
[479] 3382,40 DM pro Beschuldigten.

nicht bestätigt. Vielmehr liegen die vereinbarten Zahlungen mit 1.060 DM pro erwachsenem Beschuldigten nach der TOA-Statistik deutlich niedriger.[480] Das belegt, dass im Rahmen des Projekts offensichtlich schwerwiegendere Delikte verhandelt werden, da ein höheres Schmerzensgeld auf eine höhere Rechtsgutsbeeinträchtigung zurückzuführen ist. Beim Schadensersatz ist die Diskrepanz noch um ein Vielfaches stärker. Hier stehen sich Durchschnittswerte pro Täter von wiederum 1.060 DM[481] und 10.250 DM gegenüber. Das Projekt Ausgleich e.V. hat mit 43 Kombinationen eine höhere Schadensersatzgesamtsumme erzielt als die TOA-Statisitk mit 391 Beschuldigten.[482]

5. Erfüllung der vereinbarten Leistungen

Das Erfolgsprinzip des § 46a StGB verlangt nicht nur den Abschluss einer Vereinbarung, sondern vor allem deren Erfüllung. Insofern ist eine diesbezügliche Überwachung von wesentlicher Bedeutung. Allerdings fällt diese nicht mehr in den Verantwortungsbereich der Schlichter, sondern vielmehr der Staatsanwaltschaft oder des Gerichts liegt. Etwas anderes kann nur gelten, wenn die verabredete Leistung im direkten Anschluss an die Schlichtung erfolgen soll. Sobald jedoch Ratenzahlungen vereinbart wurden, verbietet bereits das Gebot der zügigen Verfahrensführung, die Einhaltung durch den Schlichter kontrollieren zu lassen.

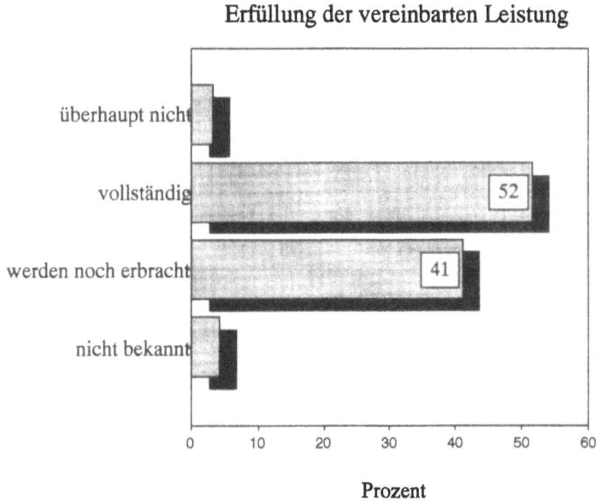

Abbildung 13: Erfüllung der vereinbarten Leistungen

Dementsprechend zurückhaltend muss vorstehende Grafik interpretiert werden. Für die 97 Fälle erfolgreicher Schlichtung finden sich Angaben über die Erfüllung nur in 71. Ein gewisses Problem liegt darin, dass entsprechend des TOA-Erhebungsbogen

[480] Hartmann/ Stroezel 1998, 188.
[481] Hartmann/ Stroezel 1998, 188.
[482] 213.229 DM gegenüber 368.905 DM.

die Kategorie „nicht bekannt“ nicht vorgesehen war, sondern lediglich dreimal handschriftlich von den Schlichtern hinzugefügt wurde. Zutreffend dürfte die Beurteilung der vollständigen Erfüllung sein. Mit der Aussage, die Leistung werde noch erbracht, kann der Schlichter hingegen nur ausdrücken, dass mit ihr begonnen wurde; ob sie nach Rückgabe des Falles fortgesetzt wurde, entzieht sich seiner Kenntnis.[483] An dieser Stelle kann es somit lediglich darum gehen, das Problembewusstsein zu schärfen. Im einzelnen muss diese Frage im Zusammenhang mit der Erledigung des Strafverfahrens beachtet werden.
Die materiell deutlich geringeren Wiedergutmachungsleistungen im Rahmen der TOA-Statistik, ziehen eine wesentlich höhere Erfüllungsrate nach sich. So wurden in Bezug auf erwachsene Beschuldigte in 89% der Fälle die vereinbarte Leistung vollständig erbracht, während bei 10% die Erfüllung noch andauert.[484]

XII. ZEITLICHE DIMENSION DER SCHLICHTUNG

Ein wesentlicher Aspekt für die Akzeptanz der Schlichtungsbemühungen liegt darin, dass diese das Strafverfahren nicht über Gebühr verlängern. Im folgenden wird daher der zeitliche Ablauf der Fälle vor, während und nach der Arbeit der Vermittler skizziert. Die Frage, ob die durchgeführte Schlichtung das Verfahren verzögert oder aber vielleicht sogar verkürzt, kann an dieser Stelle jedoch nicht beantwortet werden, da hierzu eine Gegenüberstellung mit den entsprechenden Werten der Vergleichsgruppe nötig ist.

1. Zeitspanne zwischen Entschluss zur Schlichtung und Fallmeldung durch den Ausgleich an die Begleitforschung

Irgendwann zwischen Aufnahme der Ermittlungen und rechtskräftigem Abschluss des Strafverfahrens kommt einem Beteiligten die Idee zur Schlichtung, und er wird sich an den Ausgleich e.V. wenden. War dies ein Anwalt, so ist für die Begleitforschung nicht eruierbar, wie viel Zeit zwischen Entschluss und deren Umsetzung verstrichen ist. Anders jedoch bei Schlichtungsinitiative durch die Staatsanwaltschaft, da sich dann in der Strafakte eine entsprechende Verfügung findet. Vergleicht man deren Datum mit dem der Fallmitteilung durch den Ausgleich an die Begleitforschung, so ergibt sich ein überraschendes Ergebnis: im Schnitt liegt zwischen beiden ein Zeitraum von 16,47 Tagen. So lange dauert es demnach durchschnittlich, den Ausgleich e.V. zu beauftragen und die entsprechenden Unterlagen zur Verfügung zu stellen. Der maximale Wert liegt sogar bei 66 und immerhin in einem Viertel der Fälle dauert es mehr als 22 Tage. Diese Verzögerung kann zum einen auf die Staatsanwaltschaften, zum anderen auf die Geschäftsstelle des Ausgleich e.V. zurückzuführen sein. Eine Auflösung ist deshalb möglich, da sich anhand der Verfügung auch der Verlauf bis zur Schlichtungsstelle nachvollziehen lässt. Dabei zeigen sich Unterschiede zwischen beiden Gerichtsbezirken. Während bei der Staatsanwaltschaft München II lediglich die Abzeichnung durch den zuständigen Oberstaatsanwalt sowie die Kopie eines Schlichtungsbogens für die Handakten genügt, legt die betreffende Akte im Bezirk München I eine Odyssee zurück: nachdem die Akte dem Ab-

[483] bei den 29 Fällen dieser Kategorie geht es 25mal um die Vereinbarung von Ratenzahlungen, viermal um eine Regelung für die zukünftige Unterhaltszahlungen.
[484] Hartmann/ Stroezel 1998, 188, Tab.39.

teilungsleiter vorgelegt wurde, geht sie weiter an die Kopierstelle zur Anlegung einer Zweitakte. Im Anschluss ist sie der für Täter-Opfer-Ausgleiche zuständigen Oberstaatsanwältin vorzulegen, bevor die Geschäftsstelle nach deren Zustimmung die Strafakte an den Ausgleich verschicken darf. Dieses unterschiedliche Vorgehen spiegelt sich wider in einem Mittelwertvergleich der jeweiligen Zeitspanne: so steht ein Wert von 10,62 Tagen bei München II einem Wert von 25,92 Tagen im Bezirk München I entgegen. Dies ergibt einen T-Wert von 3,590 (**).[485]

2. Zeitspanne zwischen Fallmeldung und Falleingang beim Schlichter

Die Geschäftsstelle des Ausgleich e.V. leitet den Fall an einen der acht Schlichter weiter. Dies erfolgt mit einer durchschnittlichen Dauer von 0,52 Tagen verdächtig zügig. Dieser Mittelwert wird allerdings durch ein paar Negativwerte geschönt, die vorrangig aus der Anfangszeit des Projekts stammen, in der die verwaltungsmäßige Erledigung noch nicht eingespielt war. So kam es vor, dass Fälle zwar schon an die Schlichter weitergeleitet wurden, aber die Meldung an die Begleitforschung erst drei Monaten später erfolgte. Beschränkt man die Auswertung auf Fälle mit positiver Zeitspanne, so errechnet sich ein realistischer Mittelwert von 4,3 Tagen. Die Ausreißer von 45 bzw. 36 Tagen sind zum einen wohl ein Versehen, zum anderen beruht der Maximalfall auf dem Abwarten der Geschäftsstelle auf eine Stellungnahme des Gerichts bzgl. des angekündigten Schlichtungsversuchs. Dieses Vorgehen, dass ebenfalls auf einen Fall der Anfangszeit zurückgeht, wurde in Zukunft nicht wiederholt. Es erscheint auch müßig, vom Gericht eine Bestätigung zu verlangen, ob es mit der Terminierung abwarten wird. Nunmehr wird lediglich der Schlichtungsversuch mitgeteilt und um Verzögerung der Terminierung gebeten.[486] Folgt das Gericht diesem Wunsch nicht und ist die Vermittlung bis zur Hauptverhandlung noch nicht abgeschlossen, so entsteht ein verfahrenstechnisches Hindernis.

3. Zeitspanne zwischen Falleingang und erster Kontaktaufnahme

Nachfolgendes Histogramm (Abb. 14) belegt eine regelmäßig rasche Aufnahme der Schlichtungsbemühungen. Der Wert von –10 Tagen muss auf einem Fehler des Schlichters beim Ausfüllen des Erhebungsbogens beruhen. Der Maximalwert von 76 Tagen beruht auf dem ausdrücklichen Wunsch des die Schlichtung initiierenden Verteidigers, der zunächst die Chancen auf eine Einstellung nach § 153a Abs.1 StPO ohne Schlichtung ausloten wollte. Keine augenscheinlichen Erklärungen gibt es für das Abwarten in den vier Fällen, in denen zwischen 25 und 45 Tage verstrichen sind.
Untersucht man die Korrelation dieser Zeitspanne zum Schlichter, so ergeben sich zwei höchst signifikante Zusammenhänge. Schlichter C weist eine sehr rasche (r = 0,279), Schlichter E eine eher verzögerte Aufnahme der Bemühungen (r = 0,317)

[485] aufgrund der nicht vorhandenen Varianzhomogenität musste auf den Welch-Test für den Fall der nicht gleichen Varianzen zurückgegriffen werden - vgl. Fn.398.
[486] eine Ausnahme gilt bei Anregung durch den Verteidiger, wenn dieser die Durchführung des Schlichtungsversuchs ohne Benachrichtigung der Strafverfolgungsbehörden wünscht, um der Gefahr einer nachteiligen Berücksichtigung eines eventuellen Scheiterns zu begegnen.

auf.[487] Dieses Ergebnis wird durch den Vergleich der Mittelwerte der jeweiligen Schlichter belegt. Die Spanne reicht (bei Ausschluss des Negativwertes) von 1,25 (Schlichter C) bis zu 13,60 Tagen (Schlichter E).

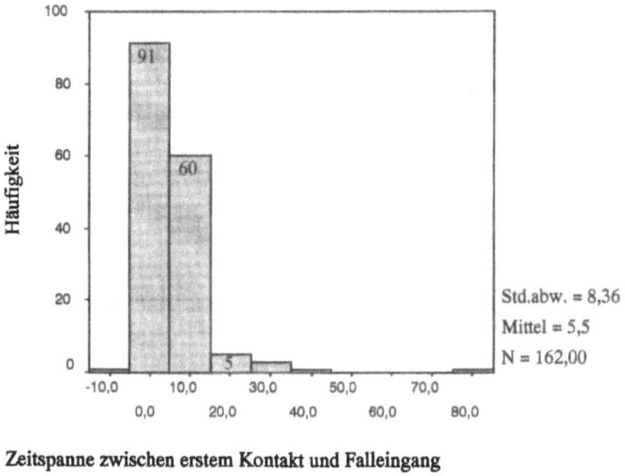

Abbildung 14: Zeitspanne zwischen Falleingang beim Schlichter und erstem Kontakt

4. Zeitspanne zwischen Falleingang und Fallrückgabe

Von wesentlicher Bedeutung ist die Frage nach der Dauer der Schlichtung. Insbesondere dient sie der eigenen Überprüfung, ob die anvisierte Schlichtungszeit von zwei Monaten, nach deren Ablauf die Strafverfolgungsbehörden auch ohne weitere Nachricht von einem Scheitern der Bemühungen ausgehen sollen, realistisch ist. Es ist klar, dass dieser Wert als ein Kompromiss zu verstehen ist zwischen dem Streben nach einer außergerichtlichen Einigung und der Minimierung der Verfahrensverzögerung, um nicht die Akzeptanz durch Gericht und Staatsanwaltschaft zu gefährden.
Aus diesem Grund ist es auch angebracht, im Falle des Scheiterns der Schlichtung vor Ablauf der zwei Monate, die verfahrensführende Stelle unabhängig vom Initiator der Schlichtung dann zu informieren, wenn der Schlichtungsversuch aktenkundig wurde. Denn es kommt durchaus vor, dass diese länger als die vorgeschlagenen zwei Monate abwartet, und es ist äußerst misslich, wenn ihr erst auf Nachfragen mitgeteilt wird, dass eine Schlichtungsbereitschaft bei den Beteiligten von vornherein nicht bestand.
Tatsächlich wurden 55% der Fälle innerhalb der 60 Tagesfrist abgeschlossen. Dies spricht für eine eher knappe Bemessung der Grundvorgabe. Im Schnitt dauern die Schlichtungen 70 Tage, die Spanne reicht von 0 bis 725 Tagen. Bei den Fällen, die innerhalb eines Tages abgeschlossen werden (Differenz = 0), handelt es sich regelmäßig um solche, in denen sofort eine unverrückbare Ablehnung durch einen der Betroffenen deutlich wurde; darüber hinaus aber auch um „Schnellschlichtungen"

---

[487] dies ist diesmal nicht auf den Fall mit 12 Geschädigten zurückzuführen, da die Zählung ohnehin am Fall erfolgen musste, da es lediglich um die Frage ging, wann der Schlichter erstmals tätig wurde.

mehr oder weniger direkt vor einer Hauptverhandlung, die durch wenige Telefongespräche zu einem erfolgreichen Abschluss gebracht werden konnten. Bei den weit über 60 Tage dauernden Schlichtungsbemühungen wäre es verkehrt zu meinen, dass in diesen Fällen das Strafverfahren entsprechend lange stillstand. So können Schlichtungen bei Initiative durch den Verteidiger auch parallel zum Ermittlungsverfahren laufen bzw. werden die ohnehin bestehenden Wartezeiten bis zur Hauptverhandlung genutzt. Im Übrigen ist die Dauer von 725 Tagen ein Ausreißer. Die zweit längste Schlichtung erstreckte sich über 223 Tage.
Untersucht man den Zusammenhang des Mittelwertes zu anderen Variablen[488], so ergibt sich überraschend, dass die Dauer der Schlichtung weder von deren Erfolg[489], noch von der Frage abhängt, ob ein Schlichtungstreffen stattgefunden hat.[490] Immerhin zeigt die letzte Gegenüberstellung, dass ein Treffen eher verkürzende Tendenz zu haben scheint. Demgegenüber zeigt sich ein vermeintlich signifikanter Zusammenhang zu dem Gerichtsbezirk.[491] Da hierfür kein logischer Grund ersichtlich ist, liegt der Verdacht nahe, dass es sich hierbei um eine Scheinkorrelation handelt. Als Störvariablen kommen die Schlichter und die Delikte in Frage.
Im Hinblick auf die verwirklichten Straftatbestände zeigt sich, dass die Schlichtung von Vermögens- und Eigentumsdelikten zeitintensiver ist als die von Straftaten gegen die Person. Am schnellsten erledigten sich Beleidigungsdelikte (40,53 Tage), am längsten dauerten Fälle des § 170 Abs.1 StGB (80,28 Tage). Entsprechend liegt auch der Durchschnittswert des Schlichters H recht hoch (84,64 Tage). Insgesamt ergeben sich bei den Schlichtern deutlichere Unterschiede als bei den Delikten. Am schnellsten arbeitete Schlichter C mit durchschnittlich 33,44, am längsten brauchte Schlichter E mit 103,21 Tagen. Alle statistisch relevanten Zusammenhänge sind jedoch sehr schwach ausgeprägt, die darüber hinaus bis auf Schlichter E im Falle einer partiellen Korrelationsberechnung unsignifikant werden.[492]
Es soll ausdrücklich nicht einem Wettlauf der Schlichter das Wort geredet werden. Es wurde schon dargelegt, dass eine längere Schlichtung nicht Zeichen von mangelndem Einsatz ist, sondern die Verzögerung viele Gründe haben kann, vor allem aber auch keine Auswirkungen auf das Strafverfahren haben muss. Da aber die Länge keine Auswirkungen auf den Erfolg zu haben scheint und andererseits auch die Schlichter keine wesentlichen Unterschiede in der Erfolgsbilanz aufweisen, scheint bei Schlichter E eher eine verzögerte Abwicklung vorzuliegen, zumal hier schon eine längerer Zeitraum bis zur ersten Kontaktaufnahme festgestellt werden konnte. Dies zeigt immerhin ein Potential zu einer weiteren Straffung des Ausgleichsprozesses ohne Qualitätsverlust.

5. Zeitspanne zwischen Rückgabe und Mitteilung des Ergebnisses an die zuständige Strafverfolgungsbehörde

Zwar liegt der Schnitt bei 3,83 Tagen, was den Erwartungen an eine einfache Zusendung entspricht. Dennoch gibt es auch hier Ausreißer: zum einen einen Minuswert von 126 Tagen, bei dem also die Mitteilung des Ergebnisses vor dem Abschluss der

---

[488] unter Ausschluss des Minimal- und des Maximalwertes.
[489] Mittelwert bei keinem Erfolg 65,09 Tage, bei Erfolg 66,05 Tage.
[490] bei Treffen 48,52 Tage, ohne Treffen 67,73 Tage.
[491] München I: 72,35 Tage, München II: 48,70 Tage; T nach t-Test = 2,310 (*).
[492] dies gilt auch für den vermeintlichen Zusammenhang zum Gerichtsbezirk.

Schlichtung erfolgte. Dabei handelt es sich um einen Fall, in dem die Aufnahme von Schlichtungsbemühungen im Rahmen der Hauptverhandlung erklärt wurde, die eigentliche Schlichtung auf Wunsch des einleitenden Verteidigers aber erst nach Hauptverhandlung und rechtskräftigem Urteil stattfinden sollte. Mit der Mitteilung sollte lediglich die Ernsthaftigkeit der Reue des Täters unterstrichen werden, der bereits kurz nach der Tat aus Eigeninitiative das Opfer im Krankenhaus besuchte, um sich zu entschuldigen. Eine Übersicht der weiteren Fälle mit negativem Wert zeigt, dass das Vorgehen nicht immer einheitlich ist: manche Schlichter teilen das Ergebnis der Staatsanwaltschaft oder dem Gericht parallel zur Rückgabe des Falles an die Geschäftsstelle mit, anstatt dieser diese Aufgabe zu überlassen. In einem Fall erfolgte die Mitteilung durch den Strafverteidiger.
Bisweilen ist aber auch der Zeitraum zwischen Mitteilung und Rückgabe größer als organisatorisch nötig. Der Spitzenwert liegt bei 63 Tagen. Dabei handelt es sich um Fälle, in denen das Schlichtungsergebnis direkt in die Hauptverhandlung eingebracht wird. Dies ist akzeptabel, wenn niemand auf eine Nachricht über den Verlauf der Bemühungen wartet. Es erscheint auch nachvollziehbar, dass eine unvermutete Mitteilung eines erfolgten Ausgleichs zwischen Opfer und Täter mehr Eindruck hinterlässt als ein vorab angekündigtes Ergebnis. Dies kann vor allem im Hinblick auf § 153a Abs.2 StPO relevant sein.

6. Zeitspanne zwischen Mitteilung und Anklage bzw. Strafbefehl

Für Fälle, deren Schlichtung im Vorverfahren eingeleitet wurde, in denen es aber später zur Anklage oder zur Erteilung eines Strafbefehls kam, ist zu untersuchen, wieviel Zeit zwischen Mitteilung des Ergebnisses und der entsprechenden staatsanwaltlichen Verfügung verstrichen ist. Da hierfür Aktenauswertung erforderlich ist, liegen nur Daten bzgl. acht entsprechender Kombinationen vor. Viermal erfolgte die Einleitung durch die Staatsanwaltschaft und die Erhebung der Anklage bzw. die Übersendung des Strafbefehls an das Gericht erfolgte zwischen 84 und 217 Tagen nach Ergebnismitteilung. Der Ausreißer von fast einem Jahr liegt an einer im Anschluss an die Schlichtung erfolgten vorläufigen Einstellung gem. § 154d StPO. In den übrigen vier Fällen wurde die Schlichtung von anderer Seite angeregt und jeweils erfolgte die staatsanwaltliche Verfügung in die Schlichtungsbemühungen hinein. Dies bedeutet jedoch nicht zwingend ein verfahrenstechnisches Hindernis, da in der Regel bis zur Hauptverhandlung noch genügend Zeit besteht, die Schlichtung erfolgreich zu Ende zu bringen. In dreien dieser vier Fälle waren der Staatsanwaltschaft die Schlichtungsbemühungen bekannt. Während in einem das Verfahren ausdrücklich als für eine Vermittlung ungeeignet angesehen wurde, schien in den beiden anderen Fällen aufgrund der langen Dauer der Schlichtungsbemühungen ein weiteres Abwarten nicht vertretbar.

7. Zeitspanne zwischen Mitteilung und Verfahrensabschluss

Zuletzt bleibt noch die Frage, wie lange nach Beendigung der Schlichtungsbemühungen bis zum Abschluss des Strafverfahrens diese noch andauerten. Hier muss unterschieden werden zwischen Fällen, in denen es nach der Schlichtung zu einer Einstellung durch die Staatsanwaltschaft kam (also §§ 153 I, 153a I, 153bI, 154 I StPO)

und Verfahren mit Hauptverhandlung. Da auch dies Aktenauswertung voraussetzt, sind die Fallzahlen entsprechend klein.
Staatsanwaltliche Einstellungen (n = 27) erfolgten im Schnitt 30 Tage nach Mitteilung des Schlichtungsergebnisses, wobei die Spanne zwischen 2 und 132 Tagen liegt. Bei längerer Dauer handelte es sich um Einstellungen nach § 153a Abs.1 StPO, die erst nach Erfüllung der jeweiligen Auflagen endgültig eingestellt werden konnten. Der Maximalwert von 132 Tagen betrifft einen Fall, in dem ausdrücklich die Erfüllung der im Rahmen der Schlichtung vereinbarten Leistungen durch die Staatsanwaltschaft kontrolliert wurde.
Die Fallzahl (n = 4; siehe oben) der nach Schlichtung erhobenen Anklagen bzw. erlassenen Strafbefehlen, gegen die Einspruch eingelegt wurde, ist zu klein, um Aussagekraft zu entfalten. Der Vollständigkeit halber soll mitgeteilt werden, dass zwischen Anklage/ Einspruch und rechtskräftigem Verfahrensabschluss zwischen 24 und 793 Tage vergangen sind.

Endgültige Zeitvergleiche werden sich erst anhand einer größeren Fallzahl und erst nach Auswertung der Vergleichsgruppe anstellen lassen. Festhalten lässt sich aber bereits, dass die durchschnittliche Schlichtung mit 79,82 Tagen (Summe aus Zeiträumen von Meldung des Schlichtungsfalles durch Ausgleich bei Begleitforschung und Mitteilung des Ergebnisses an die Staatsanwaltschaft/das Gericht) angesichts der bekannten Länge der Strafverfahren kaum ins Gewicht fällt, zumal in vielen Fällen eine Schlichtung das Strafverfahren nicht unterbricht, sondern parallel zu ohnehin durchzuführenden Ermittlungen oder zu durch Terminierung bedingte Wartezeiten verläuft.

H. AUSWIRKUNGEN DER SCHLICHTUNGSBEMÜHUNGEN AUF DAS STRAFVERFAHREN ANHAND VON FALLBEISPIELEN

Die Frage nach den Auswirkungen der Schlichtungsbemühungen ist die Frage nach dem Erfolg des Projekts. Wann aber kann von einem Erfolg gesprochen werden? Hinsichtlich der Einbindung des Modellprojekts Ausgleich e.V. in den Verbund „Neue Wege der Haftvermeidung" wäre es denkbar, einen solchen nur dann anzunehmen, wenn durch die Schlichtung eine unbewährte Freiheitsstrafe verhindert oder zumindest verkürzt wird. Angesichts eines Anteils von lediglich 6,4% solcher Freiheitsstrafen an allen Verurteilungen von erwachsenen Angeklagten[493] erscheint diese Perspektive jedoch zu eng.
Die Projektkonzeption legt weiterhin nahe, die Erfolgsbeurteilung an der Anwendung von § 46a StGB zu messen. Dies geht regelmäßig über die Orientierung am Aspekt der Haftvermeidung hinaus, kann aber bisweilen auch enger sein, nämlich dann, wenn diese bereits durch § 46 Abs.2 StGB erreicht wird.
Letzteres unterstreicht, dass sich der Schlichtungsaufwand bereits schon dann gelohnt hat und dementsprechend erfolgreich war, wenn er sich irgendwie positiv auf das Strafverfahren auswirkt. Dies ist auch nicht auf die Frage des Strafmaßes beschränkt, sondern gilt auch für Erfolg im Hinblick auf eine Verfahrensbeschleunigung. Dieser weite Maßstab liegt letztendlich auch den Hypothesen der Projektkonzeption zugrunde.[494]
Lässt sich die Anwendung von § 46a StGB und damit der Erfolg des Projekts im Hinblick auf das Strafmaß zwar direkt aus den verfahrensbeendenden Entscheidungen ablesen, so ist ohne Kontrollgruppe dennoch keine Aussage über die Quantität des Vorteils möglich. Das gilt erst recht für die Auswirkungen von Schlichtungen im Rahmen der allgemeinen Strafzumessungsnorm des § 46 StGB und für Auswirkungen auf die Verfahrensdauer. Insofern kann an dieser Stelle nur untersucht werden, ob und wenn ja mit welcher Folge die Ausgleichsbemühungen in die Erledigung eingeflossen sind. Eine konkrete Bestimmung des Vorteils kann nur mittels der Vergleichsgruppe erfolgen.

I. ERFOLG DURCH ANWENDUNG DES § 46A STGB

Fall 1: „Gem. § 46a StGB hat das Gericht von einer Bestrafung des Angeklagten abgesehen. Die Geschädigte selbst hat dem Angeklagten verziehen. Sie hat erklärt, an einer Strafverfolgung kein Interesse mehr zu haben. Der Angeklagte hat im Rahmen eines Täter-Opfer-Ausgleichsverfahrens der Geschädigten einen Geldbetrag von 2.250 DM gezahlt, er hat sich bei ihr schriftlich entschuldigt und ihr einen Blumenstrauß gebracht. Beide Eheleute haben erklärt, dass sie inzwischen gut miteinander umgehen können, was auch im Interesse ihrer gemeinsamen minderjährigen Tochter sei."
Diesen eindrucksvollen Ausführungen lag folgender Sachverhalt zugrunde: Der nicht vorbestrafte Ehemann hatte in drei Fällen seine Frau massiv körperlich verletzt. Der Strafverteidiger meldete den Fall nach Erhebung der Anklage dem Ausgleich e.V. Im Rahmen der Vermittlungsbemühungen fand im Beisein des Schlichters ein persönliches Treffen der Ehepartner statt. Dabei kam es zur Vereinbarung der vom Gericht zitierten Leistungen. Der Schlichter konnte sich ebenfalls gut an diesen Fall erinnern, da es zur

---

[493] Statistisches Bundesamt 2001, Tabelle 3.1.
[494] vgl. F. II. 7.

Vereinbarung des Blumenstraußes aufgrund folgender Aussage der Ehefrau kam: „Ich habe von Dir nie einen Blumenstrauß bekommen, ich will jetzt einen".

Einziger Wermutstropfen der Entscheidung ist die fehlende Subsumtion unter eine der beiden Alternativen des § 46a StGB. Offensichtlich liegt ein Fall der Nr.1 vor, da im Ergebnis eine Konfliktlösung gelungen ist. Dies wird aus der Erklärung des Opfers, an einer Strafverfolgung kein Interesse mehr zu haben, deutlich.

Bedauerlicherweise handelt es sich hierbei um den einzigen Fall eines Absehens von Strafe durch Urteil. Ansonsten führte die Anwendung des § 46a StGB durch die Gerichte durchweg zu Strafrahmenverschiebungen.

Fall 2: Ein Zahnarzt stellte den Kontakt des späteren Opfers zu einem Rechtsanwalt her, der diesem ein lukratives Anlagegeschäft versprach, das letztendlich zum Verlust von 150.000 DM beim Geschädigten führte. Der Betrugsvorwurf ging dahin, dass Rechtsanwalt und Zahnarzt zahlungsunwillig bzw. -unfähig hinsichtlich ihrer abgegebenen Schuldanerkenntnisse und Bürgschaftserklärungen waren; an den Erfolg des Geschäfts hatten beide selbst geglaubt. Das erstinstanzliche Urteil, das auf zwei Jahre für den Zahnarzt und aufgrund nachträglicher Gesamtstrafenbildung auf zwei Jahre und sechs Monate für den Rechtsanwalt lautete, erging vor Beginn des Schlichtungsprojekts. Der Ausgleich e.V. wurde im Berufungsverfahren auf Initiative der Verteidiger des Zahnarztes und später auch des Rechtsanwaltes selbst aktiv. Während letzterer allerdings nachträglich wieder aus dem Schlichtungsverfahren ausschied, kam der Zahnarzt auch ohne Unterstützung zu einer Einigung mit dem Geschädigten, wonach er monatlich 1.500 DM auf den Gesamtschaden an diesen zu zahlen hatte. Aus dem zweitinstanzlichen Urteil, das Ende 2000 erging, ergibt sich, dass diese Vereinbarung eingehalten wurde und dass mittlerweile auch der Rechtsanwalt 127.300 DM an Schadensersatz an das Opfer geleistet hatte. Woher dieses Geld angesichts der zuvor postulierten Zahlungsunfähigkeit stammte, ist der Akte nicht zu entnehmen. Mangels Vorsatzes wurde der Zahnarzt freigesprochen; der Anwalt wurde wegen Betrugs zu einem Jahr und vier Monaten bei einer Gesamtstrafe von zwei Jahren verurteilt, die zur Bewährung ausgesetzt wurde. Hinsichtlich des Strafmaßes wurde die erheblich strafmildernde Bedeutung des § 46a StGB betont. Auch hinsichtlich der Gründe für die Bewährungsaussetzung wurde die erfolgte Wiedergutmachung nochmals erwähnt.

Unter dem Aspekt der Haftvermeidung ist dieser Fall ein großer Erfolg. Darüber hinaus weist bereits er auf zwei Probleme hin, die es bisweilen schwer machen, die Subsumtion der Wiedergutmachungsbemühungen unter eine Norm nachzuvollziehen: § 267 Abs.4 StPO, wonach die Ausführlichkeit der Strafzumessungsentscheidung in das Ermessen des Gerichts gestellt ist, wenn Rechtsmittel nicht eingelegt werden, und § 273 Abs.2 StPO, wonach ausgerechnet in Hauptverhandlungen vor den Strafkammern deren wesentlichen Ergebnisse nicht in das Protokoll aufgenommen werden müssen. Somit ist weder bekannt, ob die Zahlungen des Anwalts aufgrund einer später getroffenen Vereinbarung mit dem Opfer oder von sich aus erfolgten. Auf jeden Fall machen sie mehr als die Hälfte des Schadens aus; auch die Erfüllung des Erfordernisses des persönlichen Verzichts liegt angesichts der im Vorfeld angenommenen Zahlungsunfähigkeit nahe.

Weniger gravierend wirken sich diese Probleme in nachfolgendem Fall aus, der darüber hinaus instruktiv hinsichtlich der zeitlichen Komponente des § 46a StGB ist:

Fall 3: Nach einer verbalen Auseinandersetzung in einer Disko versetzte der Täter der Geschädigten einen Stoß/Tritt gegen den Rücken, wodurch diese von der Balustrade stürzte, auf der sie saß, und sich den linken Unterarm brach. Hinsichtlich vermeintlicher Widersprüchlichkeiten in den Zeugenaussagen hoffte die Verteidigung in erster Instanz auf Freispruch; dementsprechend machte der Angeklagte keinerlei Ausführungen zur Sache. Als es dennoch zur Verurteilung zu 120 Tagessätzen kam, ging die Verteidigung in Berufung und bat gleichzeitig den Ausgleich e.V. um Vermittlung. In der Hauptverhandlung wurde das Schlichtungsergebnis mitgeteilt, wonach der Täter, der monatlich 2.500 DM netto verdient, dem Opfer ein Schmerzensgeld in Höhe von 4.500 DM überwiesen und sich bei diesem entschuldigte hatte. Die Verhandlungen wurden dabei allein über den Anwalt des Täters geführt, da das Opfer einen direkten Kontakt ablehnte. Es nahm seinen Strafantrag auf Nachfrage des Berufungsgerichts auch ausdrücklich nicht zurück. Bereits die Staatsanwaltschaft reagierte auf die veränderte Lage, indem sie 100 Tagessätze, also weniger als im erstinstanzlichen Urteil verhängt, forderte. Das Gericht befand auf 80 Tagessätze und führte dabei aus: „...berücksichtigte das Gericht den, wenn auch späten, Täter-Opfer-Ausgleich mit Zahlung eines angemessenen Schmerzensgeldes. Nach §§ 46a Nr.2, 49 Abs.1 StGB milderte das Gericht den Strafrahmen, was gerade noch angemessen ist. Für ein Absehen von Strafe gibt der Ausgleich keinen ausreichenden Anlass.".

Aus der Formulierung des Gerichts wird sein Unbehagen über die Anwendbarkeit des § 46a StGB deutlich. Es passt ihm nicht, dass die Wiedergutmachung erst angestrebt wurde, nachdem das Schweigen in erster Instanz ohne Erfolg blieb. Die Befürchtung, sie erfolge allein aus taktischen Überlegungen ohne innere Überzeugung, ist nicht von der Hand zu weisen. Diesen Bedenken ist jedoch nicht auf Tatbestandsebene, sondern im Rahmen des Ermessens Rechnung zu tragen, was das Gericht durch die Ablehnung des Absehens von Strafe auch getan hat. Darüber hinaus muss nochmals darauf verwiesen werden, dass die Umstände der Wiedergutmachung bei der konkreten Strafhöhenbestimmung, also nach der Strafrahmenverschiebung, erneut zu berücksichtigen sind und dabei spontane, frühe Wiedergutmachungsleistungen sicherlich eine weitergehende Berücksichtigung rechtfertigen.[495]

Im Vergleich zu den vorangegangenen Urteilen hat sich das Gericht diesmal auf eine Alternative des § 46a StGB festgelegt. Aufgrund des offensichtlich nicht geglückten Konfliktausgleichs kam Nr.1 StGB nicht in Frage. Entsprechend dem unter D. I. 3.1.4 Ausgeführten liegt auch kein Bemühen des Täters um einen Ausgleich im Sinne dieser Vorschrift vor, da die Beschränkung durch das Opfer auf materielle Befriedigung keinesfalls rechtsmissbräuchlich ist. Für solche Fälle ist gerade Nr.2 des § 46a StGB sedes materiae. Diesbezüglich fehlt es allerdings an jeglichen Ausführungen zum ideellen Moment. Das Streichen sämtlicher im Vereinbarungsvordruck des Ausgleichs e.V. vorgesehener Alternativen bzgl. dieser Tatbestandsvoraussetzung (Verkauf eines Gegenstandes, Darlehensaufnahme, symbolische Wiedergutmachung) spricht eher gegen dessen Erfüllung. Stellt die Zahlung von 4.500 DM eine erhebliche persönliche Leistung oder einen persönlichen Verzicht des Täters dar? Das Ziel, Freikaufverfahren zu verhindern, macht die Subsumtion unter die Norm äußerst schwierig. Ein bloßes Plus über das dem Opfer zivilrechtlich Zustehende kann aus diesem Gesichtspunkt heraus nicht genügen. Aber woran soll man sich orientieren? Am Einkommen? Liegt beispielsweise ein persönlicher Verzicht erst, aber auch im-

---

[495] vgl. D. II. 2.

mer dann vor, wenn mindestens zwei Monatsgehälter für die Schadensregulierung verwendet werden? Und wie wirkt sich dabei vorhandenes Vermögen aus? Muss ein Millionär bei einem Sachbeschädigungsschaden von 200 DM Hunderttausende zahlen, um in den Genuss von § 46a Nr.2 StGB kommen zu können? Da sich im ideellen Moment der „Ausdruck von Verantwortungsübernahme“[496] widerspiegeln soll, können keine starren Regeln aufgestellt werden, sondern muss die Beurteilung vielmehr dem Tatrichter und seinem Eindruck vom Angeklagten und dessen Motiven überlassen werden. Die Grundlagen der Entscheidung sind im Urteil jedoch nachvollziehbar darzustellen.
Diese Unwägbarkeiten machen die Vorzüge des § 46a Nr.1 StGB deutlich. Denn die allein maßgebende Konfliktlösung sichert dem Beschuldigten die Vorteile dieser Norm völlig unabhängig vom Umfang der vereinbarten Leistungspflicht:

Fall 4: Das Opfer wurde vom Täter, nachdem es diesen auf einer Rolltreppe überholt hatte, geschubst, beleidigt und gegen das Schienbein getreten. Gegen den Strafbefehl über 90 Tagessätze legte der Verteidiger Einspruch ein und initiierte die Schlichtung. Im Rahmen der Verhandlungen verzichtete der Geschädigte auf jegliche Zahlung an sich, so dass man sich als Zeichen der Sühnebereitschaft des Täters auf eine Spende in Höhe von 500 DM an eine gemeinnützige Organisation einigte. Letztendlich lautete das Urteil auf 30 Tagessätze. Das lag zwar zum einen auch an der erst in der Hauptverhandlung klar gewordenen starken Alkoholisierung des Täters, die zur unbestrittenen Anwendung des § 21 StGB führte. Aber selbst die Staatsanwaltschaft plädierte auf die Anwendung des § 46a StGB und beantragte nunmehr nur noch 40 Tagessätze. Das Gericht folgte dem mit einer doppelten Strafrahmenverschiebung gem. §§ 21, 46a, 49 Abs.1 StGB.

Zwar fehlt wiederum eine Bestimmung der angewandten Alternative. Doch deutlicher kann eine Konfliktbeilegung nicht dokumentiert werden, als durch die Einigung beider Parteien, die zeigt, dass der Täter sich entschuldigen will und der Geschädigte bei einer Zahlung an eine gemeinnützige Organisation das Problem aus der Welt geschafft sieht. Die Vorstrafen des Angeklagten dürften einem Absehen von Strafe entgegengestanden haben.

Kurioserweise finden sich ausgerechnet in einem Verfahren die ausführlichsten Ausführungen zu § 46a StGB wieder, in dem diese Norm gerade nicht zur Anwendung kam. Deshalb soll seine Schilderung bereits in diesem Kontext erfolgen, obwohl er nicht zu den Erfolgsfällen gezählt werden kann.

Fall 5: Im Streit stieß der Täter dem Opfer ein Messer in den Bauch. Der Verteidiger übergab diesen Fall des versuchten Totschlags dem Ausgleich e.V. Die Schlichtung scheiterte am Tod des Geschädigten, der allerdings unabhängig von der Tat eintrat. In der Hauptverhandlung ließ sich der Beschuldigte dem Urteil entsprechend folgendermaßen ein:
„Einen sogenannten „Täter-Opfer-Ausgleich“ habe er angestrebt, weil ihm gesagt worden sei, es gäbe hier in München einen entsprechenden Verein, der auch die Finanzierung übernehme. Selbstverständlich sei er (der Angeklagte) mit seinen hohen Schulden selbst nicht zur Zahlung von Schadensersatz oder Schmerzensgeld in der Lage gewe-

[496] BT-Drucks. 12/6853, 22.

sen. Sein Verteidiger habe für ihn einen entsprechenden Antrag zum Täter-Opfer-Ausgleich gestellt."
Das Urteil wegen §§ 212, 213, 22, 23 StGB belief sich auf fünf Jahre. In der Stellungnahme der Bundesanwaltschaft zur Revision der Verteidigung, die auf Fragenkomplexe außerhalb der Wiedergutmachung gestützt wurde, heißt es:
„Eine Strafrahmenmilderung nach § 46a Nr.1 StGB musste die Strafkammer nicht erwägen. Allein die vom Angeklagten angegebene Stellung eines Antrags auf Täter-Opfer-Ausgleich reicht für die Annahme nicht aus, der Angeklagte habe die Wiedergutmachung ernsthaft erstrebt, und zwar unabhängig davon, ob das weitere Verfahren am Tod des Geschädigten gescheitert ist. Als Fälle, in denen ausnahmsweise das entsprechende Bemühen ausreicht, werden das Scheitern des Ausgleichs an der dafür erforderlichen Mitwirkung des Verletzten oder ein hoher Schaden bei relativ geringem Verschulden genannt. Die Vergünstigung kann dem Täter aber nur zugute kommen, wenn bereits tatsächliche Aktivitäten entwickelt wurden, aus denen sich über den ernsthaften Wiedergutmachungswillen des Täters hinaus auch Art, Ausmaß und Zeitpunkt der geplanten Maßnahmen ablesen lassen. Daran fehlt es hier."

Die Aufnahme des aus der Anfangszeit des Projekts stammenden Falles ist aber nicht nur diesen Ausführungen geschuldet, die sehr prägnant die herrschende - über die in dieser Arbeit vertretene hinausgehende - Auslegung des Bemühens gem. § 46a Nr.1 StGB zusammenfassen. Vielmehr unterstreicht dieses Verfahren die enorme Spannbreite der Delikte, die § 46a StGB und damit auch das Projekt Ausgleich e.V. umfasst und die bisher leider nicht genügend ausgeschöpft wurde. Und er zeigt auf, wie leicht Fehlinformationen ein Praxisprojekt in Misskredit bringen können, wenn auch der Trugschluss des Angeklagten - soweit ersichtlich - einmalig geblieben ist. Dennoch sei aus diesem Anlass die Wiederholung erlaubt: die Fremdfinanzierung durch die „Internationale Stiftung für die Förderung von Kultur und Zivilisation (München)" beschränkt sich auf die Entlohnung der Schlichter und die Verwaltungskosten des Vereins. Entgegen manch anderen, im Bereich der Konfliktschlichtung mit einem Opferfonds arbeitenden Projekten steht die Konzentration auf materielle Wiedergutmachung einer organisierten Vorfinanzierung durch Dritte entgegen.

Wie unter E. dargestellt, kann eine ausdrückliche Berücksichtigung des § 46a StGB nicht nur im Urteil erfolgen, sondern bereits durch eine Verfahrenseinstellung gem. § 153b Abs.1 StPO. Gegenüber den Einstellungen nach §§ 153, 153a StPO ist diese jedoch stets an die Zustimmung des Gerichts gebunden. Dennoch geht die Initiative dazu von der Staatsanwaltschaft aus. Zu Einstellungen gem. § 153b Abs.2 StPO, also während der Hauptverhandlung, kam es bislang nicht.

Fall 6: Im ersten Fall geht es um einen tätlichen Angriff auf ein minderjähriges Opfer im Treppenhaus des Täters. Dabei wurde der Geschädigte vom Beschuldigten gepackt, gegen die Wand gedrückt und gewürgt. Es erlitt eine Schürfwunde am Ellenbogen und eine leichte Verletzung am Hals. Dem Angriff ging die Bezichtigung voraus, dass Treppengeländer beschädigt zu haben. Die Initiative für die Schlichtung ging auch hier von der Verteidigung aus, allerdings nachdem die Staatsanwaltschaft eine Einstellung für den Fall eines Täter-Opfer-Ausgleichs in Aussicht gestellt hatte. Während der Verhandlungen wurde das Verfahren gem. § 205 StPO analog eingestellt. Es kam zu einem Treffen der Beteiligten beim Schlichter, wobei das Opfer von seinem Vater begleitet wurde. Mangels materieller Schäden einigte man sich auf eine Schmerzensgeldzahlung in Höhe von 1.500 DM und eine Entschuldigung des Täters. Im Gegenzug wurde erklärt, an einer weiteren Strafverfolgung nicht mehr interessiert zu sein. Die Zahlung wurde vollständig geleistet. Entsprechend dem Vorschlag des Verteidigers ersuchte die Staatsanwaltschaft um gerichtliche Zustimmung zum Vorgehen nach § 153b StPO i.V.m. § 46a StGB, die erteilt wurde.

Die Voraussetzungen des § 46a Nr.1 StGB liegen sicherlich vor. Bemerkenswert ist die Ermessensentscheidung hinsichtlich der offenen Bewährung des Täters, auch wenn diese ein Vermögensdelikt betraf.
Wichtig war auch die Beteiligung des Vaters des Geschädigten an den Schlichtungsbemühungen. Denn da die Vereinbarung die Konkretisierung des Anspruchs aus § 253 Abs.2 BGB betrifft, handelt es sich um ein Geschäft, durch das der Minderjährige nicht lediglich einen rechtlichen Vorteil erlangt, so dass die Einwilligung des gesetzlichen Vertreters erforderlich war, § 107 BGB. Begrüßenswert ist dennoch die Einbeziehung des Minderjährigen in den Schlichtungsprozess, da schließlich er durch die Straftat geschädigt wurde. Dies wurde nicht stets so gehandhabt:

Fall 7: Der angetrunkene Mann schlug und beleidigte seine Frau und drohte, sie umzubringen. Als die Mutter mit den beiden gemeinsamen minderjährigen Töchtern am nächsten Morgen die Wohnung verlassen wollte, hinderte sie der Mann daran und sperrte sie in einem der Zimmer ein. Von dort alarmierte die Frau die Polizei, die die Situation auflösen konnte. In Folge des Vorfalls zog der voll geständige Vater aus der Wohnung aus und einen Monat später nahm die Mutter die Strafanträge wegen Körperverletzung und Beleidigung zurück, so dass sich das Strafverfahren auf die Delikte des § 241 StGB gegen die Frau und des § 239 StGB gegen alle Opfer beschränkte. Die Schlichtung wurde von der Staatsanwaltschaft eingeleitet. Im Rahmen der Bemühungen traf sich der Schlichter mit Mann und Frau persönlich, jedoch getrennt. Die Mutter selbst verzichtete auf jegliche Leistung an sich; andererseits seien die Kinder durch den Vorfall sehr beunruhigt worden. Deshalb einigte man sich neben einer Entschuldigung des Vaters auf Zahlungen von je 500 DM auf die Sparkonten beider Töchter. Nach Leistungserbringung wurde das Verfahren gem. §§ 153b StPO, 46a StGB eingestellt.

Hier muss bei der Frage, ob ein Täter-Opfer-Ausgleich gelungen ist, beachtet werden, dass dieser Fall drei Geschädigte aufweist; dementsprechend muss die Frage für jedes Opfer getrennt beantwortet werden. Mit Sicherheit ist es zu einer Bewältigung des Konflikts zwischen Mann und Frau gekommen. Das wird schon im Vorfeld durch die Rücknahme der Strafanträge deutlich, wie auch durch den Verzicht auf ein ihr zustehendes Schmerzensgeld. Zweifelhaft ist jedoch, ob die Beantwortung der Frage, ob durch die Vereinbarung der Konflikt zwischen Vater und Töchtern gelöst wurde, der Mutter überlassen werden kann. Man könnte diese Entscheidung aufgrund ihres höchstpersönlichen Charakters als vom gesetzlichen Vertretungsrecht nach § 1626 Abs.1 BGB nicht mehr umfasst ansehen. Auf der anderen Seite ist die Tragweite dieser Entscheidung für den Minderjährigen schwer zu überblicken, und es ist gerade Teil der elterlichen Sorge, ihn vor dem damit verbundenen Druck zu schützen. Im Übrigen kann in diesem Zusammenhang nicht anders entschieden werden, als es § 77 Abs.3 StGB für das Antragsrecht vorschreibt. Wenn danach der Erziehungsberechtigte an die Stelle des beschränkt Geschäftsfähigen tritt[497], so kann für die Beurteilung der Konfliktbeseitigung nichts anderes gelten. Dies liegt bei absoluten Antragsdelikten auf der Hand, muss aber auch darüber hinaus gelten.

497 L/K- Lackner, § 77, Rd.10.

Auf die gewillkürte Vertretung sind diese Grundsätze erst recht zu übertragen:

Fall 8: In einem weiteren Fall von Partnerkonflikt beleidigte der Mann seine Frau und schlug sie ins Gesicht. Daraufhin ging sie nacheinander mit Nagelschere, Obstmesser und Glasflasche auf ihren Mann los, ohne diesen jedoch zu verletzen. Zwischenzeitlich würgte er sie. Das Ermittlungsverfahren gegen den Mann lief wegen §§ 185, 223 StGB, gegen die Frau wegen §§ 224, 22, 23 StGB. Nachdem der Ermittlungsrichter dem Antrag auf Vernehmung beider Beschuldigten als Zeugen im jeweils anderen Verfahren nicht entsprach, sondern vielmehr nahelegte, eine Einstellung zu prüfen, schaltete die Staatsanwaltschaft den Ausgleich e.V. ein. Die Verhandlungen selbst wurden mit den Anwälten beider Seiten geführt, da die Frau in ihr Heimatland zurückgekehrt war und der Mann sich mittlerweile in einer Psychiatrie befand. Die Vereinbarung sah einen beiderseitigen Verzicht auf materielle und immaterielle Ansprüche, eine jeweilige Entschuldigung und die Rücknahme des eigenen Strafantrags vor. Daraufhin erfolgte Einstellung gem. §§ 153b StPO, 46a StGB.

Auch wenn einer Verhandlungsführung durch Anwälte grundsätzlich keine Bedenken entgegenstehen[498], erscheint doch Grundvoraussetzung, dass deren Verhalten durch Täter und Opfer gesteuert wird. Lässt die außergewöhnliche Konstellation dieses Falles diesbezüglich während der Verhandlungen keine praktischen Möglichkeiten erkennen, so liegt die Steuerung dennoch bereits in der Erteilung der Vollmacht. Solange eine solche den Abschluss von konfliktlösenden Vereinbarungen umfasst, ist das Wirken der Vertreter umfassend zu akzeptieren.
Auf die Darstellung eines weiteren Beziehungskonflikts kann an dieser Stelle mangels weiterer Erkenntnisse verzichtet werden. Überhaupt wird ersichtlich, dass sich der unter G. beobachtete Vorrang der Vermögensdelikte in den Fällen, in denen es zur ausdrücklichen Anwendung des § 46a StGB kommt, nicht widerspiegelt. Bislang steht ein Fall des Betruges sieben Fällen mit Delikten gegen die Person gegenüber. Ein Vermögensdelikt liegt jedoch dem letzten Fall zugrunde, der ebenfalls nach §§ 153b StPO, 46a StGB eingestellt wurde:

Fall 9: Ein Vater zahlte sei Mitte 1988 keinen oder zu wenig Unterhalt für seine im Jahr zuvor geborene Tochter. Die Mutter erhielt für die Höchstdauer von sechs Jahren Leistungen nach dem Unterhaltsvorschussgesetz. Der Vater ist seit 18 Jahren alkoholkrank und drogensüchtig, befand sich während der Ermittlungen in Therapie und bezog Sozialhilfe. Seit 1995 verbrachte er mehrere Monate in Haft wegen Betäubungsmitteldelikten, Körperverletzung und Widerstand gegen Vollstreckungsbeamte. Die Schlichtungseinleitung erfolgte wiederum durch die Staatsanwaltschaft. Der Vater bekannte sich zu seiner Zahlungsverpflichtung, sah aber aufgrund seiner Suchterkrankung und der daraus resultierenden Arbeitsunfähigkeit keine finanziellen Möglichkeiten, seinen Verpflichtungen nachzukommen. Dennoch erklärte er sich bereit, monatlich 100 DM von seiner Sozialhilfe seiner Tochter zukommen zu lassen. Nachdem drei Raten eingegangen waren, erfolgte die Einstellung.

Ist der Abschluss der Vereinbarung auch ein Erfolg, so ist die Anwendung des § 46a StGB schlichtweg falsch. Denn zum einen erfolgen die Ratenzahlungen auf die monatlich neu entstehende Unterhaltsschuld, nicht jedoch auf den durch die Tat entstandenen Schaden. Auch wurde mit der Mutter des gemeinsamen Kindes über die sie betreffenden Rückstände nicht verhandelt, so dass auch keineswegs von einem

[498] BGH StV 2001, 448.

Verzicht diesbezüglich ausgegangen werden kann. Darüber hinaus ist die Mutter nicht über die Regressansprüche des Jugendsamts gem. § 7 UVG dispositionsbefugt. Aus diesen Gründen liegt auch kein Ausgleich im Sinne der Nr.1 vor. Da somit die Tatbestandsvoraussetzungen des § 46a StGB nicht gegeben sind, ist die Einstellung nach § 153b StPO nicht vertretbar.
Fraglich erscheint vielmehr bereits, ob von der Leistungsfähigkeit des Täters, die Tatbestandsmerkmal des § 170 Abs.1 StGB ist, ausgegangen werden kann. Hier zeigte die Akte allerdings, dass es immerhin einige Monate gab, in denen der Täter aufgrund einer Anstellung hätte zahlen können. Vor einer Schlichtungseinleitung wäre es daher Aufgabe der Staatsanwaltschaft gewesen, die strafbaren Zeiträume genau zu bestimmen.
Bezüglich dieser wäre dann zu prüfen gewesen, ob eine Einstellung nach §§ 153, 153a StPO aufgrund der Schlichtung in Frage kommt. Hierbei hätte es sich angeboten, die ausgehandelte Vereinbarung als Auflage gem. § 153a Abs.1 S.2 Nr.4 StPO zu übernehmen.

Im Hinblick auf die Projektkonzeption und die Projektwirklichkeit lässt sich bisher festhalten:

- vorrangig kam es bei Delikten gegen die Person zur Anwendung von § 46a StGB und
- zu Schlichtungseinleitungen durch die Staatsanwaltschaft kam es lediglich in Fällen, die letztlich nach § 153b StPO eingestellt wurden. Die Anwendung von § 46a StGB im Urteil erfolgte ausschließlich in Bezug auf Ausgleichsfälle, die von Verteidigerseite dem Verein gemeldet wurden.

Hinsichtlich des zweiten Punktes drängt sich demnach der Verdacht auf, dass die Staatsanwaltschaft Interesse an einer Schlichtung nur dann zeigt, wenn dies direkt zur Verfahrenserleichterung bei ihr führt. Fälle, in denen ein erfolgter Ausgleich allenfalls eine Strafrahmenverschiebung nach sich zieht, bedeuten für sie keine Arbeitsreduzierung und scheinen daher von ihr nicht auf die Schlichtungseignung untersucht zu werden. Diesem Verdacht soll im folgenden nachgegangen werden.

II. ART DER ENTSCHEIDUNG

	n	%
Einstellung gem. §§ 153ff. StPO	42	53,8
Strafbefehl gem. § 407 StPO	4	5,1
Freispruch	3	3,8
Absehen von Strafe	1	1,3
Verwarnung mit Strafvorbehalt	3	3,8
Geldstrafe	5	6,4
Freiheitsstrafe mit Bewährung	9	11,5
Freiheitsstrafe ohne Bewährung	4	5,1
Sonstiges	7	9,0

Tabelle 43: Art der Entscheidung

Die bisher dargestellten Fälle haben bereits ein breites Spektrum an Rechtsfolgeentscheidungen abgedeckt: von Einstellungen im Ermittlungsverfahren über das Absehen von Strafe und die Verhängung von Geldstrafen bis hin zu einer zur Bewährung ausgesetzten Freiheitsstrafe. Tabelle 43 zeigt die Häufigkeitsverteilung der unterschiedlichen Erledigungsformen.
Unter Sonstiges fallen zum einen zwei dem Jugendstrafrecht entstammende Rechtsfolgen, sowie die Verwerfung einer Berufung ohne Verhandlung zur Sache. Zum anderen betrifft dies Strafverfahren, die nach Scheitern der Schlichtung gem. § 170 Abs.2 StPO eingestellt wurden. Dabei handelt es sich offensichtlich um Fehlzuweisungen, da eine Schlichtung nur bei hinreichendem Tatverdacht in Frage kommt. Dies gilt auch dann, wenn die zivilrechtliche Verantwortlichkeit des Beschuldigten unbestritten ist; denn das Strafrecht soll und kann - allein schon wegen des Drucks, den es auf den Beschuldigten auswirkt - nur dort die Aufgabe einer umfassenden Wiederherstellung des Rechtsfriedens übernehmen, wo es originär zuständig ist.[499] Ist dies nicht der Fall, ist der schadensrechtliche Ausgleich allein Sache des Zivilrechts.
Zu Einstellungen nach § 170 Abs.2 StPO direkt im Anschluss an gescheiterte Wiedergutmachungsbemühungen[500] kam es insgesamt dreimal, wobei in jedem dieser Fälle die Initiative zur Schlichtung von der Staatsanwaltschaft ausging. Insofern drängt sich der Verdacht auf, dass vereinzelt Ausgleichsverfahren eingeleitet wurden in der Hoffnung, deren Ergebnis für den Tatnachweis heranziehen zu können. Diese Missbrauchsgefahr besteht stets und darf vor allem von den Schlichtern nicht aus den Augen verloren werden.

Hängt die Strafbarkeit von einer komplizierten zivilrechtlichen Vorfrage ab, ist § 154d StPO zu beachten.

> *Fall 10: Ein Mann beschuldigte seinen Schwiegervater des Betruges und der Untreue, indem er die ihm ausgestellte Vollmacht missbraucht und ihn so um 38.000 DM geschädigt haben soll. Der Täter wies den Vorwurf zurück. Dennoch leitete die Staatsanwaltschaft die Schlichtung ein, die folgerichtig an der fehlenden Bereitschaft des Beschuldigten scheiterte. Daraufhin wurde das Verfahren nach § 154d StPO unter Hinweis auf das anhängige Zivilverfahren eingestellt. Dieses endete mit einem Vergleich, der der Anzeige die Grundlage entzog und führte demnach zu einer Einstellung gem. § 170 Abs.2 StPO.*

Zwar ist ein Geständnis keine Voraussetzung für eine Schlichtung; in diesem Fall wurde jedoch nicht der Vorsatz der Schädigung geleugnet, sondern der Missbrauch der Vertretungsmacht, also ein objektiver Umstand, der Voraussetzung für eine Schadensersatzpflicht ist. Von daher war die Akzeptanz des Tatvorwurfs untrennbar mit der Frage der Schadensverursachung verbunden, so dass die Schlichtung keinen Erfolg haben konnte. Insofern wäre ein Vorgehen gem. § 154d StPO von Beginn an vorrangig gewesen.

---

[499] vgl. F. II. 4.
[500] es wird nicht verkannt, dass in den Fällen der §§ 153ff. StPO ein Schuldnachweis nicht gefordert wird, vielmehr eine hypothetische Schuldbeurteilung ausreicht - BVerfG NJW 1990, 2741f.; da die Einstellungen gem. § 170 Abs.2 StPO jedoch stets ohne weitere Ermittlungen erfolgten, hätte auch schon vor der Schlichtungseinleitung die Beurteilung nicht anders lauten können.

Der hohe Anteil diversionsrechtlicher Einstellungen scheint den Verdacht zu bestätigen, dass das Ziel der staatsanwaltlichen Schlichtungsinitiative lediglich Arbeitserleichterung ist.

	n	Schlichtungsinitiator	
		StA	**Verteidigung**
Einstellung gem. §§ 153ff. StPO	42	31	11
Strafbefehl gem. § 407 StPO	4	1	3
Freispruch	3	2	1
Absehen von Strafe	1	0	1
Verwarnung mit Strafvorbehalt	3	0	3
Geldstrafe	5	1	4
Freiheitsstrafe mit Bewährung	9	0	7
Freiheitsstrafe ohne Bewährung	4	0	4
Sonstiges	7	4	3

Tabelle 44: Zusammenhang zwischen Art der Entscheidung und Schlichtungsinitiator

Die Tabelle belegt, dass die Staatsanwaltschaft nicht einen Fall an den Ausgleich e.V. vermittelt hat, der im Anschluss zu einer Freiheitsstrafe geführt hat. Überhaupt kam es lediglich in zwei der von ihr initiierten Schlichtungsfällen im nachhinein es zur Verhängung von Geldstrafen durch das Gericht. Da die diesbezüglichen Wiedergutmachungsbemühungen jeweils erfolglos verliefen, spricht einiges dafür, dass im Erfolgsfalle auch diese Verfahren diversionsrechtlich erledigt worden wären.

Fall 11: So in dem Fall eines Eingehungsbetruges. Der Angeklagte hatte mit einer Baufirma einen Werkvertrag geschlossen und anschließend mangels Zahlungsfähigkeit das geleistete Werk nicht bezahlt. Der Schaden belief sich auf rund 6.000 DM. Die Schlichtung scheitert daran, dass der Beschuldigte weder auf Anschreiben noch Anrufe des Schlichters reagierte. Das Urteil lautete auf 125 Tagessätze, wobei zugunsten des Angeklagten seine wirtschaftliche Notlage, sein die äußeren Umstände betreffendes Geständnis, sowie seine weitestgehende Straffreiheit (eine nicht einschlägige Vorstrafe) berücksichtigt wurden. Strafschärfend wurde der hohe Schaden und die generalpräventive Überlegung ins Feld geführt, dass vorleistungspflichtige Baufirmen zu schützen seien.

Fall 12: Ein Opfer hatte Strafanträge gegen den Beschuldigten, ihren früheren Freund, gem. §§ 194 Abs.1 S.1, 230 Abs.1, 303c StGB zurückgenommen, woraufhin das Verfahren nach § 170 Abs.2 StPO eingestellt wurde. Kurz darauf zeigte sie an, dass die Rücknahme aufgrund einer Nötigung durch den Beschuldigten erfolgt sei und dass dieser auch jetzt versucht habe, durch weitere Nötigungs- und Beleidigungshandlungen sie von dieser erneuten Anzeige abzubringen. Der Konflikt war so groß, dass sich die Geschädigte nicht in der Lage sah, an der von der Staatsanwaltschaft vorgeschlagenen Schlichtung teilzunehmen. Ihre Kränkungen seien zu heftig gewesen, um jetzt auf den Täter zuzugehen und ihm womöglich noch im Strafverfahren behilflich zu sein. Daraufhin kam es zu einem Strafbefehl über 90 Tagessätze. Der zunächst eingelegte Einspruch wurde in der Hauptverhandlung zurückgenommen, nachdem die Staatsanwaltschaft eine Einstellung nach § 153a Abs.2 StPO ablehnte.

Die Kritik richtet sich nicht gegen Einstellungen nach §§ 153ff. StPO aufgrund erfolgreicher Schlichtungsbemühungen, sondern vielmehr dagegen, dass das Vorgehen der Staatsanwaltschaft im Wesentlichen darauf beschränkt ist und somit allein ihrem eigenen Vorteil dient. Das deutlich weitergehende Potential von Schadenswiedergutmachung und § 46a StGB insgesamt wird übersehen. Damit wird die Staatsanwaltschaft ihrem gesetzlichen Auftrag gem. § 155a S.2 StPO jedoch nicht gerecht.
Das mangelnde eigene Interesse bedeutet immerhin nicht, dass sich die Staatsanwaltschaft stets der Berücksichtigung von erfolgreichen Ausgleichsbemühungen auch bei höherem Schuldgehalt verschließt.

Fall 13: Der Beschuldigte hatte fingierte Schadensmeldungen von Windschutzscheibenschäden angefertigt und von einer Versicherung Ersatz der vermeintlichen Reparaturkosten verlangt. Die nötigen Daten waren ihm aufgrund seiner vorherigen Tätigkeit als Geschäftsführer einer Autoreparaturwerkstatt zugänglich. Bei dem Erstattungsantrag gab sich der Beschuldigte weiterhin als dieser Geschäftsführer aus. In jeder Schadensmeldung und auf entsprechenden Abtretungserklärungen fälschte er die Unterschrift der Versicherungsnehmer. In fünf Fällen kam es zu einer Auszahlung der übermittelten Schadensanzeige (insgesamt 6.405,44 DM), während in acht Fällen die Täuschung rechtzeitig erkannt wurde. Im Rahmen der vom Verteidiger initiierten Schlichtung wurden Schadensersatzzahlungen in Höhe von 6.000 DM vereinbart und voll erfüllt. Danach einigten sich Verteidigung und Staatsanwaltschaft auf einen Strafbefehl über 10 Monate Freiheitsstrafe, ausgesetzt zur Bewährung, verbunden mit einer Geldzahlung in Höhe von weiteren 6.000 DM an die Staatskasse.

Diese Art der Erledigung ist angesichts von neun Voreintragungen sicherlich beachtlich, auch wenn die einzig einschlägige Vorstrafe schon einige Zeit zurücklag. Dabei kann das Vorgehen nicht umfassend auf § 46a StGB gestützt werden. Zum einen bleiben, selbst wenn man davon ausgeht, dass die Zahlung der 6.000 DM eine erhebliche persönliche Leistung oder einen persönlichen Verzicht des Beschuldigten beinhaltet, die mit jedem Betrugsfall ideal konkurrierenden Urkundenfälschungen davon unberührt.[501] Des weiteren fehlt es am Ausgleich für die versuchten Betrugstaten. § 46a StGB selbst kann demnach allenfalls auf die fünf vollendeten Fälle des § 263 StGB Anwendung finden.

III. ERFOLG DURCH VERFAHRENSBESCHLEUNIGUNG

Die Möglichkeit, aufgrund einer erfolgreichen Schlichtung das Strafverfahren ohne Durchführung der Hauptverhandlung einstellen zu können, ist ein doppelter Erfolg: als Minus gegenüber Strafbefehl oder Anklage bedeutet die Einstellung eine Strafmaßreduzierung und vor allem keine Vorstrafe. Des weiteren ist sie in zeitlicher Hinsicht ein Gewinn, da sie zu einer schnelleren und - mangels Beschäftigung des Gerichts mit dem Fall - Ressourcen sparenden Erledigung führt.
Im folgenden soll daher versucht werden, auch ohne Vergleichsgruppe zu eruieren, in welchen Fällen die Einstellung maßgeblich auf der Schlichtung beruht. Dabei findet eine Untergliederung in Einstellungen durch die Staatsanwaltschaft und durch das Gericht statt, die eine differenzierte Aufstellung der Diversionsentscheidungen nötig macht.

---

[501] siehe dazu D. I. 2.2.

	nach Abs.1			nach Abs.2		
	n	s%	f%	n	s%	f%
§ 153 StPO	7	21,2	16,7	1	11,1	2,4
§ 153a StPO	16	48,5	38,1	5	55,6	11,9
153b StPO i.V.m. § 46a StGB	7	21,2	16,7	----	----	----
154 StPO	3	9,1	7,1	3	33,3	7,1
Gesamt	33	100		9	100	

Tabelle 45: Verteilung der Einstellungen auf den Verfahrenszeitpunkt

1. Einstellungen durch die Staatsanwaltschaften

1.1 Einstellungen gem. § 153a Abs.1 S.2 Nr.5 StPO

Diese Norm wurde erst nach Beginn des Projekts Ausgleich e.V. in die StPO eingeführt. Ihre Einfügung in das Konzept bereitet Schwierigkeiten. Denn bei einer Einstellung nach § 153a Abs.1 S.2 Nr.5 StPO führt nicht erst die Wiedergutmachung zu einer Reduzierung des Schuldgehalts oder des öffentlichen Interesses an der Strafverfolgung auf ein Maß, das eine Einstellung möglich macht. Vielmehr müssen diese Voraussetzungen bereits vorliegen. Die Weisung nach Nr.5 dient also - wie alle anderen Auflagen und Weisungen nach § 153a StPO - lediglich dazu, das von Anfang an geringe öffentliche Strafverfolgungsinteresses zu beseitigen. Somit ist ein Fall, der nach § 153a Abs.1 S.2 Nr.5 StPO behandelt werden soll, von Anfang an einstellungsgeeignet und damit strenggenommen projektuntauglich.
Diese strenge Betrachtung geht aber zu weit. Denn hinsichtlich ihrer Kompensationswirkung sind die unterschiedlichen Auflagen und Weisungen nicht alle gleichwertig. Insofern ist die Anwendung von § 153a Abs.1 S.2 Nr.5 StPO zumindest dann nicht zu beanstanden, wenn andere Auflagen oder Weisungen weniger geeignet erscheinen, den erstrebten Zweck zu erzielen. Dies ist zum Beispiel denkbar, wenn die Verarbeitung eines persönlichen Konflikts professioneller Anleitung bedarf. Dies ändert jedoch nichts daran, dass in diesen Fällen ein Vorgehen über § 153b StPO i.V.m. § 46a Nr.1 StGB vorzuziehen ist.[502] Die Konzentration des Projekts auf materielle Schadenswiedergutmachung dürfte regelmäßig für die vorrangige Anwendbarkeit von § 153a Abs.1 S.2 Nr.1 StPO sprechen. Der zeit- und arbeitsintensive Weg einer Schlichtung erscheint in solchen Fällen dann nicht vertretbar, wenn sich der entstandene Schaden bereits aus der Akte ergibt.

Fall 14: Ein nicht einschlägig vorbestrafter Unternehmer tankte trotz Kenntnis seiner Zahlungsunfähigkeit auf Rechnung. So entstand ein Schaden in Höhe von 2.113 DM. Im Rahmen der Schlichtung kam es zu folgender Übereinkunft: Neben der Schadenserstattung in monatlichen Raten à 200 DM ab dem 15.2.2001 wurde eine überobligationsmäßige Zahlung in Höhe von 500 DM für den Ärger und eine Entschuldigung erbracht. Bereits am 11.1.2001 stellte die Staatsanwaltschaft das Verfahren gem. § 153a Abs.1 S.2 Nr.5 StPO ein.

---

502 vgl. E.; die Austauschbarkeit wird insbesondere dadurch augenfällig, dass die Staatsanwaltschaft München I zwei Verfahren gem. § 153a Abs.1 S.2 Nr.5 StPO eingestellt hat, nachdem sie zuvor bereits eine Zustimmung des Gerichts zu einer Einstellung nach § 153b StPO eingeholt hatte.

Das ist allein schon deshalb falsch, da sie augenscheinlich das gesetzliche Erfordernis der Vereinbarungserfüllung unter den Tisch hat fallen lassen. Aus dem gleichen Grund scheidet ein Vorgehen gem. § 153b StPO aus. Im Hinblick auf den klaren Sachverhalt, wäre eine Wiedergutmachungsauflage nach § 153a Abs.1 S.2 Nr.1 StPO - eventuell in Form von Ratenzahlungen - vorzugswürdig gewesen.[503] Einer aufwendigen Schlichtung bedurfte es dazu nicht.

Entsprechendes gilt für

Fall 15: Im Schlichtungsverfahren einigten sich Täter und Opfer, eine große juristische Person, neben einer Entschuldigung über die Erstattung des Schadens von 349,71 DM, der durch Lieferung der Ware nach einer Internetbestellung entstanden war, weil der Täter nicht bezahlte und daraufhin eingeleitete Vollstreckungsbemühungen des Geschädigten erfolglos verliefen. Es kam zur Einstellung nach § 153a Abs.1 S.2 Nr.5 StPO.

Schließt man einen Täter-Opfer-Ausgleich mit großen juristischen Personen als Geschädigten mangels Konflikts aus, so muss dies auch für § 153a Abs.1 S.2 Nr.5 StPO gelten, der offensichtlich die Parallelnorm zu § 46a Nr.1 StGB ist. Bei geringen Schäden fällt es wiederum schwer, in der bloßen Schadenserstattung schon eine erhebliche persönliche Leistung zu erblicken. Im Rahmen des § 153a StPO kommt es darauf aber nicht an, da mit der Auflage nach Nr.1 eine davon unabhängige Lösungsmöglichkeit besteht, die sich auch hier aufgedrängt hätte.
Zutreffend dagegen die Einstellung nach § 153a Abs.1 S.2 Nr.5 StPO in

Fall 16: Ein fahrender Teppichhändler hat bei einem Haustürgeschäft einem Mann zwei Teppiche unter Vorspiegelung besonderer Qualität zu deutlich überhöhten Preisen verkauft. Der Schlichter vermittelte die Rückabwicklung dieses Kaufes, eine Entschuldigung des Täters und eine Zahlung an das Opfer in Höhe von 500 DM für den Ärger.

Diese mustergültige, auf den konkreten Fall eingehende Lösung wäre über eine Auflage nach § 153a Abs.1 S.2 Nr.1 StPO nur sehr schwer zu erreichen gewesen. Insofern ist das Vorgehen über Nr.5 gerechtfertigt und angebracht.

Ebenso zuzustimmen ist der Entscheidung der Staatsanwaltschaft im folgenden Fall, da hier der persönliche Konflikt im Vordergrund steht.

Fall 17: Ein Sohn drangsalierte über Jahre seine auf dem selben Hof lebende Mutter, was zu einem Strafverfahren wegen §§ 185, 223, 240, 241, 303 StGB führte. Beide Seiten einigten sich zunächst auf bestimmte Arbeitsleistungen des Sohnes für seine Mutter, sowie eine Spende an eine gemeinnützige Organisation in Höhe von 1.500 DM. Nachdem die Staatsanwaltschaft ihr Einverständnis mit diesem Schlichtungsinhalt erklärt hatte, wollte der Täter dann doch nicht mehr. Als daraufhin eine richterliche Vernehmung der Geschädigten anberaumt wurde, erfolgte ein erneuter Sinneswandel des Beschuldigten. Die Staatsanwaltschaft übergab den Fall erneut dem Ausgleich e.V., durch dessen Bemühungen die Vereinbarung - wie ursprünglich geplant - abgeschlossen und erfüllt wurde.

---

[503] auch in diesem Zusammenhang hätte jedoch freilich die Erfüllung der Auflage als Bedingung für die endgültige Einstellung überwacht werden müssen.

Der Fall unterstreicht einmal mehr die Entscheidungshoheit des Opfers. Die Umstände der Schlichtung sprechen dafür, dass sie gescheitert wäre, wenn die Geschädigte eine Zahlung an sich verlangt hätte. Der Verzicht darauf ist jedoch zu akzeptieren. Wenn also der Wunsch des Opfers nach Konfliktlösung sein Interesse an der Geltendmachung eigener Ansprüche überwiegt, so verdient dies Beachtung und ist einer anderweitigen Beurteilung durch Staatsanwaltschaft und Gericht entzogen. Insofern untermauert dieses Beispiel auch sehr anschaulich das Bedürfnis nach Anerkennung symbolischer Wiedergutmachungsleistungen selbst in Fällen, in denen es nicht an einem persönlichen Opfer fehlt.

1.2 Begründete Einstellungsentscheidungen

Eine Beurteilung der Auswirkung von Ausgleichsbemühungen ist darüber hinaus dann einfach, wenn die Einstellung begründet wird. Dies ist vornehmlich bei § 153 StPO der Fall, da dies die einzige Möglichkeit bietet, den Sachverhalt in irgendeiner Form zu würdigen.

> *Fall 18: Eine nicht vorbestrafte Gastwirtin hatte vom Fleischgroßhandel, bei dem sie langjährige Kundin war, aufgrund von Geldschwierigkeiten sechsmal Waren bestellt, aber nicht bezahlt, sowie dreimal einen ungedeckten Scheck ausgestellt. Die von der Staatsanwaltschaft München II initiierte Schlichtung verlief problemlos. In der Vereinbarung wurde geregelt, dass der Schaden in Höhe von 13.000 DM durch monatliche Ratenzahlung in Höhe von anfangs 500 DM , ab dem fünften Monat von 1.000 DM ausgeglichen werden soll. Daraufhin wurde das Verfahren gem. § 153 Abs.1 StPO mit folgender Begründung eingestellt:*
> *„Die Parteien haben an einem Täter-Opfer-Ausgleich teilgenommen. In der Schlichtungsvereinbarung vom 19./20.12.2000 wurde eine Schadenswiedergutmachung geregelt. Angesicht dieses Ausgleichs, der auch auf der persönlichen Ebene erfolgreich war, erscheint eine Strafverfolgung nicht mehr geboten."*

Unter dem Aspekt der geringen Schuld ist die Einstellung bei einem Schaden von 13.000 DM bemerkenswert, zumal gem. § 153 Abs.1 S.2 StPO nicht einmal die Zustimmung des Gerichts eingeholt wurde. Die gefundene Regelung hat nach Ansicht der Staatsanwaltschaft das öffentliche Interesse an der Strafverfolgung beseitigt. Dies ist insofern bedenklich, als die Erfüllung der Vereinbarung nicht weiter abgewartet wurde. Deshalb kam auch eine Einstellung gem. § 153b StPO i.V.m. § 46a StGB nicht in Betracht. Es wäre besser gewesen, die gefundene Vereinbarung nun mit einer Auflage nach § 153a StPO zu begleiten, in der deren Einhaltung der Beschuldigten für einen gewissen Zeitraum auferlegt wird.

Entlarvend sind auch folgende Begründungen:

> *Fall 19: „In Betracht kommt hier lediglich ein Vergehen der Nötigung durch das Austauschen der Schlösser. Ein Vergehen der Unterschlagung ist hingegen nicht mit der erforderlichen Sicherheit nachweisbar. Hinsichtlich der Nötigung ist jedoch von einem gegenseitigen Hochschaukeln der Situation auszugehen. Es handelt sich insoweit um eine private Auseinandersetzung zwischen Mieter und Vermieter. Der Beschuldigte hat sich bislang straffrei geführt und ist wegen einer gleichartigen Tat noch nicht in Erscheinung getreten."*

Und ähnlich:

Fall 20: „Es ist lediglich Unterschlagung von zwei Dosen Cola nachweisbar. Der Beschuldigte ist nicht vorbestraft. Ihm wurde bereits das gesamte bei ihm entstandene Kassenminus vom Lohn abgezogen."

So überzeugend diese Begründungen sind, so überzeugend wären sie auch ohne den Versuch einer Vermittlung gewesen. Die Einstellung hätte also bereits ohne Einschaltung des Ausgleich e.V. erfolgen müssen. Insofern bedeutet die Schlichtungseinleitung eine selbst verschuldete Verfahrensverzögerung.

Manchmal fehlt es auch im Rahmen des § 153 StPO an einer Begründung.

Fall 21: Eine Frau zeigte ihren Ehemann an, sie beleidigt, geschlagen, mit einem Messer und mit dem Tode bedroht zu haben. Des weiteren habe er mit der Entführung der Tochter in die USA gedroht. Es ergeht Haftbefehl gegen den Beschuldigten, der mit Fluchtgefahr aufgrund der Höhe der zu erwartenden Strafe begründet wird. Als die Anzeigenerstatterin kurze Zeit später die Anzeige zurücknehmen will, weist die Staatsanwältin sie auf die Möglichkeit des Täter-Opfer-Ausgleichs hin. Als die Frau dem zustimmt, wird der Haftbefehl aufgehoben und der Fall an den Ausgleich weitergeleitet. Im Rahmen der Schlichtung kommt es zu einem persönlichen Gespräch der Beteiligten beim Schlichter und zu folgender Vereinbarung: der Beschuldigte zahlt an seine Frau 2.000 DM Schmerzensgeld, entschuldigt sich ausdrücklich und erklärt sich bereit, an einem Termin zur Eheberatung teilzunehmen. Das Gericht hat seine Zustimmung zur Einstellung gem. § 153b StPO bereits erteilt, als der Staatsanwaltschaft die Idee kommt, die Einhaltung der Vereinbarung zu überprüfen. Dabei teilt die Geschädigte mit, dass der Beschuldigte sich, ohne die Versprechungen erfüllt zu haben, mittlerweile in die USA abgesetzt habe, sie aufgrund der Länge des Verfahrens kein Interesse mehr daran habe, ihre Anzeige zurückziehe und nicht als Zeugin aussagen werde. Daraufhin erfolgt Einstellung gem. § 153 StPO.

Der Fall wurde hier geschildert, da er zwei Punkte sehr anschaulich verdeutlicht. Zwar kann die Schlichtungsvereinbarung als mustergültig bezeichnet werden. Die Verabredung einer Eheberatung ist auf den Tatvorwurf abgestimmt und geeignet, eine Konfliktlösung zu unterstreichen. Die beste Vereinbarung ist aber nichts wert, wenn sie nicht eingehalten wird. Dies zeigt, wie wesentlich die Erfüllungskontrolle durch die Staatsanwaltschaft ist. Vor diesem Hintergrund ist die Einstellung gem. § 153 StPO nicht nachvollziehbar. Es ist schon frappierend, dass ein Verfahren wegen geringer Schuld und fehlendem öffentlichen Interesse an der Strafverfolgung eingestellt wird, in dem zuvor ein Haftbefehl gegen den Beschuldigten erlassen wurde, ohne dass sich hinsichtlich des Tatvorwurfs etwas geändert hat. Geändert hat sich allenfalls die Beweislage: wäre ein Tatnachweis ohne Aussage der Ehefrau nicht zu führen gewesen, so hätte folgerichtig eine Einstellung gem. § 170 Abs.2 StPO erfolgen müssen.[504]

---

[504] in diesem Fall hätte die Einstellung nach § 170 Abs.2 StPO auch nicht gegen einen vorherigen Schlichtungsversuch gesprochen, da zum Zeitpunkt der Initiative ein hinreichender Tatverdacht bestand.

1.3 Diversionsrechtliche Einstellung aufgrund des Bemühens des Täters bei Scheitern der Schlichtung

Die drei zuletzt dargestellten Einstellungen gem. § 153 StPO erfolgten jeweils nach einem gescheiterten Schlichtungsversuch. Ein solches Scheitern bedeutet jedoch nicht, dass eine diversionsrechtliche Erledigung aufgrund des Ausgleichsversuchs generell nicht mehr in Frage kommt. Dies gilt sowohl hinsichtlich des Bemühens gem. § 46a Nr.1 StGB als auch gem. § 46 Abs.2 StGB, wenn dieses Bemühen den Schuldgehalt der Tat oder das öffentliche Interesse an der Strafverfolgung so weit senken kann, dass eine Erledigung gem. §§ 153, 153a StPO gerechtfertigt ist. Dies setzt jedoch jeweils voraus, dass das Scheitern der Schlichtung nicht auf den Täter zurückzuführen ist.

Fall 22: Ein Hauseigentümer brach das Schloss eines Fahrrads auf, um es wegzustellen, nachdem es trotz mehrfacher Beschwerde weiterhin an der Hauswand angelehnt war, anstatt im Fahrradständer zu stehen. Ein Mitarbeiter der Firma, der das Fahrrad gehörte, verlangte dessen Rückgabe, die erfolgte. Da das Schloss weiterhin beschädigt war, forderte der Mitarbeiter bei der Frau des Beschuldigten dessen Reparatur. Daraufhin erschien dieser am nächsten Tag im Büro des Geschädigten; im Verlauf der Auseinandersetzung kam es zu Beleidigungen und zwei Schlägen in das Gesicht des Mitarbeiters, die ohne weitere Folgen blieben. Der Beschuldigte bot, obwohl er von Notwehr bzw. Putativnotwehr ausging, eine Zahlung von 500 DM an eine gemeinnützige Organisation gem. § 153a Abs.1 S.2 Nr.2 StPO an. Die Staatsanwaltschaft leitete jedoch den Fall dem Ausgleich zu. Beide Seiten behaupteten, schlichtungsbereit zu sein. Während jedoch der Täter weiterhin eine Zahlung von 500 DM anbot, verlangte der Geschädigte 10.000 DM Schmerzensgeld, die er als nicht weiter verhandelbar bezeichnete. Die Staatsanwaltschaft stellte daraufhin das Verfahren gem. § 153a Abs.1 S.2 Nr.1 StPO vorläufig ein, verbunden mit der Auflage, 1.000 DM an den Geschädigten zu zahlen. Nach Auflagenerfüllung erfolgte die endgültige Einstellung.

Dieser Fall dürfte zu denen gehören, in denen ein Rechtsmissbrauch seiner Position durch das Opfer angenommen werden muss. Die Forderung von 10.000 DM für zwei Ohrfeigen und Allerweltsbeleidigungen sind schlichtweg absurd. Hätte der Täter die angebotenen 500 DM überwiesen, wäre demnach auch eine Einstellung gem. § 153b StPO i.V.m. § 46a Nr.1 StGB in Betracht zu ziehen gewesen. So ist der Gang über § 153a Abs.1 S.2 Nr.1 StPO zu begrüßen, wobei hier offenbleiben muss, ob dieses Vorgehen tatsächlich erst durch das Verhalten des Täters und des Opfers während des Schlichtungsverfahrens ermöglicht wurde. Denn nur dann wäre die Projektkonzeption erfüllt.

Insofern wiederum verfehlt erscheint

Fall 23: Der Anzeigenerstatter warf einem Werbefotografen vor, gar keine Kunden zu haben, und somit mit seinen Inseraten, in denen er Modelle für Mode- und Werbeaufnahmen suchte, über die Existenz solcher potentieller Kunden zu täuschen und so Interessenten zu Probeaufnahmen zu überreden, für die er 250 DM verlangt, obwohl niemals eine Weitervermittlung möglich sei. Das Verfahren wurde zunächst wegen unzureichenden Anfangsverdachts nicht eingeleitet, § 152 Abs.2 StPO. Nach einer Beschwerde des Anzeigenden wurde die Staatsanwaltschaft angewiesen, das Verfahren zu eröffnen. Gleichzeitig wurden mögliche Ermittlungsansätze aufgezeigt. Diese ignorierend, wurde die Akte sofort an den Ausgleich weitergeleitet. Dort betrachtete man den Fall wohl schon kritisch und wies den Schlichter an, erst einmal nur die Bereitschaft des Opfers auszuloten. Dieses wies den Vorschlag des Schlichters empört zurück. Daraufhin - weiterhin ohne jemals Ermittlungen geführt zu haben - wird das Verfahren gegen eine Zahlung von 500 DM an die Staatskasse eingestellt; diese Zahlung erfolgt ausdrücklich unter dem Hinweis auf die Angst, durch einen drohenden Prozess Kunden zu verlieren.

Hier kann von einem Bemühen des Täters keine Rede sein. Die Einstellung gem. § 153a Nr.2 StPO muss demnach schon vor dem Auftrag an den Ausgleich e.V. möglich gewesen sein. An dieser Stelle muss leider aber auch der Schlichter kritisiert werden, dessen Einigungsvorschlag als Leistung des Beschuldigten offensichtlich vorsah, dass dieser auf seine Forderungen gegen das Opfer verzichtet. Da Kernpunkt der Anzeige war, dass der Täter aufgrund seines strafrechtlich relevanten Vorgehens gar keine Forderung gegen den Geschädigten haben könne, war dieser Vermittlungsansatz wenig hilfreich und musste zur Ablehnung durch das Opfer führen.

Scheitert die Schlichtung an einer fehlenden Einigung, so ist im Rahmen der Auflagen und Weisungen nach § 153a StPO im Übrigen zu fordern, dass - wie in Fall 22 geschehen - die Wiedergutmachungsauflage der Nr.1 vorrangig angewandt wird. Dies ergibt sich für die Staatsanwaltschaft auch aus Nr.93 Abs.3 RiStBV.

Fall 24: Im gemeinsamen Wald schlug und verwertete ein Miteigentümer ohne Einwilligung des anderen Holz; der Schaden betrug in etwa 100 DM. Hintergrund des Konflikts waren Nachbarschaftsstreitigkeiten, die sich mittlerweile in der zweiten Generation fortsetzten. Die Schlichtung scheiterte daran, dass sich beide Seiten nicht einigen konnten/ wollten. Das Opfer lehnte das Angebot des Täters, eine Zahlung in Höhe von 200 DM, ab. Daraufhin stellte die Staatsanwaltschaft das Verfahren nach Erfüllung der Auflage bzgl. einer Zahlung von 500 DM an die Staatskasse endgültig ein, § 153a Abs.1 S.2 Nr.2 StPO.

Angesichts des unzweifelhaft entstandenen Schadens wäre eine Auflage nach § 153a Abs.1 S.2 Nr.1 StPO vorzuziehen gewesen, falls nötig in Kombination mit einer weiteren Zahlung nach Nr.2.

Das Bemühen des Täters um einen Ausgleich kann sich nicht nur in einem Vorgehen nach §§ 153, 153a StPO niederschlagen, sondern auch in einem solchen nach § 154 Abs.1 Nr.1 StPO, indem es das Strafbedürfnis so weit senkt, dass die zu erwartende Strafe gegenüber einer anderen nicht mehr wesentlich ins Gewicht fällt. Aber auch hier ist genau zu beobachten, ob die Einstellung wirklich erst durch die Schlichtung ermöglicht wurde oder auf Gründen fußt, die bereits vorher gegeben waren. So war es leider in

Fall 25: Ein Rechtsanwalt erstattete Strafanzeige und stellte Strafantrag gegen den Ehemann seiner früheren Freundin wegen Nötigung, Beleidigung und Körperverletzung. Die zunächst erfolgte Einstellung gem. § 170 Abs.2 StPO wurde auf eine Beschwerde hin kassiert. Daraufhin sollte der Ausgleich e.V. sein Glück versuchen. Die zunächst erfolgte Kontaktaufnahme zum Geschädigten ergab, dass dieser auf Strafverfolgung bestehe und daher zu einer Schlichtung nicht bereit sei. Daraufhin kommt es zu einer Einstellung nach § 154 Abs.1 Nr.1 StPO im Hinblick auf eine Verurteilung aus dem Jahr 2000 wegen Körperverletzung zu 80 Tagessätzen.

2. Einstellungen durch das Gericht

Eine auf der Schlichtung beruhende Einstellung kann auch erst durch das Gericht erfolgen. Das bedeutet immer noch eine Verfahrensbeschleunigung. Denn zum einen erspart sich das Gericht das Abfassen eines Urteils, zum anderen ist das Verfahren damit erledigt.
Andererseits dauern diese Verfahren länger als nötig. Das ergibt sich daraus, dass die Staatsanwaltschaft einer Einstellung nach Klageerhebung jeweils zustimmen muss. Wenn sie das tut, muss sie offensichtlich die möglichen Auswirkungen einer Schlichtung im Vorfeld verkannt haben. Hätte sie bereits während des Ermittlungsverfahrens auf diese hingewirkt, hätte eine Einstellung durch sie erfolgen können. Damit wäre das Verfahren noch schneller beendet gewesen und die Staatsanwaltschaft hätte sich vor allem das Anfertigen einer Anklageschrift bzw. eines Strafbefehls erspart.
Dieser Fehlkalkulation entsprechend liegen den gerichtlichen Einstellungsbeschlüssen stets Fälle mit von Verteidigerseite aus initiierten Schlichtungen zugrunde.

Fall 26: Eine junge Mutter entwendete aus einem kleinen Fachgeschäft Ware im Wert von 60 DM, wurde jedoch noch vor Ort gestellt. Gegen den Strafbefehl legte der Verteidiger Einspruch ein, kündigte den Versuch einer Wiedergutmachung an und regte bereits zu diesem Zeitpunkt für den Fall eines Erfolges eine Einstellung nach § 153a StPO an. Auf Nachfrage des Gerichts nahm die Staatsanwaltschaft folgendermaßen Stellung: „Eine Einstellung gem. § 153a StPO kommt auch unter Berücksichtigung des § 46a StGB nicht in Betracht. Die Angeklagte ist bereits einschlägig vorbestraft. Die letzte Verurteilung lag gerade 10 Monate zurück. Auch der Wert der Ware spricht gegen eine Einstellung."
Im Schlichtungsverfahren wurde eine Spende an SOS Kinderdorf in Höhe von 200 DM vereinbart. Die Geschäftsführerin wünschte keine Zahlung an das Geschäft und erklärte ausdrücklich, kein weiteres Interesse an der Strafverfolgung zu haben. Im Hauptverfahren stimmte die Staatsanwaltschaft dann einer Einstellung gem. § 153a Abs.1 S.2 Nr.2, Abs.2 StPO gegen Zahlung von weiteren 750 DM an das SOS Kinderdorf zu.

Wodurch der Sinneswandel der Staatsanwaltschaft bewirkt wurde, ist nicht ersichtlich. Der Hinweis auf den Wert der Ware ist vor dem Hintergrund des § 248a StGB kaum nachvollziehbar und erst recht nicht im Vergleich mit der Einstellung nach § 153 Abs.1 StPO bei einem Betrugsschaden in Höhe von 13.000 DM (Fall 18). Verständlich ist das Rekurrieren auf die einschlägige Vorstrafe aus der näheren Vergangenheit. Allerdings widerspricht diese dann der nachträglichen Zustimmung.

Dass in Wahrheit wohl andere Überlegungen dahinterstehen, zeigt

Fall 27: Ein nicht vorbestrafter, 62-jähriger Arbeitsloser entwendet in einem großen Kaufhaus Waren im Wert von 320 DM. Die Bitte um Einstellung nach § 153a StPO gegen das Angebot einer Schlichtung wurde durch den Staatsanwalt wie folgt beschieden: „Nach meiner Ansicht ist die vorgeschlagene Sachbehandlung in Massenverfahren wie Ladendiebstahl nicht geeignet."
Dementsprechend wurde der Strafbefehl erlassen. In der Schlichtungsvereinbarung wurde festgelegt, dass der Beschuldigte 40h gemeinnützige Arbeit erbringen soll. Diese Lösung wurde im Hauptverfahren gem. § 153a Abs.1 S.2 Nr.3, Abs.2 StPO übernommen.

Auch hier erfolgte offensichtlich ein Sinneswandel. Der Verweis auf den Massencharakter greift auch keineswegs durch. Ging die Befürchtung dahin, dass durch Weiterleitung jeden Ladendiebstahls die Schlichtungskapazitäten gesprengt würden, muss das nicht Sorge des Staatsanwaltes sein. Darüber hinaus zeigt die gefundene Lösung eine sinnvolle Alternative im Rahmen des Vorverfahrens auf, indem das Instrument der gemeinnützigen Arbeit als Auflage zur Beseitigung des öffentlichen Interesses an der Strafverfolgung vermehrt Anwendung findet. Einer aufwendigen Schlichtung bedarf es dazu zukünftig nicht.
Im Übrigen unterstreicht der vorliegende Fall exemplarisch das Bedürfnis nach symbolischen Wiedergutmachungsleistungen innerhalb des § 46a Nr.2 StGB, wenn kein dauerhafter Schaden entstanden ist und ein Ausgleich nach Nr.1 mangels Konflikts nicht in Frage kommt.
Es muss jedoch Vorsicht walten, eine gerichtliche Einstellung stets auf die zwischen Anklageerhebung bzw. Einspruch gegen den Strafbefehl und Hauptverhandlung durchgeführte Schlichtung zu beziehen. Stets ist die Möglichkeit zu beachten, dass diese vielmehr auf anderen in der Hauptverhandlung erstmals gewonnenen Erkenntnissen beruht.

Fall 28: Es erging Strafbefehl über 55 Tagessätze gegen einen Beschuldigten, dem vorgeworfen wurde, zunächst Passanten und nach dem Herbeirufen der Polizei auch diese beleidigt und einen der Polizisten durch einen Faustschlag auf den Kopf verletzt zu haben. Drei Tage vor der Hauptverhandlung schaltete der Verteidiger den Ausgleich ein. Der Schlichter verhandelte telefonisch mit dem Opfer der Körperverletzung. Dabei wurde eine Entschuldigung und eine Spende an den Weißen Ring in unbenannter Höhe vereinbart. Daraufhin brachte der Beschuldigte einen Entschuldigungsbrief und einen Blumenstrauß für die beleidigte Polizeibeamtin auf die Wache. In den Zeugenaussagen fand das folgenden Widerhall:
„Ich fand es sehr dreist, zwei Tage vor der Verhandlung einen Blumenstrauß zu schicken. Der Blumenstrauß wurde zurückgeschickt."
„Vorgestern rief ein Anwalt einer Ausgleichstelle an, ob ich ein Schmerzensgeld haben möchte. Er brachte einen Brief auf die Wache, vor zwei Tagen."
Nachdem der Sachverständige die Anwendbarkeit von § 21 StGB wegen Trunkenheit bejahte, beantragte die Staatsanwaltschaft Einstellung gem. § 153a StPO gegen Zahlung von 5.000 DM an den Weißen Ring.

Der Ablauf des Falles legt nahe, dass auf die Schlichtung allenfalls die Idee zurückgeht, die Auflagenzahlung dem Weißen Ring zukommen zu lassen. Ansonsten zeigt das Verfahren sehr anschaulich die Gefahr von Schnellschlichtungen. Ausweislich der Zeugenaussagen wirkten die Bemühungen eher kontraproduktiv, da sie den Geschädigten als bloße Torschlusspanik des Beschuldigten und nicht als Ausdruck wahrer Verantwortungsübernahme erschien. Dies ist keine zwangsläufige Folge eines kurzfristigen Schlichtungsversuchs, doch muss sich der Schlichter diese Gefahr stets vor Augen halten.

IV. Erfolg durch Strafmaßreduzierung

Es wurde bereits erwähnt, dass sich Erfolge im Hinblick auf Verfahrensdauer und Strafmaß nicht gegenseitig ausschließen, sondern in der Regel vielmehr bedingen.

Doch nicht jede diversionsrechtliche Einstellung bedeutet gleichzeitig eine Beschleunigung des Verfahrens.

Fall 29: Ein nicht vorbestrafter Vater zahlte für seine Tochter, die ansonsten ein gutes Verhältnis zu ihm hatte, keinen Unterhalt mehr. Hintergrund waren Zahlungsschwierigkeiten des Vaters, der jedoch lange Zeit nicht einzusehen schien, dass er zusätzliche Jobs annehmen müsse, um seiner Pflicht nachzukommen. Stattdessen brachte er lange Zeit seine ganze Arbeitskraft in eine unrentable Kneipe ein.
Die Anregung zur Schlichtung kam vom Strafverteidiger, nachdem die erste Hauptverhandlung ausgesetzt werden musste, um weitere Fragen bzgl. der finanziellen Situation bzw. anderer Arbeitsmöglichkeiten des Vaters abzuklären. Die Verhandlungen gestalteten sich zunächst recht schwierig, da der Täter zwar zahlungswillig, nicht aber zahlungsfähig war, zumal er - obwohl er mittlerweile in seinen erlernten Beruf als Journalist zurückkehren konnte - keinen Bankkredit bekam. Daher half ihm sein Bruder mit 2.500 DM aus. Dadurch konnte folgende Vereinbarung getroffen werden: der Rückstand von 22.360 DM wurde mit Zustimmung des Opfers auf 20.000 DM reduziert. Neben der Einmalzahlung der 2.500 DM sollten monatliche Raten in Höhe von 750 DM erfolgen (495 DM auf den laufenden Unterhalt und 255 DM auf den Rückstand). Die Regelung wurde in die Hauptverhandlung eingeführt. Sie fand ihren Eingang ins Urteil in der Begründung, warum die sechsmonatige Freiheitsstrafe zur Bewährung ausgesetzt wurde. Die Verteidigung, die auf eine Einstellung des Verfahrens gehofft hatte, ging in Berufung. Ohne zu terminieren, fragte das Berufungsgericht mehrfach bei der Mutter des Kindes nach, ob der Täter seine Verpflichtungen regelmäßig erfülle. Nachdem dies stets bestätigt wurde, regte das Berufungsgericht sechs Monate nach Verkündung des erstinstanzlichen Urteils eine Sachbehandlung nach § 153a Abs.1 S.2 Nr.4, Abs.2 StPO an, wobei die getroffene Vereinbarung als Auflage für ein weiteres Jahr übernommen wurde. Die Staatsanwaltschaft stimmte dem zu.

Dieser Fall unterstreicht sehr anschaulich die Probleme, die das Erfolgsprinzip der Wiedergutmachung bereitet. Es mag seltsam anmuten, dass die Einlegung der Berufung allein wegen des Zeitgewinns rechtlich vorteilhaft sein kann. Andererseits lag auch zum Zeitpunkt der Einstellung keineswegs § 46a StGB vor, da der Rückstand als Opferschaden bei weitem noch nicht überwiegend wieder gutgemacht war. Der Zeitablauf konnte also allein dazu dienen, die Ernsthaftigkeit des Bemühens des Vaters im Sinne des § 46 Abs.2 StGB zu untermauern. So gesehen wäre das Vorgehen über § 153a Abs.1 S.2 Nr.4 StPO auch schon im Rahmen des erstinstanzlichen Verfahrens möglich gewesen.
Dieser Fall unterstreicht auch die Bedeutung der Schlichtung für Verfahren nach § 170 Abs.1 StGB. Diesbezüglich ist die Problematik des Rechtsfolgesystems schon lange offenkundig. Geldstrafen laufen der Unterhaltspflicht evident zuwider, unbewährte Freiheitsstrafen gefährden die Einkommensmöglichkeiten. Insofern ist es zu begrüßen, wenn durch Schlichtungsvereinbarungen, die über § 46 Abs.2 StGB schuldreduzierend wirken und deren Einhaltung als Auflage übernommen werden kann, eine weitere Alternative des Sanktionierens eröffnet wird.

1. Erfolgreiche Schlichtungen, die sich positiv auf den Verfahrensausgang ausgewirkt haben

Unter diese Rubrik gehören zuvorderst die Fälle, in denen es zur Anwendung von § 46a StGB gekommen ist. Diese wurden bereits dargestellt (I.).

Im Übrigen ist die Beurteilung der Auswirkungen auch im Bezug auf das Strafmaß schwierig, was einmal mehr vorrangig an der Vorschrift des § 267 Abs.4 StPO liegt, die zu sehr allgemeinen Strafzumessungsausführungen beiträgt.

Fall 30: Der einschlägig vorbestrafte Beschuldigte schnitt mit seinem PKW einen Radfahrer. Als dieser ihn daraufhin beschimpfte, stieg der Täter aus, versah den Geschädigten seinerseits mit Beleidigungen, Schlägen und Lebensdrohungen. Der Ausgleich wurde nach Anklageerhebung auf Initiative der Verteidigung aktiv; die Staatsanwaltschaft erklärte ausdrücklich ihre Bereitschaft, mit der Terminierung bis zu einem Ergebnis abzuwarten. Der Täter beglich die materiellen Schäden in Höhe von 850 DM Anwaltskosten des Opfers und zahlte 500 DM Schmerzensgeld. Im Rahmen einer schriftlichen Entschuldigung betonte er, dass er sich gerne mit dem Geschädigten ausgesprochen hätte, der seinerseits zwar eine Begegnung abgelehnt hatte, jedoch schriftlich bestätigte, dass damit die Angelegenheit für ihn beendet sei. In der Hauptverhandlung nahm er darüber hinaus seinen Strafantrag zurück, was hinsichtlich der Beleidigungen zu einem Verfahrenshindernis führte (§ 194 StGB). Das Urteil auf 70 Tagessätze, das zwischen dem Antrag der Staatsanwaltschaft (90) und der Verteidigung (50) lag, erhielt zur Strafzumessung lediglich folgenden Satz:
„Eine Geldstrafe von 70 Tagessätzen zu je DM 60,- war tat- und schuldangemessen, sowie den wirtschaftlichen Verhältnissen des Angeklagten angepasst."

Auch wenn die Umstände des Verfahrens eine weitgehende Berücksichtigung der Wiedergutmachung, die die Voraussetzungen des § 46a Nr.1 StGB erfüllt, nahelegen, bleibt es letztendlich doch bei Vermutungen, die nur mit Hilfe des Kontrollgruppenvergleichs verifiziert werden können.

Dennoch finden sich bisweilen Begründungen, die einen eindeutigen Schluss zulassen.

Fall 31: Ein Faustschlag in die Magengegend führte beim Opfer zu einer Milzblutung, die eine Notoperation und einen langen Krankenhaus- und Rehabilitationsaufenthalt nach sich zog. Täter und Geschädigter waren gute Bekannte, bei denen es in letzter Zeit des öfteren Streit gegeben hatte, nachdem der gemeinsame Versuch zum Aufbau einer Schule für Erwachsenenbildung gescheitert war. Die Anzeigenerstattung erfolgte durch den Arbeitgeber des Opfers, das sich darüber mehrfach sehr verärgert zeigte. Die Staatsanwaltschaft bejahte das öffentliche Interesse. Die Verteidigung leitete das Schlichtungsverfahren ein. Es bedurfte viel Mühe des Schlichters, den Geschädigten zur Bereitschaft an einem Ausgleichsversuch zu gewinnen, da dieser ursprünglich den Kontakt zum Beschuldigten bis auf weiteres ganz einstellen wollte. Letztlich wurde jedoch im Rahmen einer gemeinsamen Aussprache neben einer schriftlichen Entschuldigung die Zahlung von 3.500 DM Schadensersatz für Zuzahlungen zur Krankenbehandlung und von 5.000 DM Schmerzensgeld vereinbart. Aufgrund der schlechten finanziellen Lage wurde eine monatliche Ratenzahlung in Höhe von 150 DM festgelegt. In die Hauptverhandlung brachte der Täter zusätzlich 1.000 DM mit. Er wurde vom Gericht verwarnt und die Verhängung einer Geldstrafe von 140 Tagessätzen vorbehalten. Dabei wurde die gefundene Regelung ausdrücklich in den Strafzumessungsgründen erwähnt und abschließend festgestellt:
„Zudem kann durch die Verwarnung mit Strafvorbehalt erreicht werden, dass der Angeklagte seiner eingegangenen Schadenswiedergutmachung nachgehen kann. Bei einer Zahlung der Geldstrafe wäre die vereinbarte Schadenswiedergutmachung gefährdet, nachdem der Angeklagte erhebliche Schulden hat und wenig verdient."

Dem ist nichts hinzuzufügen. Ein Absehen von Strafe war mangels Vorliegen der Voraussetzungen des § 46a StGB ausgeschlossen; dazu fehlte es an der überwiegenden Entschädigung. Die Verwarnung mit Strafvorbehalt ist vor dem Hintergrund des § 59 Abs.2 StGB beachtlich, da der Täter drei zeitnahe Vorstrafen aufwies, die allerdings alle wegen Betäubungsmitteldelikten ergingen und damit zu der verfahrensgegenständlichen Tat keinen Bezug aufwiesen.
Die Anwendung des § 59 StGB ist ohnehin erstaunlich, stellt diese Norm doch weitgehend totes Recht dar. Im Zusammenhang mit einer erfolgreichen Schlichtung scheint diese Norm aber auf eine gewisse Akzeptanz bei den Strafverfolgungsbehörden zu stoßen.

Fall 32: Die beiden Geschäftsführer einer GmbH hatten ausländische Arbeitnehmer entliehen und diese nicht beim Finanzamt und der Krankenkasse angemeldet. Die Staatsanwaltschaft erklärte sich auf Bitte der Verteidigung bereit, mit der Anklageerhebung abzuwarten, um Schlichtungsmöglichkeiten auszuloten. Nachdem es innerhalb von zwei Monaten zu keinem erfolgreichen Abschluss kam, wurde jedoch Anklage erhoben, in der ausdrücklich der Versuch erwähnt wurde. Die Probleme der Schlichtung lagen in der Bestimmung der Schadenshöhe. Erst nachdem sich die Zuständigkeit des BfA anstelle der LVA herausstellte, kam es zu einer Einigung. Der so berechnete Schaden in Höhe von knapp 100.000 DM wurde ausgeglichen. Eine Einigung mit dem Finanzamt scheiterte daran, dass dieses das Strafverfahren zur Klärung komplizierter Rechtsfragen in diesem Zusammenhang abwartete. Daraus wurde nichts, da das Verfahren wegen des Verdachts der Steuerhinterziehung gem. § 154 Abs.2 StPO eingestellt wurde. Wie im Vorfeld abgesprochen, beantragten Staatsanwaltschaft und Verteidigung eine Verwarnung mit Strafvorbehalt in Höhe von 180 Tagessätzen. Dem schloss sich das Gericht an, verbunden mit der Auflage an beide Angeklagte, je 5.000 DM an eine gemeinnützige Einrichtung zu zahlen, § 59a Abs.2 Nr.3 StGB. In der Urteilsbegründung ist die umfassende Schadenswiedergutmachung ausdrücklich als ein wesentlicher Aspekt neben dem Vorliegen eines Geständnisses und der nur bedingt vorsätzlichen Tatbegehung genannt, ohne an eine Rechtsnorm geknüpft zu werden.

Aus der Akte ergeben sich keine Anhaltspunkte für die Erheblichkeit der persönlichen Leistung. Hinsichtlich der Höhe des ausgeglichenen Schadens liegt die Anwendung von § 46a Nr.2 StGB jedoch nicht fern.

Aber auch im Bereich von verhängten Geldstrafen betonen die Urteilsgründe bisweilen die positive Auswirkung der erfolgten Einigung ausdrücklich.

Fall 33: Der Beschuldigte hielt mit seinem PKW plötzlich an, stieg aus und warf einen festen Gegenstand auf die Windschutzscheibe des nachfolgenden Autos, das wegen des Stops des Vordermanns ebenfalls anhalten musste. Es entstand Sachschaden in Höhe von 3.000 DM. Der Täter konnte sich sein Verhalten später selbst nicht mehr erklären, gab lediglich an, sich provoziert gefühlt zu haben. Gleichzeitig mit dem Einspruch gegen den Strafbefehl regte der Verteidiger eine Schlichtung an. Dabei kam es neben einer Entschuldigung zur Erstattung des Sachschadens, der Gutachterkosten und eines Ausgleichs für die immateriellen Beeinträchtigungen von insgesamt 3.992,32 DM, zahlbar in zwei gleich hohen Raten. Daraufhin erging Urteil über 50 Tagessätze, wobei in den Strafzumessungsgründen ausdrücklich auf den durchgeführten Täter-Opfer-Ausgleich verwiesen wurde.

Ein Absehen von Strafe dürfte aus spezialpräventiven Erwägungen aufgrund einer Vorstrafe wegen fahrlässiger Gefährdung des Straßenverkehrs gescheitert sein. Nach hier vertretener Auffassung liegt ein Fall des § 46a Nr.1 StGB nicht vor, da zum Zeitpunkt des Urteils nur die erste Rate in Höhe der Hälfte des Schadens beglichen war. Von überwiegender Wiedergutmachung der Tat sollte jedoch nur dann gesprochen werden, wenn die vollständige Erfüllung aufgrund von Gründen nicht möglich war, die nach dem Abschluss der Vereinbarung entstanden sind.[505] Dafür ist jedoch nichts ersichtlich.
Fall 33 weist darüber hinaus auf einen weiteren Anhaltspunkt hin, an dem man den Erfolg der Schlichtung bemessen kann: während die Staatsanwaltschaft im Strafbefehl 90 Tagessätze beantragt hatte, plädierte sie in der Hauptverhandlung nur noch auf 40. Da bekannt ist, dass die vereinfachte Verfahrenserledigung einen Strafmaßbonus mit sich bringt, zeigt das Minus im Antrag, dass neue Umstände hinzugekommen sein müssen. Ausweislich des Protokolls der Hauptverhandlung können diese nur in der Einigung von Täter und Opfer zu sehen sein.

Bereits Fall 2 machte deutlich, dass erfolgte Wiedergutmachung nicht nur für die Strafhöhe maßgeblich sein kann, sondern auch für die Entscheidung, ob eine verhängte Freiheitsstrafe zur Bewährung ausgesetzt wird. Diese Wirkung ist in § 56 Abs.2 S.2 StGB gesetzlich verankert.

> *Fall 34: Der stark alkoholisierte Kneipenbesitzer warf den unliebsamen Gast durch die geschlossene Glastür nach draußen. Durch die Scherben wurde das Opfer am rechten Oberarm schwer verletzt, so dass mehrere Finger der rechten Hand steif bleiben werden. Im erstinstanzlichen Verfahren erfolgte eine Verurteilung zu einem Jahr und zwei Monaten Freiheitsstrafe. Eine Aussetzung wurde aufgrund der zahlreichen Vorstrafen (12) versagt, zumal der Angeklagte keinerlei Einsicht in seine Alkoholproblematik zeigte und eine Therapie ausschloss. Staatsanwaltschaft und Verteidigung gingen in Berufung. Kurz vor der Verhandlung teilte der Opferanwalt (!) dem Vorsitzenden Richter das Ergebnis des - vom Verteidiger eingeleiteten - Schlichtungsverfahrens mit. Nach einem persönlichen Gespräch wurden neben der Entschuldigung Schadensersatz und Schmerzensgeld dem Grunde nach anerkannt. Der materielle Schaden wurde darüber hinaus beziffert und neben einer Einmalzahlung von 2.000 DM Ratenzahlung vereinbart. Die Bestimmung der Schmerzensgeldhöhe sollte baldmöglichst erfolgen. Des weiteren enthält die Schlichtungsvereinbarung folgenden Zusatz:*
> *„Herr M. hat sich ausführlich schriftlich an Herrn V. gewandt, nachdem die Tragweite der Tat in der erstinstanzlichen Verhandlung zutage getreten war und ein Gesprächsangebot gemacht."*
> *Die Benachrichtigung durch den Rechtsbeistand des Opfers endete mit dem Satz:*
> *„Es ist der ausdrückliche Wunsch unseres Mandanten, die 25. Kleine Strafkammer von dem Aussöhnungsgespräch und der Aussöhnungsvereinbarung in Kenntnis zu setzen."*
> *In der Berufung wurde das erstinstanzliche Urteil insoweit abgeändert, als die verhängte Freiheitsstrafe zur Bewährung ausgesetzt wurde. Dabei kam dem Angeklagten neben der Wiedergutmachungsvereinbarung sein Sinneswandel hinsichtlich einer Alkoholtherapie zugute.*

Auch wenn die Bedeutung des Ausgleichs für die Aussetzung zur Bewährung in diesem Fall nicht überschätzt werden darf, zeigt dieses Beispiel mustergültig, dass eine

---

[505] vgl. D. I. 3.2.2.

späte Wiedergutmachung nicht stets der Prozesstaktik geschuldet sein muss, sondern vielmehr einer durch die Konfrontation mit dem Opfer in der ersten Verhandlung ausgelösten Betroffenheit geschuldet sein kann. Des weiteren weist die getroffene Vereinbarung Wege, falls sich die Schadensbestimmung kompliziert gestaltet, auch wenn die Anerkennung dem Grunde nach wegen des Erfolgsprinzips des § 46a StGB für diesen nicht ausreichen kann, jedoch das Bemühen und die Aufrichtigkeit dieses Bemühen gem. § 46 Abs.2 StGB unterstreichen kann.

2. Erfolgreiche Schlichtungen, die ohne Auswirkungen auf das Verfahren blieben

Fall 35: Durch die Missachtung eines Rotlichts verursachte die nicht vorbestrafte Beschuldigte einen Verkehrsunfall, bei dem die Beifahrerin des angefahrenen PKW verletzt wurde. Nach Einspruch gegen den Strafbefehl wegen fahrlässiger Körperverletzung suchte die Unfallverursacherin einen Anwalt auf, der den Fall an den Ausgleich weiterleitete. Bei einem persönlichen Treffen beider Parteien mit dem Schlichter kam es zur Vereinbarung einer Schmerzensgeldzahlung in Höhe von 2.000 DM und einer Entschuldigung. Die Leistung wurde erbracht. Auf eine Einstellung des Verfahrens wollte sich die Staatsanwaltschaft nicht einlassen, da die Verhängung eines Fahrverbotes unerlässlich sei. Daraufhin wurde in der Hauptverhandlung die Rücknahme des Einspruchs zugesagt.

Die Zusage der Rücknahme statt diese selbst hat ihren Grund darin, den Zeitpunkt des Fahrverbots günstig wählen zu können, das mit Rechtskraft des Urteils wirksam wird, § 44 Abs.2 S.1 StGB. Wenn die Argumentation der Staatsanwaltschaft zutrifft, dann zeigt dieser Fall eine faktische Grenze des Projektes auf. Im Gegensatz zu § 69 StGB verlangt die Nebenstrafe des § 44 StGB die Verurteilung zu einer Freiheits- oder Geldstrafe, so dass auch mit einem Schuldspruch i.V.m. einem Absehen von Strafe gem. § 46a StGB nicht geholfen wäre. Der Rotlichtverstoß könnte jedoch auf dem Wege geahndet werden, der einzuschlagen wäre, wenn es nicht zur Körperverletzung in Folge des Unfalls gekommen wäre: als Folge einer Ordnungswidrigkeit gem. §§ 24 Abs.1, 25 Abs.1 StVG i.V.m. 37, 49 Abs.3 Nr.2 StVO. Dies ist bei Tateinheit mit einer Straftat gem. § 21 Abs.2 OWiG dann möglich, wenn eine Strafe nicht verhängt wird. Insofern wäre für die Körperverletzung eine Einstellung nach §§ 153, 153b StPO oder auch ein Absehen von Strafe durch Urteil in Frage gekommen, ohne gleichzeitig auf die spezifische Ahndung des Rotlichtverstoßes verzichten zu müssen. Die Staatsanwaltschaft müsste lediglich die Sache an die Verwaltungsbehörde abgeben, § 43 Abs.1 OWiG. Allerdings scheidet § 153a StPO nach herrschender Meinung aus, da in ihm eine Sachentscheidung gesehen wird, die sich nur auf die Tat als ganzes beziehen könne.[506]

Eine erfolgreiche Schlichtung bleibt auch dann ohne Erfolg, wenn das Verfahren sich bereits anderweitig erledigt hat.

Fall 36: Der vorbestrafte (14 Eintragungen) Täter nutzte den Fund einer fremden EC-Karte, um mit dieser Einkäufe zu tätigen. Den EC-Karten-Abrechnungsgesellschaften entstand ein Schaden in Höhe von insgesamt 2.635,97 DM, dessen ratenweise Rückzahlung innerhalb der vom Verteidiger eingeleiteten Schlichtung vereinbart wurde. Be-

[506] Göhler, § 21, Rd.27; Meyer-Goßner, § 153a, Rd.35.

reits vor Abschluss der Schlichtung stellte jedoch die Staatsanwaltschaft das Verfahren gem. § 154 Abs.1 Nr.1 StPO im Hinblick auf ein anderes Strafverfahren wegen Betäubungsmitteldelikten ein.

Solange sich die Einstellung auf ein noch anhängiges Verfahren bezieht, ist die Schlichtung jedoch keineswegs sinnlos, da Wiedergutmachungsbemühungen als Ausdruck einer allgemeinen positiven Persönlichkeitsentwicklung gewertet werden können.

3. Schlichtungsversuche ohne Ergebnis, die dennoch positive Auswirkungen auf das Verfahren hatten

Hierunter fallen zunächst die Verfahren, in denen das Bemühen des Täters um einen Ausgleich unabhängig von dessen Gelingen honoriert wird.

Fall 37: Dabei ging es um drei Fälle von Einmietbetrug sowie einer veruntreuenden Unterschlagung. Der hoch verschuldete und stark über seine Verhältnisse lebende Angeklagte war einschlägig vorbestraft und saß zum Zeitpunkt der Hauptverhandlung wegen anderer Taten in Haft, nachdem er gegen die damals verhängten Bewährungsauflagen verstoßen hatte und die Bewährungen widerrufen wurden.
Auf Anregung des Verteidigers aufgenommene Schlichtungsbemühungen waren insoweit erfolgreich, als alle Opfer zu einer Schlichtung bereit waren, was sich schwierig gestaltete, da die Geschädigten durch das vorherige Geschehen sämtlichen Glauben in Zusagen des Täters verloren hatten. Im Fall der Unterschlagung kam noch ein besonders gestörtes Vertrauensverhältnis hinzu, da der Angeklagte vor der Tat sich langfristig persönliches Vertrauen des Geschädigten erschlichen hatte. Den Opfern wurden einmalige Sofortzahlungen angeboten, die jeweils 25% der Schadenssumme darstellten. Bzgl. des Restes wurden Ratenzahlungsvereinbarungen angestrebt. Die Hauptverhandlung kam insofern zu früh, als die Schlichtung nicht abgeschlossen war. Dementsprechend wurde der Schriftverkehr in die Hauptverhandlung eingebracht. Aufgrund der bisherigen Bemühungen sah es das Gericht jedoch als vertretbar an, die verhängte einjährige Freiheitsstrafe (im Fall eines Einmietbetruges kam es zum Freispruch) erneut für drei Jahre zur Bewährung auszusetzen. Dies wurde verbunden mit der Auflage der Schadenswiedergutmachung gem. § 56b Abs.2 Nr.1 StGB.

Lobenswert ist insbesondere die Auflage, die nicht nur dem gesetzlichen Vorrang der Schadenswiedergutmachung gerecht wird, § 56b Abs.2 S.2 StGB, sondern insbesondere auch dem Bedürfnis, entgegen den Wortlaut des § 56b Abs.2 Nr.1 StGB die einzelnen Wiedergutmachungsraten zu beziffern.[507]

Während im vorangegangenen Fall immerhin schon konkrete Schlichtungsverhandlungen aufgenommen worden waren, kann selbst die bloße Erklärung des Täters seiner diesbezüglichen Bereitschaft schon entscheidende Auswirkung haben.

Fall 38: Der Angeklagte hatte seine Schwiegermutter in spe um 71.000 DM betrogen, indem er ihr ein lukratives Anlagegeschäft vorgaukelte, das Geld jedoch in sein marodes Unternehmen steckte in der Hoffnung, das Geld später wieder zurückzahlen zu können. Der Verlust des Geldes stürzte die Frau in schwere finanzielle Nöte, zumal sie sich da-

[507] siehe dazu C. II. 3.

mit eine neue Existenz in Tunesien aufbauen wollte. Lediglich 1.300 DM wurden ihr als angebliche Zinsen aus den Anleihen gezahlt.
10 Tage vor der Hauptverhandlung wandte sich der Weiße Ring an den Ausgleich e.V. Aufgrund der Weigerung des Richters, die Hauptverhandlung zu verschieben, war eine Schlichtung aussichtslos. Im Prozess erklärte sich der Täter zur bestmöglichen Zahlung bereit, was er durch den Abschluss einer Risikolebensversicherung zugunsten der Geschädigten auch untermauern konnte. Diese Bereitschaft wurde ausdrücklich strafmildernd berücksichtigt. Die Freiheitsstrafe von einem Jahr und drei Monaten wurde - ebenfalls unter Hinweis auf die Bereitschaft - zur Bewährung ausgesetzt, verbunden mit einer Auflage zur monatlichen Zahlung von mindestens 600 DM während der dreijährigen Bewährungszeit, § 56b Abs.2 Nr.1 StGB.

Mit diesem sehr zu begrüßenden Urteil nicht ganz in Einklang zu bringen ist die Entscheidung des Gerichts, von der Bildung einer nachträglichen Gesamtstrafe gem. §§ 53 Abs.2 S.2, 55 StGB abzusehen, um den Täter auch am Vermögen zu treffen. Vorzugswürdiger wäre, das gesamte Vermögen in den Dienst der Wiedergutmachung zu stellen. Ohnehin ist nicht zu übersehen, dass nach Ablauf der Bewährungszeit selbst bei regelmäßiger Auflagenerfüllung gerade einmal 21.600 DM erstattet sind, also nicht einmal ein Drittel des Schadens. Danach bedarf das Opfer eines Titels, wenn der Täter nicht weiterhin freiwillig leistet, ein Umstand, der im Rahmen einer Schlichtung durch ein Vorgehen nach §§ 794 Abs.1 Nr.5 bzw. 796a ZPO abschließend hätte vermieden werden können.
Aber auch gescheiterte Schlichtungsversuche können positive Wirkungen dadurch zeitigen, dass die Beteiligten bereits einmal über diesen Aspekt nachgedacht haben. Dies erleichtert eine neue Schlichtungsinitiative durch das Gericht im Rahmen der Hauptverhandlung.

Fall 39: Zum Jahrtausendwechsel schoss der Angeklagte mit einem Kleinkalibergewehr, für das er keine waffenrechtliche Erlaubnis besaß, auf das im Garten befindliche Gartenhaus seines Bruders und beschädigte es, ohne zu wissen, ob sich jemand in dem Haus befindet. Des weiteren gab er zwei Schüsse auf das Haus einer Nachbarin ab und zerschlug dadurch die Glasscheibe der Balkontür. Nachdem die betagte Nachbarin, die an einen fehlgeleiteten Böller geglaubt hatte, erfahren hatte, wodurch der Schaden entstanden war, erlitt sie schwere Angstzustände, die längere Zeit ärztlicher Behandlung bedurften. Die Schlichtung wurde vom Verteidiger angeregt. Dabei kam es zur Erstattung der materiellen Schäden des Opfers von knapp 500 DM. Eine Einigung über ein Schmerzensgeld scheiterte, nachdem das Opfer 8.000 DM forderte und der Beschuldigte 500 DM anbot. In der Hauptverhandlung kamen die Bemühungen durch den Angeklagten zur Sprache. Der Nebenklagevertreter erklärte, dass das Opfer zu einer Einigung nicht bereit sei, da der Täter weiterhin leugne, mit Absicht auf das Haus geschossen zu haben. Dennoch kam man überein, dass das Opfer 4.000 DM erhält und weitere 4.000 DM an eine gemeinnützige Organisation gezahlt werden. Diese Regelung wurde im Protokoll festgehalten. Dennoch wurde sie weder in der Tatbestandsschilderung, noch bei der Strafzumessung erwähnt. Das Urteil belief sich auf ein Jahr und sechs Monate Freiheitsstrafe. Sowohl die Staatsanwaltschaft, die neben den unstreitigen Delikten von einer gefährlichen Körperverletzung ausging und zwei Jahre und drei Monate beantragt hatte, als auch die Verteidigung, die auf fahrlässige Körperverletzung und 180 Tagessätze plädiert hatte, gingen in Berufung. Die 8.000 DM wurden überwiesen. In der Berufungsverhandlung wandte sich die Nebenklage ausdrücklich gegen eine Aussetzung der Strafe zur Bewährung. Das zweitinstanzliche Urteil änderte den Schuldspruch auf fahrlässige Körperverletzung, hob dagegen das Strafmaß auf zwei Jahre an und setzte diese zur Bewährung aus. Sowohl im Tatbestand, als auch bei der Strafzumessung wurde die Wiedergutmachung ausdrücklich erwähnt.

Offensichtlich brachte die Vereinbarung keine Konfliktlösung, so dass allenfalls § 46a Nr.2 StGB in Betracht gekommen wäre. Dabei darf nicht übersehen werden, dass das Delikt gegen das Waffengesetz von der Wiedergutmachung unberührt bleibt.
Die Tatsache, dass der vereinbarte Wiedergutmachungsbetrag wertmäßig dem entspricht, was das Opfer von Anfang an gefordert hatte, legt den Verdacht nahe, dass allein der erhöhte Druck der Hauptverhandlung die Einigungsbereitschaft des Täters bewirkt hat. Insofern ist es Aufgabe des Richters, sicherzustellen, dass der Geschädigte keine unberechtigten Forderungen durchzusetzen versucht. Im geschilderten Fall erscheint die Zahlung von 8.000 DM aber dem Geschehen angepasst, zumal die Hälfte der Summe als Spende erbracht wurde.

Andererseits scheint die Hauptverhandlung auch die Ausgleichsbereitschaft des Opfers zu fördern.

Fall 40: Im Bierzelt auf dem Oktoberfest beleidigte der Beschuldigte eine fremde Frau auf sexueller Basis. Als ihr Freund dazwischen ging, wurde auch er beleidigt und vom Maßkrug des Täters am Kopf getroffen, nach seiner Einlassung Folge eines gezielten Schlages, nach Ansicht des Beschuldigten Folge eines Unfalls, als beide bei einer Rangelei zu Boden stürzten. Die den Täter abführenden Polizisten wurden ebenfalls beleidigt. Nach Anklageerhebung regte der Verteidiger eine Schlichtung an und bat das Gericht, dafür mit der Terminierung abzuwarten. Die Hauptverhandlung wurde dann auf einen Termin in zwei Monaten angesetzt, wobei ungeklärt blieb, ob das der nächst freie Termin des Gerichts war oder in der Tat hinsichtlich der Schlichtung etwas Luft gelassen wurde. Die Anwältin des weiblichen Opfers, das sich als Nebenklägerin der Klage angeschlossen hatte, lehnte die Arbeit des Ausgleich e.V. als überflüssig ab. Erst zwölf Tage vor der Hauptverhandlung wurde der Fall an einen anderen Schlichter weitergeleitet, um die Ausgleichsbereitschaft der anderen Geschädigten zu eruieren, was angesichts der kurzen Zeit scheiterte. In der Verhandlung selbst erklärte der Verteidiger, dass für die Beleidigungen gegenüber den Polizisten Entschuldigungen und Zahlungen in Höhe von 500 bis 800 DM geplant seien. Der Geschädigte der Körperverletzung erklärte in der Zeugenvernehmung seine Bereitschaft zur Einstellung des Verfahrens für den Fall einer Entschädigungszahlung. Das weibliche Opfer nun ebenfalls. Daraufhin wurde das Verfahren gegen Zahlung von 2.500 DM an das Paar zuzüglich der Anwaltskosten der Frau, sowie einer Zahlung von 500 DM an eine gemeinnützige Einrichtung gem. § 153a StPO eingestellt. Die Polizeibeamten gingen leer aus.

Wodurch der Stimmungsumschwung der Nebenklägerin ausgelöst wurde, ist nicht bekannt. Genauso wenig ist klar, was damit gemeint ist, es bedürfe des Ausgleichs e.V. nicht. Denn offensichtlich wurde auch nicht ohne Vermittlung versucht, eine Einigung mit dem Täter zu erreichen. Von daher liegt der Verdacht nahe, dass sich der Opferbeistand noch die Hauptverhandlungsgebühren sichern wollte.

4. Erfolglose Schlichtungsversuche, die ohne Auswirkungen auf das Verfahren blieben

Zum einen wären an dieser Stelle diejenigen Fälle aufzuführen, in denen trotz fehlender Einigung mit dem Opfer Ausgleichsbemühungen des Täters deutlich geworden sind und diese dennoch nicht in die Strafzumessung - zumindest gem. § 46 Abs.2 StGB - einflossen. Beispiele können an dieser Stelle jedoch nicht aufgeführt werden, da die Nichterwähnung des Wiedergutmachungsversuchs in der Urteilsbegründung - angesichts des § 267 Abs.4 StPO - nicht gleichbedeutend mit seiner Nichtbeachtung ist. Lediglich der umgekehrte Fall kann hier geschildert werden, in dem das Nichtabwarten der Schlichtungsbeendigung durch die Staatsanwaltschaft zu deren Scheitern führte.

Fall 41: Der alkoholisierte Täter drohte während eines Streits, in dessen Verlauf er seine Lebensgefährtin schlug und würgte, diese den Balkon hinabzustürzen. Als die herbeigerufenen Polizeibeamten die Frau und ihr Kind in Sicherheit bringen wollten, drohte der Täter allen, seine Waffe zu holen und sie zu erschießen. Der anschließenden Festnahme widersetzte er sich. Die Lebensgefährtin nahm ihren Strafantrag zurück, nachdem sich der Täter wegen seines Alkohol- und Aggressionsproblems freiwillig in therapeutische Behandlung begeben hatte. Nach Beantragung, aber vor Erlass des Strafbefehls bat der Strafverteidiger, das Ergebnis der von ihm eingeleiteten Schlichtung abzuwarten. Ziel des Anwalts war angesichts der finanziellen Situation seines Mandanten eine Einstellung nach § 153a StPO verbunden mit einer Auflage von gemeinnütziger Arbeit. Die Staatsanwaltschaft widersetzte sich der Bitte des Anwalts mit dem Hinweis, dass ein Teil der Taten zu Lasten der Lebensgefährtin gem. § 154 Abs.1 Nr.1 StPO nicht Bestandteil des Strafbefehls seien, was schon ein weites Entgegenkommen darstelle. Daraufhin wurde der Strafbefehl erlassen, ein Einspruch erfolgt aus Kostengründen nicht.

Auch wenn die Verweigerung der Staatsanwaltschaft gegenüber einer diversionsrechtlichen Behandlung angesichts von sieben, zum Teil einschlägigen Vorstrafen gut nachvollziehbar ist, so ist ihre generelle Ablehnung nicht verständlich. Denn eine erfolgreiche Schlichtung hätte sich zumindest auf die Höhe der im Strafbefehl beantragten Strafe auswirken müssen.

Weiterhin dient diese letzte Fallgruppe auch der Widerlegung der Gefahr, dass gescheiterte Schlichtungsfälle strafschärfend berücksichtigt werden. Dieser Aspekt kann allerdings ausschließlich mit Hilfe der Kontrollgruppe nachgewiesen werden, da die Gerichte sich hüten werden, eine entsprechende, revisionsrechtlich äußerst heikle Formulierung in ihre Urteilsbegründung aufzunehmen.

5. Erfolg durch Zusammenwirken aller Beteiligten

Abschließend soll ein Verfahren dargestellt werden, das zeigt, dass auch in äußerst sensiblen Bereichen wie dem Sexualstrafrecht Wiedergutmachungsbemühungen nicht ausgeschlossen sind; vielmehr belegt der Fall, wie behutsam emotional sehr belastende Prozesse durch ein Zusammenwirken aller Seiten geführt werden können.

Fall 42: Der 34-jährige Täter hatte die Freundschaft eines 12-jährigen Jungen gewonnen und diesen dann fünfmal sexuell missbraucht, wobei das Opfer nie zu einer Handlung gezwungen wurde, dieses vielmehr jeweils die Handlungen des Täters aus Angst, seinen deutschen Freund zu verlieren, geduldet hat. Die Taten fanden durch die Ausweisung der Familie ihr Ende und kamen erst nach deren Wiedereinreise zur Anzeige. Der nicht vorbestrafte Täter war voll geständig und äußerte in einem Brief an den Geschädigten, den er diesem über die Staatsanwaltschaft zukommen lassen wollte, „sein Erschrecken über die Erkenntnis, wie stark er die Suche des Geschädigten nach einem Freund in einem fremden Land und das Vertrauen des Geschädigten und das seiner Eltern missbraucht habe." Die Schlichtung gestaltete sich äußerst schwierig, da mittlerweile das Opfer nicht mehr auffindbar war. Dementsprechend wurden die Verhandlungen mit dem Anwalt des Geschädigten geführt. Man einigte sich auf eine Schmerzensgeldzahlung in Höhe von 10.000 DM, zahlbar durch eine Einmalzahlung in Höhe von 5.000 DM und monatliche Raten à 200 DM. Die Einzahlung erfolgt auf ein Treuhandkonto des Geschädigtenanwalts. Sollte das Opfer auch drei Jahre nach Abschluss der Hauptverhandlung nicht aufgetaucht sein, so soll das Geld einem guten Zweck zufallen. Vor diesem Hintergrund beantragten Staatsanwaltschaft, Nebenklage und Verteidigung übereinstimmend eine zweijährige Bewährungsstrafe und die Übernahme der Schlichtungsvereinbarung als Auflage gem. § 56b Abs.2 Nr.1 StGB. Das Gericht folgte dem und erteilte zusätzlich die Weisung einer Sexualtherapie.

J. FAZIT

1. Für das Ziel der Wiederherstellung des Rechtsfriedens durch Wiedergutmachung gibt es zwei Wege: die Wiedergutmachung der Tat und die des Schadens. Während erstere sich an der Lösung des entstandenen zwischenmenschlichen Konflikts zwischen Täter und Opfer orientiert, konzentriert sich letztere auf den Ausgleich des durch die Tat entstandenen Schadens mittels materieller Leistungen. Wie jedoch die Begriffe der Orientierung und Konzentration deutlich machen, handelt es sich dabei um keine Ausschließlichkeit. Während die Wiedergutmachung der Tat in der Regel auch den Ausgleich materieller Verluste beinhaltet, bedingt die finanzielle Beseitigung des eingetretenen Schadens gleichzeitig eine zumindest teilweise Beruhigung des Betroffenen über seine Rechtsgutsverletzung.

2. Entsprechend dieser unterschiedlichen Ausgangslage gibt es auch unterschiedliche Wege zum Ziel: den Täter-Opfer-Ausgleich als umfassende Konfliktlösungsstrategie und die Schadenswiedergutmachung. Die Intention des Täter-Opfer-Ausgleichs macht bereits deutlich, dass sein konkreter Inhalt subjektiv durch die Beteiligten bestimmt wird und der Beurteilung durch Dritte entzogen ist: denn wenn sein Ziel die Lösung des Konflikts ist, dann können nur die von diesem Betroffenen entscheiden, wann dieses Ziel erreicht ist. Demgegenüber knüpft die Schadenswiedergutmachung an objektiven Gesichtspunkten an. Dabei kommt es darauf an, dass die Beseitigung des Schadens geeignet ist, die Strafzwecke zu erfüllen; insofern handelt es sich um einen eigenständigen strafrechtlichen Schaden. Es bietet sich jedoch an, im Rahmen der Verletzung von Individualrechtsgütern auf das ausgereifte Instrument des Zivilrechts zu rekurrieren. Nur wo dieses nicht einschlägig ist, also keine zivilrechtlich relevanten Schäden entstanden sind (§ 267 StGB) oder die Verletzung über die des Rechtsguts eines einzelnen hinausgeht (§ 113 StGB), ist die Schadenswiedergutmachung (zusätzlich) symbolisch zu leisten.

3. Entgegen den Verfassern des Alternativentwurfs Wiedergutmachung, die aufgrund der Überschneidung sowohl der Wirkungen als auch der Leistungen im Rahmen von Täter-Opfer-Ausgleich und Schadenswiedergutmachung auf die Unterscheidung verzichtet und sich in § 2 Abs.1 AE-WGM mit der Aufzählung von Leistungsformen begnügt haben, hat der Gesetzgeber in § 46a StGB zwei scheinbar streng zu trennende Alternativen normiert. Seitdem versucht die Rechtsprechung, diese in Bezug auf den deliktischen Anwendungsbereich voneinander abzugrenzen, während sich die Differenzierung allein an der Intention der unterschiedlichen Wege der Wiedergutmachung orientieren kann.
Demnach muss bei einem Täter-Opfer-Ausgleich nach Nr.1 am Ende der Konflikt zwischen den Beteiligten bereinigt sein; auf welchem Wege sie dies erreichen, ist ihre Sache. Zu dessen Beseitigung gehört dabei nicht nur, sich über den Weg zu einigen, sondern diesen auch einzuhalten. Insofern ist das eigenständige Erfüllungserfordernis der Nr.1 („Wiedergutmachung der Tat") überflüssig. Dementsprechend kann überwiegende Erfüllung auch nur ausreichen, wenn die vollständige aus solchen Gründen nicht möglich ist, die nach Abschluss der Vereinbarung und ohne Verschulden des Täters eingetreten sind. Soweit § 46a Nr.1 StGB das Bemühen um einen Ausgleich genügen lässt, kann aufgrund der weitreichenden Folgen dieser Norm und in Abgrenzung zum nahezu wortgleichen § 46 Abs.2 StGB davon nur

gesprochen werden, wenn das Verhalten des Geschädigten schlechthin nicht nachvollziehbar ist.
Diese restriktive Auslegung ergibt sich auch aus einem Vergleich zu Nr.2, da dieser umfassende Schadenswiedergutmachung fordert. Denn das Kriterium des Überwiegens bezieht sich ausdrücklich auf die Opferentschädigung. Schadenswiedergutmachung und Opferentschädigung sind keine Synonyme, sondern stehen zueinander in einem Stufenverhältnis - letztere ist ein Teil der ersteren. Fehlt es an einem Geschädigten oder reicht dessen Entschädigung zur Beseitigung des strafrechtlichen Schadens nicht aus, so hat die Wiedergutmachung symbolisch zu erfolgen. Sie ist umfassend, wenn sie das ideelle Moment in Form der erheblichen persönlichen Leistungen oder des persönlichen Verzichts erfüllt, der Täter also die Übernahme von Verantwortung demonstriert hat. Auch wenn im Übrigen das Ziel der Schadenswiedergutmachung nicht die Beseitigung eines zwischenmenschlichen Konflikts ist, so darf daraus nicht der Schluss gezogen werden, dass im Rahmen des § 46a Nr.2 StGB nur solche Fälle eine Rolle spielen, die keine über die materielle Schädigung hinausgehende Problemlage aufweisen. Denn diese Vorschrift ist kein Auffangbecken für Konstellationen, die Nr.1 nicht erfasst, sondern beschreibt eine eigenständige Wiedergutmachungsform, die vor allem auch dann in Betracht kommt, wenn der Konflikt zu groß ist, als dass er jemals gelöst werden könnte.

4. Im Zuge der Wiedergutmachungsdiskussion der '80er Jahre ging es vorrangig um den Täter-Opfer-Ausgleich. Dementsprechend wurden zahlreiche Praxisprojekte zu dessen Förderung gegründet. Das Projekt Ausgleich e.V. hat sich zum Ziel gesetzt, dieser Einseitigkeit entgegenzutreten und sich vornehmlich um den Bereich der Schadenswiedergutmachung zu kümmern. Denn auch die Bestimmung des zivilrechtlich Geschuldeten und etwaiger Erfüllungsmodalitäten kann solche Schwierigkeiten bereiten, dass externe, neutrale Hilfe nötig ist. Deshalb bezieht auch dieses Projekt die Geschädigten mit ein, indem es auf den Abschluss einer Vereinbarung zwischen Täter und Opfer abzielt, ohne jedoch Täter-Opfer-Ausgleich zu sein. Da sich die angebotene Hilfe demnach in erster Linie auf die Abklärung der zivilrechtlichen Lage und nicht die Bereinigung eines Konflikts bezieht, arbeiten für das Projekt Ausgleich e.V. nicht Sozialpädagogen, sondern erfahrene Rechtsanwälte als Vermittler. Um ein möglich weitreichendes Arsenal an Fällen zu erhalten, wurde zur Voraussetzung einer Zuweisung lediglich gemacht, dass ein hinreichender Tatverdacht besteht und das Verfahren nicht auch ohne Wiedergutmachung bereits auf dem Wege der Diversion erledigt werden könnte.

5. Die Konzentration auf Schadenswiedergutmachung führte zwangsläufig zu einem Vorrang der Vermögensdelikte. So machten Betrugs- und Untreuetaten mit fast 30% die mit Abstand größte Gruppe aus. Bereits an zweiter Stelle lagen jedoch Straftaten gegen die persönliche Unversehrtheit (16,4%). Einen nicht unerheblichen Anteil bildeten Straftaten gem. § 170 Abs.1 StGB, der bislang in den üblichen Täter-Opfer-Ausgleichsprojekten überhaupt nicht vorkam. Insgesamt hatten fast drei Viertel aller Geschädigten einen materiellen Schaden erlitten, nur bei 8,3% wurde eine erhebliche psychische Schädigung festgestellt.

6. Entgegen den Ausgangserwartungen erfolgte auch im Projekt Ausgleich e.V. der überwiegende Teil der Schlichtungsinitiativen durch die Staatsanwaltschaft. Die

Anzahl an Einleitungen durch Strafverteidiger war im Berichtszeitraum sogar rückläufig. Demgegenüber wiesen letztere projektgenauer und Fälle mit gewichtigeren Schädigungen zu. So standen materielle Durchschnittsschäden in Höhe von 14.300 DM bei Einleitung durch die Anwaltschaft solchen von 9.700 DM bei Anregung durch die Staatsanwaltschaft gegenüber. Insbesondere im Bezirk München II wurden vermehrt Fälle zugewiesen, bei denen die Konfliktbelastung sichtlich im Vordergrund stand, was auch dadurch bestätigt wurde, dass der Anteil der Opfer und Täter, die sich vor der Tat kannten, bei den von der Staatsanwaltschaft eingeleiteten Fällen signifikant höher lag.

7. Von überragendem Interesse sind im Rahmen solcher Projekte stets die Fragen, wovon die Schlichtungsbereitschaft der Beteiligten abhängt, sowie welche Faktoren zu einem Erfolg beitragen. Aufgrund der insgesamt zu geringen Fallzahl wurde dabei auf multivariate Analysen verzichtet, so dass nur Tendenzen beschrieben werden können, die im weiteren Verlauf des Projekts und im zukünftigen Umgang mit vermittelter Schadenswiedergutmachung beachtet werden müssen.
Grundsätzlich erfreulich war, dass die Schlichtungsbereitschaft sowohl der Beschuldigten als auch der Geschädigten gegenüber den Erfahrungen aus Täter-Opfer-Ausgleichsprojekten nicht zurückblieb und mit 87,3% (Opfer) und 88,1% (Täter) sehr hoch lag. Dementsprechend muss die Ausgangsfrage vielmehr dahingehend formuliert werden, welche Faktoren zu einer Ablehnung des Vermittlungsversuchs führten. Bei den Opfern erwiesen sich Beleidigungsdelikte und Straftaten gegen die persönliche Freiheit im Vergleich zu den übrigen als schlichtungshemmend, also Fälle, die meist Auswüchse lang andauernder Konflikte sind und deren Wiedergutmachung dann nur in Bezug auf diese gelingen kann. Dieses Ergebnis berechtigt zu der Annahme, dass das Schlichtungspotential für Schadenswiedergutmachung gegenüber dem klassischen Täter-Opfer-Ausgleich noch größer sein dürfte. In Bezug auf die Beschuldigten zeigte sich eine signifikante Korrelation zur Akzeptanz des Tatvorwurfs. Ein solches Ergebnis war zu erwarten. Überraschend war allenfalls, dass auch 75% derjenigen Täter, die nicht geständig waren, einer Schlichtung offen gegenüberstanden. Weiterhin fiel auf, dass die Bereitschaft bei Vorstrafenbelastung höher lag.
Ließen sich beide Seiten auf eine Schlichtung ein, so kam es in 70% dieser Kombinationen zu einer zumindest teilweisen Einigung. Bivariate Untersuchungen bestätigten den Trend, dass Vorstrafen und Geständnis dazu förderlich sind; faktische Grenzen des Projekts zeigten sich dahingehend, dass bei zunehmendem Schaden die Erfolgschancen sinken. Da sich dessen Höhe für die Schlichtungsbereitschaft des Opfers nicht als wesentlich erwies, folgt daraus, dass es oft die fehlenden finanziellen Ressourcen der Täter sein müssen, die eine erfolgreiche Vereinbarung verhindern. Im Vergleich dazu ist eine Konfliktlösung durch Täter-Opfer-Ausgleich einfacher, da „billiger"; eine Entschuldigung kostet nichts. Für den Erfolg offensichtlich nicht maßgeblich ist, ob es zu einem persönlichen Treffen im Rahmen der Verhandlungen kam. Insofern begegnet es keinen Bedenken, dass ein solches nur in 9% der Kombinationen stattfand.

8. Obwohl die Schlichtungen in 88 Kombinationen mit einer umfassenden Einigung endeten, wurde § 46a StGB nur elfmal angewandt: viermal im Urteil, siebenmal durch Einstellung in Verbindung mit § 153b Abs.1 StPO. In einem Fall der Einstellungen lagen die Voraussetzungen offensichtlich nicht vor. Darüber hinaus fehlte es re-

gelmäßig an einer Zuordnung zu einer der beiden Alternativen. In einem Fall, in dem ausdrücklich Nr.2 bejaht wurde, ließ das Gericht jegliche Auseinandersetzung mit dem ideellen Moment der Vorschrift vermissen. Im Übrigen zeigte sich, dass - entgegen des allgemeinen Vorrangs der Vermögensdelikte innerhalb des Projekts - es um solche nur in zwei der nach § 46a StGB erledigten Verfahren ging. Die Gerichte nahmen dreimal eine Strafrahmenverschiebung vor, einmal sah es von Strafe ab. Ansonsten kam es weder vor, dass die Tatbestandsvoraussetzungen des § 46a StGB bejaht, aber die Anwendung der Rechtsfolgen abgelehnt wurde, noch - obwohl dies bisweilen nahegelegen hätte -, dass diese Voraussetzungen zwar geprüft, aber verneint wurden.

9. Oft scheiterte § 46a StGB an der fehlenden überwiegenden Erfüllung. Denn in vielen Fällen musste aufgrund der mangelhaften finanziellen Leistungskraft der Täter eine Ratenzahlung vereinbart werden. Soweit dies ohne Vergleichsgruppe zu beurteilen war, führten aber auch diese Regelungen in den meisten Fällen zu einer wohlwollenden Berücksichtigung im Strafverfahren. Ebenso zeitigten erfolglose Schlichtungen dann positive Auswirkungen, wenn das Gericht im Prozess an bisherige Verhandlungen anknüpfen und kraft seiner Autorität letztendlich Einvernehmen der Beteiligten erzielen konnte. Erfahrungen, dass gescheiterte Schlichtungen zu einer Verschlechterung der Position des Angeklagten führen, konnten bislang nicht gemacht werden.

10. Weiterhin zeigte sich, dass die Staatsanwaltschaft durchweg nur solche Fälle an den Ausgleich e.V. weiterleitete, die sie im Erfolgsfalle diversionsrechtlich erledigen konnte. Sie war also lediglich auf eine Vereinfachung ihres Verfahrensabschnittes bedacht und verweigerte sich dem deutlich weiteren Anwendungsbereich, den § 46a StGB bietet, auf den das Projekt Ausgleich e.V. umfassend abzielte und zu dessen Ausschöpfung sie gemäß § 155a S.2 StPO verpflichtet ist. Dazu kam, dass sie mehrfach die Voraussetzung missachtete und auch in solchen Fälle um Vermittlung bat, die bereits vor der Schlichtung hätten eingestellt werden können. Immerhin stimmte sie mehrfach ausdrücklich einer vereinfachten Erledigung aufgrund erfolgter Wiedergutmachung zu.

11. Erfolgte die Prüfung des § 46a StGB nicht stets mit letzter Präzision, so zeigt eine Gesamtschau der bisherigen Verfahren, dass dessen Voraussetzungen nur in einem geringen Bruchteil der Fälle erfüllt werden. Nr.1 scheidet bereits aus, wenn sich das Opfer einer Konfliktlösung verschließt. Auch zu dem befürchteten Freikaufen reicher Täter im Rahmen der Nr.2 kam es nicht. Denn entweder ist der Schaden so gering, dass die vollständige Erfüllung entweder zu einer Einstellung gem. §§ 153ff. StPO führt oder ohne zusätzliche Leistung offensichtlich das ideelle Moment nicht erfüllt, oder so hoch, dass eine überwiegende Entschädigung meist nicht erreicht wird.
Aus diesen Gründen ist die verbreitete Skepsis gegenüber der vermeintlichen Weite des § 46a StGB nicht berechtigt. Vielmehr stellen sich die Tatbestandsvoraussetzungen bereits als ausreichender Filter dar, der es gerechtfertigt erscheinen lässt, die Strafrahmenverschiebung des § 46a StGB de lege ferenda obligatorisch auszugestalten. Der gemilderte Strafrahmen bietet immer noch genügend Gelegenheit, die Umstände der Wiedergutmachung differenziert zu berücksichtigen. Da dies im Rah-

men des Absehens von Strafe nicht möglich ist, erscheint die Regelung als Ermessensvorschrift diesbezüglich angebracht.

Es ist zu hoffen, dass Gesetzgeber und Strafverfolgungsbehörden zukünftig soviel Bereitschaft zur Akzeptanz eines Ausgleichs aufbringen, wie die es tun, die durch die Straftat betroffen sind - die Opfer!

K. ANHANG

I. LITERATURVERZEICHNIS

ALBRECHT, PETER-ALEXIS: Strafrechtsverfremdende Schattenjustiz - Zehn Thesen zum Täter-Opfer-Ausgleich, in: Albrecht, Peter-Alexis u.a. (Hrsg.): Festschrift für Horst Schüler-Springorum, Köln u.a. 1993, 81-90.

ALBRECHT, PETER-ALEXIS: Jugendstrafrecht, 3.Auflage, München 2000.

BANNENBERG, BRITTA: Wiedergutmachung in der Strafrechtspraxis - Eine empirisch-kriminologische Untersuchung von Täter-Opfer-Ausgleichsprojekten in der Bundesrepublik Deutschland, Bonn 1993.

BANNENBERG, BRITTA/ UHLMANN, PETRA: Die Konzeption des Täter-Opfer-Ausgleichs in Wissenschaft und Kriminalpolitik, in: Dölling, Dieter u.a. (Hrsg.): Täter-Opfer-Ausgleich in Deutschland, Bonn 1998, 1-47.

BAUMANN, JÜRGEN U.A.: Alternativentwurf Wiedergutmachung (AE-WGM), München 1992.

BAUR, FRITZ: Die Bewährungsauflage der Schadenswiedergutmachung und das Zivilrecht, in: Goltdammer's Archiv für Strafrecht 1957, 338-346.

BIEL, CHRISTIANE: Täter-Opfer-Ausgleich in Hamburg, in: Marks, Erich/ Rössner, Dieter (Hrsg.): Täter-Opfer-Ausgleich - Vom zwischenmenschlichen Weg zur Wiederherstellung des Rechtsfriedens, Bonn 1989, 247-251.

BLESINGER, KARL: Zur Anwendung des Täter-Opfer-Ausgleichs nach § 46a StGB im Steuerstrafrecht, in: Zeitschrift für Wirtschaft, Steuer, Strafrecht 1996, 90-91.

BOCK, MICHAEL: Prävention und Empirie - Über das Verhältnis von Strafzwecken und Erfahrungswissen, in: Juristische Schulung 1994, 89-99.

BRAITHWAITE, JOHN: Crime, shame and reintegration, Cambridge 1989.

BRAUNS, UWE: Die Wiedergutmachung der Folgen der Straftat durch den Täter, Berlin 1996 (*zitiert*: Brauns 1996a).

BRAUNS, UWE: Zur Anwendbarkeit des § 46a StGB im Steuerstrafrecht, in: Zeitschrift für Wirtschaft, Steuer, Strafrecht 1996, 214-219 (*zitiert*: Brauns 1996b).

BROCKHAUS: Enzyklopädie, 21. Band, Sr-Teo, 19. Auflage, Mannheim 1987.

BROSIUS, GERHARD/ BROSIUS, FELIX: SPSS - Base System und Professional Statistics, Bonn 1995.

BRUNNER, RUDOLF/ DÖLLING, DIETER: Jugendgerichtsgesetz, Kommentar, 10. Auflage, Berlin u.a. 1996.

BÜHL, ACHIM/ ZÖFEL, PETER: SPSS Version 8 - Einführung in die moderne Datenanalyse unter Windows, 5. Auflage, Bonn u.a. 1999.

DAHS, HANS: Das Verbrechensbekämpfungsgesetz vom 28.10.1994 - ein Produkt des Superwahljahres, in: Neue Juristische Wochenschrift 1995, 553-557.

DETTER, KLAUS: Zum Strafzumessungs- und Maßregelrecht, 2. Teil, in: Neue Zeitschrift für Strafrecht 1990, 221-225.

DEUTSCH, ERWIN: Die Zwecke des Haftungsrechts, in: Juristenzeitung 1971, 244-248.

DIEHL, JÖRG M./ STAUFENBIEHL, THOMAS: Statistik mit SPSS Version 10.0, Eschborn 2001.

DIEMER, HERBERT/ SCHOREIT, ARMIN/ SONNEN, BERND-RÜDIGER: Jugendgerichtsgesetz, Kommentar, 4. Auflage, Heidelberg 2002 (*zitiert*: D/S/S- *Bearbeiter*).

DÖLLING, DIETER: Generalprävention durch Strafrecht: Realität oder Illusion?, in: Zeitschrift für die gesamte Strafrechtswissenschaft 102 (1990), 1-20.

DÖLLING, DIETER: Der Täter-Opfer-Ausgleich - Möglichkeiten und Grenzen einer neuen kriminalrechtlichen Reaktionsform, in: Juristenzeitung 1992, 493-499.

DÖLLING, DIETER/ HARTMANN, ARTHUR: Täter-Opfer-Ausgleich im Erwachsenenstrafrecht bei den Staatsanwaltschaften Nürnberg-Fürth und Aschaffenburg, Köln 2000.

DÖLLING, DIETER/ HENNINGER, SUSANNE: Sonstige empirische Untersuchungen zum Täter-Opfer-Ausgleich, in: Dölling, Dieter u.a. (Hrsg.): Täter-Opfer-Ausgleich in Deutschland, Bonn 1998, 203-371.

DREHER, EDUARD/ TRÖNDLE, HERBERT: Strafgesetzbuch und Nebengesetze, 47. Auflage, München 1995 (*zitiert*: D/T- *Bearbeiter*).

EISENBERG, ULRICH: Jugendgerichtsgesetz, 9. Auflage, München 2002.

ESER, ALBIN/ KAISER, GÜNTHER/ MADLENER, KURT (HRSG.): Neue Wege der Wiedergutmachung im Strafrecht, Freiburg i.Br. 1990.

FISCHER, ULRIKE: Mediation im Familienrecht, in: Henssler, Martin/ Koch, Ludwig (Hrsg.): Mediation in der Anwaltspraxis, Bonn 2000, 309-353.

FREHSEE, DETLEV: Wiedergutmachungsauflage und Zivilrecht, in: Neue Juristische Wochenschrift 1981, 1253-1254.

FREHSEE, DETLEV: Schadenswiedergutmachung als Instrument strafrechtlicher Sozialkontrolle. Ein kriminalpolitischer Beitrag zur Suche nach alternativen Sanktionsformen, Berlin 1987.

FRÜHAUF, LUDWIG: Wiedergutmachung zwischen Täter und Opfer - Eine neue Alternative in der strafrechtlichen Sanktionspraxis, Gelsenkirchen 1988.

GEROLD, WILHELM U.A.: Bundesgebührenordnung für Rechtsanwälte, 15. Auflage, München 2002.

GÖHLER, ERICH: Ordnungswidrigkeitengesetz, Kommentar, 13. Auflage, München 2002.

GÜNTHER, KLAUS/ HOFFER, HEIKE: Mediation im Zivilrecht, insbesondere Wirtschaftsrecht, in: Henssler, Martin/ Koch, Ludwig (Hrsg.): Mediation in der Anwaltspraxis, Bonn 2000, 355-404.

HAFT, FRITJOF: Verhandlung und Mediation, 2. Auflage, München 2000.

HAMM, RAINER: Wie man in richterlicher Unabhängigkeit vor unklaren Gesetzeslagen kapituliert, in: Neue Juristische Wochenschrift 2001, 1694-1696.

HARTMANN, ARTHUR: Schlichten oder Richten? Der Täter-Opfer-Ausgleich und das (Jugend)Strafrecht, München 1995.

HARTMANN, ARTHUR/ STROEZEL, HOLGER: Die bundesweite TOA-Statistik, in: Dölling, Dieter u.a. (Hrsg.): Täter-Opfer-Ausgleich in Deutschland, Bonn 1998, 149-202.

HARTMANN, UTE I.: Forschungsergebnisse zum Täter-Opfer-Ausgleich im allgemeinen Strafrecht: Eine rechtstatsächliche Untersuchung und Begleitforschung zum Modellprojekt „WAAGE Hannover e.V." auf der Grundlage staatsanwaltlicher Ermittlungsakten, in: Pfeiffer, Christian (Hrsg.): Täter-Opfer-Ausgleich im Allgemeinen Strafrecht, Baden-Baden 1997, 129-215.

HELFER, CHRISTIAN: Todesstrafe, in Elster, Alexander u.a. (Hrsg.): Handwörterbuch der Kriminologie, Band 3, Berlin 1975, 326-353.

HERING, RAINER-DIETER: Täter-Opfer-Ausgleich bei Erwachsenen - Das Tübinger Gerichtshilfeprojekt, in: Marks, Erich/ Rössner, Dieter (Hrsg.): Täter-Opfer-Ausgleich - Vom zwischenmenschlichen Weg zur Wiederherstellung des Rechtsfriedens, Bonn 1989, 201-207.

HILLENKAMP, THOMAS: Möglichkeiten der Erweiterung des Instituts der tätigen Reue, in: Schöch, Heinz (Hrsg.): Wiedergutmachung und Strafrecht, München 1987, 81-106.

HILLENKAMP, THOMAS: Anmerkung zum Urteil des HansOLG Hamburg vom 31.1.1989 - 1 Ss 165/88 -, in: Strafverteidiger 1989, 532-533.

HIRSCH, HANS-JOACHIM: Schadenswiedergutmachung im materiellen Strafrecht, in: Zeitschrift für die gesamte Strafrechtswissenschaft 1990, 534-562.

HUBER, RAINER: Möglichkeiten der Beschleunigung von Wirtschaftsstrafverfahren, in: Neue Zeitschrift für Strafrecht 1996, 530-533.

JÄHNKE, BURKHARD U.A. (HRSG.): Strafgesetzbuch, Leipziger Kommentar, 9. Lieferung: §§ 56-60, 11. Auflage, Berlin u.a. 1993 (*zitiert*: LK- *Bearbeiter*).

JECKEL, INGO: Schadensersatzvereinbarungen mit dem Opfer, in: Bewährungshilfe 2002, 39-55.

KAISER, GÜNTHER: Kriminologie - Eine Einführung in die Grundlagen, 10. Auflage, Heidelberg 1997.

KAISER, GÜNTHER: Täter-Opfer-Ausgleich als moderne Konfliktlösungsstrategie strafrechtlicher Sozialkontrolle, in: Gössel, Karl Heinz/ Triffterer, Otto (Hrsg.): Gedächtnisschrift für Heinz Zipf, Heidelberg 1999, 105-121.

KAISER, GÜNTHER/ SCHÖCH, HEINZ: Kriminologie, Jugendstrafrecht, Strafvollzug, 5. Auflage, München 2001.

KASPAR, JOHANNES: Anmerkung zum Urteil des BGH vom 31.5.2002 - 2 StR 73/02 -, in: Strafverteidiger 2002, 651-654.

KASPAR, JOHANNES: Schadenswiedergutmachung und Täter-Opfer-Ausgleich bei Gesamtschuldnern - Zugleich Besprechung von BGH, Urteil vom 25.5.2001, in: Goltdammer's Archiv für Strafrecht 2003, 146-156.

KASPEREK, SEBASTIAN: Zur Auslegung und Anwendung des § 46a StGB, Frankfurt/Main u.a. 2002.

KIEFL, WALTER/ LAMNEK, SIEGFRIED: Soziologie des Opfers, München 1986.

KILCHLING, MICHAEL: Opferinteressen und Strafverfolgung, Freiburg 1995.

KILCHLING, MICHAEL: Aktuelle Perspektiven für Täter-Opfer-Ausgleich und Wiedergutmachung im Erwachsenenstrafrecht - Eine kritische Würdigung der bisherigen höchstrichterlichen Rechtsprechung zu § 46a StGB aus viktimologischer Sicht, in: Neue Zeitschrift für Strafrecht 1996, 309-317.

KÖNIG, PETER/ SEITZ, HELMUT: Die straf- und strafverfahrensrechtlichen Regelungen des Verbrechensbekämpfungsgesetzes, in: Neue Zeitschrift für Strafrecht 1995, 1-6.

KÖNIG, STEFAN: Rechtsstaatsmüdigkeit?, in: Strafverteidiger 2001, 471-477.

KURY, HELMUT: Wie restitutiv eingestellt ist die Bevölkerung, in: Monatsschrift für Kriminologie und Strafrechtsreform 1995, 84-98.

LACKNER, KARL/ KÜHL, KRISTIAN: Strafgesetzbuch mit Erläuterungen, 24. Auflage, München 2001 (*zitiert*: L/K - *Bearbeiter*).

LAMPE, ERNST-JOACHIM: Wiedergutmachung als „dritte Spur“ des Strafrechts?, in: Goltdammer's Archiv für Strafrecht 1993, 485-494.

LAUE, CHRISTIAN: Symbolische Wiedergutmachung, Berlin 1999.

LEE, JIN-KUK: Symbolische Wiedergutmachung im strafrechtlichen Sanktionensystem - Auf der Suche nach der Möglichkeit einer weiteren konstruktiven Tatverarbeitung und Entkriminalisierung durch symbolische Wiedergutmachung, Frankfurt/Main u.a. 2000.

LÖSEL, FRIEDRICH/ KÖFERL, PETER/ WEBER, FLORIAN: Meta-Evaluation der Sozialtherapie. Qualitative und quantitative Analysen zur Behandlungsforschung in sozialtherapeutischen Anstalten des Justizvollzugs, Stuttgart 1987.

LOOS, FRITZ: Zur Kritik des „Alternativentwurfs Wiedergutmachung", in: Zeitschrift für Rechtspolitik 1993, 51-56.

LOOS, FRITZ: Bemerkungen zu § 46a StGB, in: Weigend, Thomas/ Küpper, Georg (Hrsg.): Festschrift für Hans-Joachim Hirsch, Berlin u.a. 1999, 851-877.

MAIWALD, MANFRED: Das Absehen von Strafe nach § 16 StGB, in: Zeitschrift für die gesamte Strafrechtswissenschaft 1971, 663-696.

MARTIN, CLAUS-PETER: Das Sühneverfahren vor dem Schiedsmann in Strafsachen, Lübeck 1988.

MARTINSON, ROBERT: What works? - Questions and answers about Prison Reform, in: The Public Interest 1974, 22-52.

MAURACH, REINHART/ GÖSSEL, KARL HEINZ/ ZIPF, HEINZ: Strafrecht Allgemeiner Teil, Teilband 2, 6. Auflage, Heidelberg 1984.

MEIER, BERND-DIETER: Täter-Opfer-Ausgleich und Wiedergutmachung im allgemeinen Strafrecht, in: Juristische Schulung 1996, 436-442.

MEIER, BERND-DIETER: Konstruktive Tatverarbeitung im Strafrecht, in: Goltdammer's Archiv für Strafrecht 1999, 1-20.

MEIER, BERND-DIETER: Strafrechtliche Sanktionen, Heidelberg 2001.

MEYER-GOßNER, LUTZ: Strafprozessordnung, 46. Auflage, München 2003.

MÖSL, ALBERT: Zum Strafzumessungsrecht, in: Neue Zeitschrift für Strafrecht 1981, 131-134.

MÜLLER-DIETZ, HEINZ: Was bedeutet Täter-Opfer-Ausgleich im Strafrecht - notwendige Begriffsbestimmungen, in: Hering, Rainer-Dieter/ Rössner, Dieter (Hrsg.): Täter-Opfer-Ausgleich im allgemeinen Strafrecht, Bonn 1993, 7-24.

VON MÜNCH, INGO/ KUNIG, PHILIP: Grundgesetzkommentar, Band 1, Präambel, Art. 1-19, 5. Auflage, München 2000 (*zitiert*: v.Münch/Kunig- *Bearbeiter*).

NAUCKE, WOLFGANG: Täter-Opfer-Ausgleich - Alternative zum herkömmlichen repressiven Strafrecht oder unlösbares Dilemma?, in: Neue Kriminalpolitik 1990, Heft 2, 13-17.

NETZIG, LUTZ/ PETZOLD-BERGNER, FRAUKE: WAAGE Hannover e.V. - ein Modellprojekt zum Täter-Opfer-Ausgleich im allgemeinen Strafrecht, in: Marks, Erich u.a. (Hrsg.): Wiedergutmachung und Strafrechtspraxis, Bonn 1993, 145-154.

NETZIG, LUTZ/ PETZOLD, FRAUKE: Abschlussbericht der Aktionsforschung zum Modellprojekt Täter-Opfer-Ausgleich bei der WAAGE Hannover e.V., in: Pfeiffer, Christian (Hrsg.): Täter-Opfer-Ausgleich im Allgemeinen Strafrecht, Baden-Baden 1997, 9-128.

NEUMAYER-WAGNER, EVA-MARIA: Die Verwarnung mit Strafvorbehalt - Ihre Entstehung, gegenwärtige rechtliche Gestaltung, praktische Handhabung und ihr Entwicklungspotential, Berlin 1998.

OBERLIES, DAGMAR: Der Täter-Opfer-Ausgleich - Theorie und Praxis einer Glaubensrichtung, in: streit 2000, 99-115 (*zitiert:* 2000a).

OBERLIES, DAGMAR: Kommentar zum Urteil des BGH vom 14.12.1999 - 4 StR 554/99, in: Neue Justiz 2000, 550-551 (*zitiert:* 2000b).

OSTENDORF, HERIBERT: Jugendgerichtsgesetz, Kommentar, 5. Auflage, Köln u.a. 2000.

PAASCH, FRITZ R.: Grundprobleme der Viktimologie, Münster 1965.

PALANDT: Bürgerliches Gesetzbuch, Kommentar, 61. Auflage, München 2002 (*zitiert:* Palandt- *Bearbeiter*).

PFEIFFER, CHRISTIAN: Erfolg und Misserfolg des WAAGE-Projekts - zu den Schwierigkeiten, den Täter-Opfer-Ausgleich in die Praxis des Strafrechts zu integrieren, in: Pfeiffer, Christian (Hrsg.): Täter-Opfer-Ausgleich im Allgemeinen Strafrecht, Baden-Baden 1997, 1-8.

RIEß, PETER (HRSG.): Strafprozessordnung, Löwe-Rosenberg Großkommentar, 21. Lieferung: §§ 137-157, 25. Auflage, Berlin u.a. 2002 (*zitiert:* LR- *Bearbeiter*).

RÖSSNER, DIETER: Wiedergutmachung statt Übelvergelten - (Straf-)theoretische Begründung und Eingrenzung der kriminalpolitischen Idee, in: Marks, Erich/ Rössner, Dieter (Hrsg.): Täter-Opfer-Ausgleich - Vom zwischenmenschlichen Weg zur Wiederherstellung des Rechtsfriedens, Bonn 1989, 7-41.

RÖSSNER, DIETER: Täter-Opfer-Ausgleich und Kriminalitätsverhütung, in: Frank, Christel u.a. (Hrsg.): Der Sachverständige im Strafrecht - Kriminalitätsverhütung, Berlin u.a. 1990, 164-174.

RÖSSNER, DIETER: Strafrechtsfolgen ohne Übelszufügung?, in: Neue Zeitschrift für Strafrecht 1992, 409-415.

RÖSSNER, DIETER: Wiedergutmachung als Aufgabe der Strafrechtspflege - Auswertung des Tübinger Gerichtshilfe-Projekts und kriminalpolitische Folgerungen, in: Hering, Rainer-Dieter/ Rössner, Dieter (Hrsg.): Täter-Opfer-Ausgleich im allgemeinen Strafrecht, Bonn 1993, 99-152.

RÖSSNER, DIETER: Verfahrenserledigung durch Täter-Opfer-Ausgleich im Allgemeinen Strafrecht, in: 19. Strafverteidigertag - Aktuelle Probleme der Strafverteidigung unter neuen Rahmenbedingungen, Köln 1995, 163-185.

RÖSSNER, DIETER/ KLAUS, THOMAS: Rechtsgrundlagen und Rechtspraxis, in: Dölling, Dieter u.a. (Hrsg.): Täter-Opfer-Ausgleich in Deutschland, Bonn 1998, 49-119.

ROXIN, CLAUS: Die Wiedergutmachung im System der Strafzwecke, in: Schöch, Heinz (Hrsg.): Wiedergutmachung und Strafrecht, München 1987, 37-55.

ROXIN, CLAUS: Zur Wiedergutmachung als einer „dritten Spur" im Sanktionensystem, in: Arzt, Gunther u.a. (Hrsg.): Festschrift für Jürgen Baumann, Bielefeld 1992, 243-254.

ROXIN, CLAUS: Die Wiedergutmachung im strafrechtlichen Sanktionensystem, in: Badura, Peter/ Scholz, Rupert (Hrsg.): Wege und Verfahren des Verfassungslebens - Festschrift für Peter Lerche, München 1993, 301-313.

ROXIN, CLAUS: Strafrecht Allgemeiner Teil, Band I, 3. Auflage, München 1997.

RUDOLPHI, HANS-JOACHIM (HRSG.): Systematischer Kommentar zum Strafgesetzbuch, Band 1, Allgemeiner Teil, 8. Auflage, Neuwied u.a. 2001 (*zitiert:* SK- *Bearbeiter*).

SCHÄFER, GERHARD: Praxis der Strafzumessung, 3. Auflage, München 2001.

SCHAFFSTEIN, FRIEDRICH: Überlegungen zum Täter-Opfer-Ausgleich und zur Schadenswiedergutmachung, in: Schünemann, Bernd u.a. (Hrsg.): Festschrift für Claus Roxin, Berlin u.a., 2001, 1065-1075.

SCHEERER, SEBASTIAN: Abolitionismus, in: Sieverts, Rudolf u.a. (Hrsg.): Handwörterbuch der Kriminologie, Band 5, 2. Auflage, Berlin u.a. 1991, 287-301.

SCHMIDT-HIEBER, WERNER: Ausgleich statt Geldstrafe, in: Neue Juristische Wochenschrift 1992, 2001-2004.

SCHNEIDER, HANS-JOACHIM: Viktimologie - Wissenschaft vom Verbrechensopfer, Tübingen 1975.

SCHNELL, RAINER/ HILL, PAUL B./ ESSER, ELKE: Methoden der empirischen Sozialforschung, 5. Auflage, München 1995.

SCHNITZERLING, MANFRED: Die Schadenswiedergutmachung im Strafrecht, in: Deutsches Autorecht 1959, 201-204.

SCHÖCH, HEINZ: Die Rechtsstellung des Verletzten im Strafverfahren, in: Neue Zeitschrift für Strafrecht 1984, 385-391.

SCHÖCH, HEINZ: Empirische Grundlagen der Generalprävention, in: Vogler, Theo (Hrsg.): Festschrift für Hans-Heinrich Jescheck, 2. Halbband, Berlin 1985, 1081-1105.

SCHÖCH, HEINZ: Empfehlen sich Änderungen und Ergänzungen bei den strafrechtlichen Sanktionen ohne Freiheitsentzug? Gutachten C zum 59. Deutschen Juristentag, München 1992.

SCHÖCH, HEINZ: Der Einfluss der Strafverteidigung auf den Verlauf der Untersuchungshaft, Baden-Baden 1997.

SCHÖCH, HEINZ: Täter-Opfer-Ausgleich und Schadenswiedergutmachung gem. § 46a StGB, in: Canaris, Claus-Wilhelm u.a. (Hrsg.): 50 Jahre Bundesgerichtshof - Festgabe aus der Wissenschaft, Band IV, München 2000, 309-338.

SCHÖCH, HEINZ: Wege und Irrwege der Wiedergutmachung im Strafrecht, in: Schünemann, Bernd u.a. (Hrsg.): Festschrift für Claus Roxin, Berlin u.a. 2001, 1045-1064.

SCHÖNKE, ADOLF/ SCHRÖDER, HORST (HRSG.): Strafgesetzbuch, Kommentar, 26. Auflage, München 2001 (*zitiert*: S/S- *Bearbeiter*).

SCHÜLER-SPRINGORUM, HORST: Die Resozialisierung des normalen erwachsenen Straftäters, in: Kaufmann, Arthur u.a. (Hrsg.): Rechtsstaat und Menschenwürde - Festschrift für Werner Maihofer, Frankfurt/ Main 1988, 503-515.

SCHWIND, HANS-DIETER: Kriminologie, 12. Auflage, Heidelberg 2002.

SCHWIND, HANS-DIETER/ AHLBORN, WILFRIED/ WEIß, RÜDIGER: Dunkelfeldforschung in Bochum 1986/87, Wiesbaden 1989.

SESSAR, KLAUS: Rolle und Behandlung des Opfers im Strafverfahren - Gegenwärtiger Stand und Überlegungen zur Reform, in: Bewährungshilfe 1980, 328-339.

SESSAR, KLAUS: Wiedergutmachen oder strafen: Einstellungen in der Bevölkerung und der Justiz, Pfaffenweiler 1992.

SESSAR, KLAUS: Die Bevölkerung bleibt restitutiv eingestellt, in: Monatsschrift für Kriminologie und Strafrechtsreform 1995, 99-105.

VON STAUDINGER, JULIUS: Kommentar zum Bürgerlichen Gesetzbuch, Buch 2, §§ 249-254, 13. Bearbeitung, Berlin 1998 (*zitiert*: Staudinger- *Bearbeiter*).

STATISTISCHES BUNDESAMT: Strafverfolgung - Vollständiger Nachweis der einzelnen Straftaten 2000, Wiesbaden 2001.

STEFFENS, RAINER: Wiedergutmachung und Täter-Opfer-Ausgleich im Jugend- und Erwachsenenstrafrecht in den neuen Bundesländern, Mönchengladbach 1999.

STEIN, WOLFGANG: Täter-Opfer-Ausgleich und Schuldprinzip, in: Neue Zeitschrift für Strafrecht 2000, 393-397.

STÖCKEL, HEINZ: Modellversuch „Täter-Opfer-Ausgleich" - Staatsanwaltschaft bei dem Landgericht Nürnberg-Fürth, in: Hering, Rainer-Dieter/ Rössner, Dieter (Hrsg.): Täter-Opfer-Ausgleich im allgemeinen Strafrecht, Bonn 1993, 153-166.

STRENG, FRANZ: Strafrechtliche Sanktionen - Die Strafzumessung und ihre Grundlagen, 2. Auflage, Stuttgart 2002.

SYKES, GRESHAM M./ MATZA, DAVID: Techniken der Neutralisierung: Eine Theorie der Delinquenz, in: Sack, Fritz/ König, René (Hrsg.): Kriminalsoziologie, 2. Auflage, Frankfurt/Main 1974, 360-371.

TOLMEIN, OLIVER: Neue Hoffnung für den Täter-Opfer-Ausgleich?, in: Zeitschrift für Rechtspolitik 1999, 408-411.

TRENCZEK, THOMAS: Täter-Opfer-Ausgleich - Grundgedanken und Mindeststandards, in: Zeitschrift für Rechtspolitik 1992, 130-132.

TRÖNDLE, HERBERT/ FISCHER, THOMAS: Strafgesetzbuch und Nebengesetze, 51. Auflage, München 2003 (*zitiert*: T/F- *Bearbeiter*).

VOLK, KLAUS: Strafprozessrecht, 3. Auflage, München 2002.

WAGNER, HEINZ: Die selbständige Bedeutung des Schuldspruchs im Strafrecht, insbesondere beim Absehen von Strafe gemäß § 16 StGB, in: Goltdammer's Archiv 1972, 33-53.

WALTHER, SUSANNE: Vom Rechtsbruch zum Realkonflikt, Berlin 2000.

WANDREY, MICHAEL/ WEITEKAMP, ELMAR G.M.: Die organisatorische Umsetzung des Täter-Opfer-Ausgleichs in der Bundesrepublik Deutschland - eine vorläufige Einschätzung der Entwicklung im Zeitraum von 1989-1995, in: Dölling, Dieter u.a. (Hrsg.): Täter-Opfer-Ausgleich in Deutschland, Bonn 1998, 121-148.

WASSERMANN, RUDOLF (HRSG.): Kommentar zur Strafprozessordnung, Band 3, §§ 276-477, Neuwied u.a. 1996 (*zitiert*: AK- *Bearbeiter*).

WEIGEND, THOMAS: Deliktsopfer und Strafverfahren, Berlin 1989.

WEIGEND, THOMAS: Fragen der Rechtsstaatlichkeit beim Täter-Opfer-Ausgleich, in: Marks, Erich u.a. (Hrsg.): Wiedergutmachung und Strafrechtspraxis, Bonn 1993, 37-62.

WEIMER, KLAUS: Probleme mit der Handhabung des § 155a StPO in der strafgerichtlichen Praxis, in: Neue Zeitschrift für Strafrecht 2002, 349-353.

WEISSER RING (HRSG.): Täterrechte-Opferrechte - neue Gewichtung im Strafprozess, Mainz 1996.

WESSELS, JOHANNES/ HILLENKAMP, THOMAS: Strafrecht Besonderer Teil/2, 25. Auflage, Heidelberg 2002.

II. ERHEBUNGSBÖGEN

AUSGLEICH

Ausgleich München e.V., Ainmillerstr. 11, 80801 München

Herrn Prof. Dr. Heinz Schöch
Prof.-Huber-Platz 2
80539 München

FAX: 089 / 21 80 – 35 80 **Datum:** ....

Sehr geehrter Herr Prof. Dr. Schöch,

hiermit möchten wir die Übernahme eines Schlichtungsfalles anzeigen.

01 **Interne Fall-Nr.:** .... 02 **StA: München I** ❍ **Aktenzeichen:** .... JS ....
München II ❍ (Hilfsweise polizeiliches AZ)

03 **Schlichter/in:** ....

04 **Anzahl der Beschuldigten** ☐ 05 **Anzahl der Opfer** ☐

06 **Name, Vorname des/der Beschuldigten** ....

07 **Name, Vorname des/der Opfer/s** ....

08 **Anwaltliche Vertretung des/der Beschuldigten:**

unbekannt: ❍ / nein: ❍ / ja: ❍ Name: ....

09 **Anwaltliche Vertretung des/der Opfer/s:**

unbekannt: ❍ / nein: ❍ / ja: ❍ Name: ....

10 **Opferhilfe (Weißer Ring o.ä.):** unbekannt: ❍ / nein: ❍ / ja: ❍

11 **Die Kontaktaufnahme erfolgte durch:** ....
(B = Beschuldigte/n; O = Opfer; StV = Strafverteidiger/in; VB = Verletztenbeistand; StA)

12 **Termin für die erste Schlichtungsverhandlung:** (i.d.R. vom Schlichter auszufüllen)

Datum: .... / .... / .... **Uhrzeit:** .... : ....

Ort: Geschäftsstelle ❍, wenn anderer Ort, bitte genau angeben:

(Ort)	(Str.)	(Nr)
....	....	....

Schriftliche Schlichtung: ❍ sicher ❍ geplant

Termin kam nicht zustande: wegen Weigerung des/der ❍ Beschuldigten ❍ Verletzten

Mit freundlichen Grüßen

(Geschäftsstelle) (Schlichter/in)

Absender:

Verein Ausgleich e.V.
c/o Institut für Anwaltsrecht
Ainmillerstr. 11

80801 MÜNCHEN

Meldung eines Schlichtungsfalles für die bundesweite TOA-Statistik und die Begleitforschung

Bitte unbedingt zusammen mit der Abrechnung des Schlichtungshonorars an die Geschäftsstelle des Vereins Ausgleich e.V. ***übersenden.***

Schlichtungsfall – Allgemeine Merkmale

01 **Interne Fall-Nr.:**................ 02 **Schlichter/in:** ....
(Vgl. Meldebogen Schlichtungstermin)

Zeitlicher Ablauf des Schlichtungsfalles (Tragen Sie bitte jeweils den entsprechenden Zeitpunkt ein):

03 **Falleingang:** .... /............ /

04 **Tatzeitpunkt:** .... /........ /....... – .... /..... /.....
(Bei mehreren Taten: Zeitraum von ... – bis ...)

05 **Erste Kontaktaufnahme mit Beschuldigten- oder Opferseite:**
.... /............ / ....

06 **Mitteilung/Fallrückgabe an StA/ Gericht/Ausgleich**
(zutreffendes bitte unterstreichen)
am: .... /... ...... /..........

07 **Anzahl der Schlichtungstermine: ....**
(entfällt bei rein schriftlichem Verfahren)

08 **Dauer aller Termine zusammen bzw. Zeitaufwand bei schriftlicher Schlichtung:** ca. .... Std.

Am Schlichtungsfall beteiligte Personen (Tragen Sie bitte die **Anzahl** der Personen in die Kästen ein):
09 **Beschuldigte** □ 10 **Opfer** □ 11 **Dritte** □

zu 11 **Nennen Sie bitte** die beteiligten Dritten (Anwälte, Eltern, Freunde ...) und deren Art der Beteiligung:

....
....

Verlauf des Schlichtungsfalles (Kreuzen Sie bitte jeweils die zutreffende Alternative an):

12 **In welchem Verfahrensstadium wurde der Schlichtungsfall eingeleitet?**
❍ Im Vorverfahren, vor Anklage
❍ Nach Anklage, aber vor Hauptverhandlung
❍ In der Hauptverhandlung
❍ nach der Hauptverhandlung durch Urteil
❍ Sonstiges (bitte angeben): ....
❍ ungeklärt

13 **Wer gab die erste Anregung zum Schlichtungsfall?**
❍ Beschuldigte/r (Selbstmelder/in)
❍ RA/in des/der Beschuldigten
❍ Jugendgerichtshilfe
❍ Polizei
❍ Staatsanwaltschaft
❍ Richter/in
❍ Opfer (Selbstmelder/in)
❍ RA/in des Opfers
❍ Gerichtshilfe
❍ Bewährungshilfe
❍ Sonstige (bitte angeben): ....

14 **Traten bei der Fallbearbeitung verfahrenstechnische Hindernisse auf?**
❍ Kein verfahrenstechnisches Hindernis
❍ Beschuldigte/r oder Opfer verstorben
❍ Beschuldigte/r oder Opfer unbekannt verzogen
❍ Sonstige verfahrenstechnische Hindernisse (bitte angeben): ....

15 **Mit wem erfolgte die <u>erste</u> Kontaktaufnahme?**
❍ Beschuldigtenseite
❍ Opferseite
❍ beiden gleichzeitig
❍ Sonstige/r (bitte angeben): ....

16 **Worum ging es bei diesem Schlichtungsfall?**

- O Gleichermaßen um Konfliktschlichtung und Schadenswiedergutmachung
- O Ausschließlich um Schadenswiedergutmachung
- O Überwiegend um Schadenswiedergutmachung
- O Ausschließlich um Konfliktschlichtung/-aufarbeitung
- O Überwiegend um Konfliktschlichtung/-aufarbeitung

17 **Beschreibung des Tatvorwurfes / Schlichtungsfalles** (Stichworte genügen)

Tatgeschehen:

Hintergrund des Konfliktes:

Besonderheiten des Falles (auch im Verlauf der Schlichtung):

19a **Angaben zum Opfer Nr. ....**
(Bitte für jedes Opfer einen eigenen Bogen verwenden)
(S. auch Fragen 34, 42 und 46 bis 49)

18 **Interne Fall-Nr.:**..................
(Vgl. Meldebogen Schlichtungstermin und Frage 1)

19b **Vorname:** ....
(bzw. Name der Institutionen)

Persönliche Angaben

20 **Art des Opfers:**
❍ natürliche Person
❍ Institution (Vertreter/in): ....

21 **Geburtsjahr:** (ggf. schätzen) ....
22 **Geschlecht:** ❍ männlich ❍ weiblich

23 **Staatsangehörigkeit:** ❍ Deutsch ❍ Andere (bitte angeben):....................................

24 **Beruf/Schule:**

....
(Bitte angeben: Beruf und Position, z.B. Bäckermeister, selbständig; bei Schülern/innen bzw. Studenten/innen Art der Schule/Hochschule)

Angaben zu den Tatfolgen / Forderungen des Opfers

25 **Art der eingetretenen Schäden** (Mehrfachnennungen möglich):
❑ Materielle Schäden i.H.v. .... DM
❑ Erhebliche psychische Schädigungen (bitte oben bei Frage 17 erläutern)
❑ Körperschäden
❑ Schmerzensgeldforderung i.H.v. .... DM
❑ Sonstige (bitte angeben): ....

Informationsquelle für die vorstehenden Angaben:
❍ Opfer ❍ Polizei ❍ Justiz ❍ Sonstige (bitte angeben):.............................

26 **Finanzielle Forderungen des Opfers:**
Ursprüngliche Gesamtforderung: .... DM Letztendliche Gesamtforderung: .... DM

27 **Körperverletzungen** (Geben Sie den Grad der Beeinträchtigung an):
❍ Keine
❍ Leichte (keine ärztliche Behandlung erforderlich).
❍ Mittlere (relativ schnell heilende Verletzung mit ambulanter ärztlicher Versorgung).
❍ Gravierende (längerer Heilungsprozess mit ärztlicher Versorgung/ Krankenhausaufenthalt).
❍ Verletzung mit Dauerfolgen (bleibende körperliche Schäden).
❍ Beeinträchtigung unklar.
❍ Sonstiges (bitte angeben): ....

Angaben zum Kontakt der Schlichtungsstelle mit dem Opfer

28 **Ergebnis der Kontaktaufnahme mit dem Opfer:**
❍ Opfer zur Schlichtung bereit .... ❍ Verfahrenstechnische Hindernisse (s. Frage 14)
❍ Opfer nicht zur Schlichtung bereit.. ❍ Opfer nicht erreicht
❍ Nicht erfolgt, da Beschuldigte/r abgelehnt hat/ haben (s. Frage 43)

29 **Art der ersten Kontaktaufnahme:** ❍ Schriftlich ❍ Telefonisch ❍ Persönlich
Kontaktperson: ❍ Opfer direkt ❍ Opferanwalt/anwältin

30 **Art weiterer Kontakte/-versuche zur Vorbereitung der Schlichtung**:
❑ Schriftlich ❑ Telefonisch ❑ Persönlich (Mehrfachnennungen möglich)

31 **Erfolgten neben den vereinbarten Leistungen des/der Beschuldigten** (s. Fragen 48 und 49) **noch Leistungen von Dritten an das Opfer?** (z.B. Versicherungen oder Opferhilfegruppen)
❍ Nein bzw. nicht bekannt ❍ Ja (bitte Leistung/en und Leistungserbringer/in/nen angeben):
....

33a **Angaben zur/zum Beschuldigten Nr. ....**
(Bitte für jede/n Beschuldigte/n einen eigenen Bogen verwenden)

32 **Interne Fall-Nr.:**...................
(Vgl. Meldebogen Schlichtungstermin und Frage 1)

33b **Vorname:** ....

Angaben zur Tat

34 **Welcher Tatvorwurf wird erhoben?**

	Gesetz	Bezeichnung	Vollendet/Versucht	Nr. des/der Opfer/s
1. §	....	....	❍ ❍	(.........................)
2. §	....	....	❍ ❍	(.........................)
3. §	....	....	❍ ❍	(.........................)
4. §	....	....	❍ ❍	(.........................)
5. §	....	....	❍ ❍	(.........................)

35 **Akzeptiert der/die Beschuldigte den Tatvorwurf?**
(Sofern einzelne der oben Frage 34 genannten Ziffern nicht akzeptiert werden, bitte angeben)
❍ Vollständig ❍ Teilweise (Evtl.: Nicht bzgl. Ziffern: ....)
❍ Im wesentlichen (Evtl.: Nicht bzgl. Ziffern: ....) ❍ Nein ❍ Unbekannt

Persönliche Angaben

36 **Geburtsjahr:** (ggf. schätzen) ....

37 **Geschlecht:** ❍ männlich ❍ weiblich

38 **Altersstufe im Tatzeitpunkt:**
❍ Strafunmündig ❍ Jugendlich ❍ Heranwachsend ❍ Erwachsen

39 **Staatsangehörigkeit:** ❍ Deutsch ❍ Andere (bitte angeben): ....

40 **Beruf/Schule:** ....
(Bitte angeben: Beruf und Position, z.B. Bäckermeister, selbständig; bei Schüler(inne)n bzw. Student(inn)en Art der Schule/Hochschule)

Angaben zur „Vorgeschichte"

41 **Wurde mit der/dem Beschuldigten bereits früher eine Schlichtung/TOA unternommen?**
❍ Ja, Schlichtung erfolgreich ❍ Ja, Schlichtung gescheitert ❍ Nein
❍ Ja, Schlichtungsergebnis unbekannt ❍ Unbekannt

42 **Kannten sich Beschuldigte/r und Opfer zum Tatzeitpunkt?**
(Wichtig: Bei mehreren Opfern bitte deren Nummer – Frage 19a – eintragen!)
❍ Ja, gut (Nr.: ....) ❍ Ja, flüchtig (Nr.: ....) ❍ Nein (Nr.: ....)
Wenn ja, woher: ....

Angaben zum Kontakt der Schlichtungsstelle mit der/dem Beschuldigten

43 **Ergebnis der Kontaktaufnahme mit der/dem Beschuldigten:**
❍ Beschuldigte/r zur Schlichtung bereit ❍ Verfahrenstechnische Hindernisse (s. Frage 14)
❍ Beschuldigte/r nicht zur Schlichtung bereit ❍ Beschuldigte/r nicht erreicht
❍ Nicht erfolgt, da Opfer abgelehnt hat/ haben (s. Frage 28)

44 **Art der ersten Kontaktaufnahme:** ❍ Schriftlich ❍ Telefonisch ❍ Persönlich
Kontaktperson: ❍ Beschuldigte/r direkt ❍ über Strafverteidiger/in

45 **Art weiterer Kontakte/-versuche zur Vorbereitung der Schlichtung:**
❑ Schriftlich ❑ Telefonisch ❑ Persönlich (Mehrfachnennungen möglich)

46 **Kamen Beschuldigte/r und Opfer zu einer persönlichen Begegnung zusammen?**
(Wichtig: Bei mehreren Opfern bitte deren Nummer – Frage 19a – eintragen!)

Ja,
❑ (............) Privat – Vor der Schlichtung
❑ (............) Privat – Während der Schlichtung (Ohne Schlichter/in)
❑ (............) Bei der Schlichtung (Im Beisein des/der Schlichter/in)

Nein,
❑ (..................) nicht erfolgt
❑ (..................) schriftliches Verfahren
❑ (..................) Opfer lehnt Begegnung ab
❑ (..................) Beschuldigte/r lehnt Begegnung ab
❑ (..................) Sonstiges (bitte angeben) ....

47 **Ergebnis der Schlichtungsbemühungen:**
(Wichtig: Bei mehreren Opfern bitte deren Nummer – Frage 19a – eintragen!)
❍ (..............) Kein Ergebnis (Verweigerung) Sofern ein Angebot des/der Beschuldigten bestand, bitte angeben: ....
❍ (..............) Rücktritt bzw. Abbruch durch eine/n Beteiligte/n
❍ (..............) Beschuldigte/r und Opfer konnten sich nicht einigen (bitte Hauptgrund nennen): ....
❍ (..............) Beschuldigte/r und Opfer kamen zu einer teilweisen Regelung, bei der sich eine der Parteien jedoch weitere (straf- oder zivilrechtliche) Schritte vorbehielt
❍ (..............) Beschuldigte/r und Opfer kamen zu einer einvernehmlichen und abschließenden Regelung

48 **Art der vereinbarten Leistungen des/der Beschuldigten an das/die Opfer:**
(Wichtig: Bei mehreren Opfern bitte deren Nummer – Frage 19a – eintragen!)
(Mehrfachnennungen möglich)

❑ Keine (..)
❑ Entschuldigung (..)
❑ Geschenk (..)
❑ Rückgabe einer entwendeten Sache (..........)
❑ Arbeitsleistungen für das Opfer (....................)
❑ Gemeinsame Aktivität mit dem Opfer (..........)
❑ Schmerzensgeld an (....) i.H.v. .... DM
❑ Schadensersatz an (........) i.H.v. ....DM
❑ Schmerzensgeld an (....) i.H.v. .... DM
❑ Schadensersatz an (........) i.H.v. .... DM
❑ Spende an eine Organisation (bitte angeben): ....
❑ Sonstiges (bitte angeben): ....

49 **Erfüllung der nach Frage 48 vereinbarten Leistungen?**
(Bei mehreren Opfern bitte deren Nummer – Frage 19a – eintragen, wenn sich die Erfüllung der Leistungen danach unterscheiden läßt!)

❍ Überhaupt nicht (Nr.:......................)
❍ Teilweise (Nr.: ....)
❍ Vollständig (Nr.: ....)
❍ Leistungen werden z.Zt. noch erbracht (Nr.: ....)

Hinweise zum Ausfüllen des Schlichtungsfall-Meldebogens

Diese Hinweise sollen beim Ausfüllen des Meldebogens behilflich sein. Nach einigen allgemeinen Hinweisen werden die Fragen/Angaben des Meldebogens fortlaufend erläutert. Sofern es sich um eindeutige Fragen handelt, werden keine Erläuterungen gegeben. Beispiele sind kursiv dargestellt. Rubriken/Alternativen des Meldebogens sind wie folgt dargestellt: »**Rubrik**«. Wichtige Punkte werden durch Fettdruck hervorgehoben.
Es empfiehlt sich, den Bogen im unmittelbaren zeitlichen Zusammenhang mit dem Schlichtungsfall bzw. mit dessen Erledigung auszufüllen. Selbstverständlich ist es auch möglich, den Bogen fallbegleitend zu führen. Dann sollte aber nach Abschluss des Falles kontrolliert werden, dass sämtliche Angaben gemacht wurden.

1. Die Fragen/Angaben des Meldebogens sind von 01 bis 49 durchgehend nummeriert. Dabei sind die meisten der Fragen/Angaben durch Ankreuzen zu erledigen.
Es empfiehlt sich, die Fragen der Reihe nach zu beantworten.
WICHTIG: Der Meldebogen besteht aus 3 Teilen!
1 Bogen für allgemeine Fallangaben (2 Seiten – Fragen 1 bis 17)
1 Bogen für Angaben zum Opfer (1 Seite – Fragen 18 bis 31)
1 Bogen für Angaben zur/zum Beschuldigten (2 Seiten – Fragen 32 bis 49).

Achtung!: Da **bei mehreren Opfern** für jedes Opfer ein eigener Bogen zu den Opfer-Daten erforderlich ist, sind die Fragen 18 bis 31 entsprechend oft zu beantworten. Dasselbe gilt **bei mehreren Beschuldigten** für den 2-seitigen Beschuldigten-Bogen (Fragen 32 bis 49).
Wenn z.B. ein Schlichtungsfall so aussieht, dass 4 Täter bei einem Angriff auf 2 Opfer diese zusammenschlagen, wären auszufüllen:
1 Bogen zu den allgemeinen Fallmerkmalen,
2 Bögen für die Opfer und
4 Bögen für die Beschuldigten.

Achten Sie bitte darauf, die Opfer/Beschuldigten zu nummerieren und diese Nummern immer einheitlich zu verwenden.

2. Soweit Möglichkeiten vorgegeben sind, werden 2 unterschiedliche Kästchen für das Ankreuzen verwendet:

❑ Diese Kästchen werden verwendet, wenn mehrere Möglichkeiten angekreuzt werden können. (Es wird auch jeweils auf das Bestehen mehrerer Antwortmöglichkeiten hingewiesen).

❍ Diese Kästchen werden verwendet, wenn von den verschiedenen Alternativen nur genau eine angekreuzt werden kann.

3. Bei einzelnen Fragen ist die Eingabe von Text erforderlich. Diese sind durch entsprechende Freiräume und zumeist auch gepunktete Linien (..................) erkennbar. Verwenden Sie in diesen Fällen möglichst knappe und eindeutige Angaben. Zumeist reichen prägnante Stichworte.

4. Bei Datumsangaben verwenden Sie bitte immer die zweistellige Schreibweise (also 02 statt 2)!

I. Schlichtungsfall-Meldebogen – Allgemeine Merkmale

01 Geben Sie als Fallnummer diejenige der internen Zählweise an, also die Nummer, die die Schlichtungsstelle vergeben hat. (Format: 3-stellige Fallnummer/Jahr ohne 19 oder 20, also z.B. *007/00* bedeutet: Fall Nr. 7 des Jahres 2000).

02 Die Angabe des/der den Fall bearbeitenden Schlichters/Schlichterin ist unbedingt erforderlich, um den Fall zuordnen und abrechnen zu können.
Es ist denkbar, aber nach Möglichkeit zu vermeiden, den Namen des/der Schlichters/Schlichterin durch ein Kürzel (3 Buchstaben des Familiennamens) zu verschlüsseln. **Wichtig:** Sofern ein/e Schlichter/in während der Projektlaufphase ausscheidet, sollte sein Kürzel keinesfalls erneut verwendet werden!

03 Geben Sie hier das Datum des **Falleinganges** an, auch wenn Sie den Fall erst später bearbeitet haben.

04 Geben Sie bitte den exakten Tatzeitpunkt an. Bei mehreren Taten geben Sie bitte den Zeitpunkt der ersten und den der letzten Tat an.

05/06 Diese Daten dienen dazu, die Zeitdauer der Schlichtung zu erfassen. Sie sind beispielsweise erforderlich, um Fragen nach einer möglichen Verfahrensverzögerung durch einen Schlichtungsversuch beantworten zu können.

07/08 Machen Sie hier bitte möglichst genaue Angaben. Die Anzahl der Termine und der erforderliche Zeitaufwand für den Schlichtungsfall bietet später unter Umständen einen wichtigen Maßstab für die Verfahrensökonomie und die Festsetzung einer Schlichtungsgebühr.

09-11 Gemeint sind sämtliche an der Schlichtung beteiligten Personen.
Dritte können auf verschiedene Weise am Schlichtungsfall beteiligt gewesen sein.:
1. Anwesenheit bei Schlichtungstermin/en (*z.B. Ehefrau/Freundin begleitet Beschuldigten zum Schlichtungstermin; Anwalt*)
2. Information über den Schlichtungsverlauf und das Ergebnis (*vor allem Anwälte und Eltern*)
Geben Sie bitte neben dem Namen auch die Funktion/Stellung (*z.B. Anwalt, Vater, Freundin, Dolmetscher, Lehrer*) und - wenn möglich - Art der Beteiligung (*z.B. Anwesenheit, Information*) an.
Nicht gemeint sind Personen, die nicht nennenswert an der Schlichtung beteiligt waren. (*z.B. kurzes Telefonat mit den Eltern*).

12 Verfahrensstadien beziehen sich auf den Ablauf in einem Ermittlungs- und Strafverfahren. Zum Vorverfahren gehören alle Tätigkeiten der Polizei und der StA bis zur Anklageerhebung.
Der Zeitraum von Anklageerhebung bis zum Termin der Hauptverhandlung fällt in die zweite Kategorie (nach Anklage, aber vor HV).
Finden eine oder mehrere Hauptverhandlungen statt, und wird in einem dieser Termine eine Schlichtung angeregt, ist die dritte Kategorie (in der HV) anzukreuzen.
Wird der/die Täter/in im Urteil zu einer Schlichtung verpflichtet, kreuzen Sie die 4. Kategorie (nach der HV durch Urteil) an.

Wird eine Schlichtung z.B. im Rahmen einer Bewährung durchgeführt, ohne dass dies im Urteil angeordnet wurde, so fällt dies unter die Kategorie 5 (Sonstiges).

Wichtig: Schlichtungsversuche mit **Selbstmeldern ohne jeglichen Kontakt mit Kontrollbehörden** (Polizei, StA, Richter) bitte bei »Sonstiges ...« angeben.
Falls aber bereits ein Verfahren anhängig ist, so ist auch bei Selbstmeldern das jeweilige Verfahrensstadium anzugeben.

13 Wählen Sie im Zweifelsfall immer diejenige „Instanz" aus, die die allererste Anregung zum Schlichtungsfall gegeben hat.

14 Es geht hierbei ausschließlich um verfahrenstechnische Hindernisse, die das Strafverfahren oder die Schlichtung betreffen; z.B. *wenn das Strafverfahren oder die Schlichtung eingestellt werden muss, weil der Täter verstorben ist oder weil er unbekannt verzogen ist*.
Ein sonstiges verfahrenstechnisches Hindernis wäre, wenn der Täter so weit weggezogen ist, dass Sie die Schlichtung nicht mehr durchführen können oder dürfen. Möglich wäre auch, dass die Hauptverhandlung so früh terminiert wird, dass ein sinnvolles Schlichtungsverfahren gar nicht eingeleitet werden kann.
Es geht also **nicht um inhaltliche Hindernisse,** d.h. nicht um solche, die im Schlichtungsprozess (keine Einigung) oder bei Beschuldigten und Opfern (z.B. mangelnde Bereitschaft teilzunehmen) auftreten.

15 Die **erste** Kontaktaufnahme für einen Schlichtungsversuch wird primär mit der/dem/den Beschuldigten oder dem/den Opfer/n erfolgen. Manchmal ist aber ein Gespräch mit dem/der Beschuldigten- oder Opfervertreter/in oder einem/einer Erzieher/in als erster Kontakt notwendig. Dieses bitte unter **»Sonstige/r ...«** angeben.
Ausnahme: Falls der erste Kontakt mit Familienangehörigen wie z.B. Eltern von Beschuldigter/Beschuldigtem zustande kam (*diese waren beispielsweise beim Anruf am Telefon oder rufen auf ein Anschreiben zurück*), so ist dieser Kontakt unter der Rubrik »Beschuldigte/r« bzw. »Opfer« zu vermerken und nicht unter »Sonstige/r ...«

16 Diese Angabe des Schwerpunktes der Schlichtung ist für alle Fälle erforderlich, auch wenn es letztlich nicht zu einer Schlichtung gekommen ist.
Konfliktschlichtung/-aufarbeitung heißt, dass Spannungen zwischen Beschuldigten- und Opferseite, die durch die Tat entstanden sind oder die schon vor der Tat bestanden haben (langanhaltende Konflikte), im Zentrum der Schlichtung stehen. In diesen Fällen müssen i.d.R. Verärgerung, Wut, Ängste und psychische Verletzungen aufgearbeitet werden. Nach der Zielsetzung des Projektes werden Fälle, in denen es ausschließlich um Konfliktschlichtung/-aufarbeitung geht, eher selten sein.
Schadenswiedergutmachung betrifft die materielle Seite der Schlichtung. Diebesgut wird ersetzt oder zurückgegeben, Sachbeschädigungen bezahlt oder beseitigt. Schmerzensgeldzahlungen gehören ebenfalls hierher.
Zur Einordnung stellen Sie sich am besten ein Kontinuum vor, auf dessen einer Seite reine Konfliktschlichtung ohne materielle/finanzielle Komponente steht und auf dessen anderer Seite reine Schadenswiedergutmachung steht. Betrachten Sie jetzt den fraglichen Schlichtungsfall in seiner Gesamtheit und ordnen Sie ihn gedanklich auf der Skala ein.

17 Diese Frage ist „offen“ gestellt und nimmt fast eine ganze Seite des Meldebogens ein. An dieser Stelle können sie den Schlichtungsfall und seinen Verlauf kurz (auch stichwortartig) schildern.
Alle Besonderheiten, die nicht an anderer Stelle abgefragt werden, sollten Sie an dieser Stelle aufführen. Dabei lassen sich – wegen der Besonderheiten der Einzelfälle – keine Vorgaben machen, so dass an dieser Stelle als Hinweis auf möglicherweise erwähnenswerte Aspekte nur einige Stichpunkte genannt werden sollen.
»Tatgeschehen:«
● Wer ist mit wem „aneinandergeraten“ und weswegen?
»Hintergrund des Konfliktes:«
● Grund der Anzeige? ● Hintergrund für die Tat (Motiv)? ● Psychische Schädigungen? ● Beziehung zwischen Beschuldigter/Beschuldigtem und Opfer.
»Besonderheiten des Falles (auch im Verlauf der Schlichtung):«
● Private Leistungen/Initiativen? ● Bereitschaft zur Schlichtung? ● Verlauf der Schlichtung – z.B. Angriffe des/der Opfer? ● Eindruck des Schlichters/der Schlichterin?

II. Schlichtungsfall-Meldebogen – Angaben zum Opfer

18 An dieser Stelle tragen Sie bitte wiederum (wie auch unter 01) die interne Fallnummer der Schlichtungsstelle ein.

19 Damit unterschiedliche Schlichtungsvoraussetzungen und –verläufe bei einer Mehrzahl von Opfern auch feststellbar sind, ist für jedes Opfer ein eigener Bogen mit Angaben zum Opfer auszufüllen.
Damit das Opfer auch identifizierbar ist, müssen Sie **bei mehreren Opfern,** die an einem Schlichtungsfall beteiligt sind, jedem dieser Opfer eine Nummer geben und dessen Daten in den Opfer-Bogen eintragen. Der Vorname wird benötigt, um eine einheitliche Nummerierung zu erreichen. Das gilt vor allem dann, wenn ein Schlichtungstermin stattfindet, der von der Begleitforschung beobachtet wird. Der Vorname dient dazu, die Nummerierung von Beobachter/in und Schlichter/in zu vereinheitlichen. Sollten zufällig mehrere Opfer mit identischem Vornamen beteiligt sein, geben Sie bitte auch den Anfang des Nachnamens an.

20 Kreuzen Sie bitte an, ob eine natürliche Person oder eine Institution betroffen ist. Diese Unterscheidung kann im Einzelfall schwierig sein. *Wenn beispielsweise jemand einen Polizisten beschimpft und sich anschließend weigert, seine Personalien feststellen zu lassen (Beleidigung und Widerstand gegen Vollstreckungsbeamte), dann ist für den Schlichtungsfall der Polizeibeamte als Person betroffen und anzugeben.*

Wichtig: Auch für Institutionen muß im Schlichtungsverfahren immer eine Person tätig werden. Es ist daher wichtig, bei den Institutionsvertretern immer auch deren Position anzugeben (z.B. Filialleiter, Geschäftsführer, Justiziar).

21 Das Geburtsjahr des Opfers (auch des Vertreters einer Institution) kann geschätzt werden.

22 Das Geschlecht bitte auch für den Vertreter einer Institution angeben.

23 Die Staatsangehörigkeit bitte auch für den Vertreter einer Institution angeben.

24 Beim Beruf bitte den Berufsabschluss und die berufliche Position bzw. derzeitig ausgeübte Tätigkeit angeben, soweit diese bekannt sind. Bei Rentnern/Rentnerinnen bitte angeben „in Rente" und auch den zuletzt ausgeübten Beruf/die Lehre oder Schulbildung angeben. „Hausfrau/-mann" ebenfalls hier angeben und auch in diesem Fall die Lehre/Schulbildung nennen.

25 Die einzelnen Schadenskategorien haben folgende Bedeutung:
»Materielle Schäden«: Sachschäden und deren Höhe, in Geldwert ausdruckbare Schäden durch Diebstahl, Unterschlagung oder andere Vermögensnachteile (z.B. profitabler Verkauf platzte durch Diebstahl des Kaufgegenstandes), sofern diese durch das Opfer beziffert werden konnten.

»Erhebliche psychische Schädigungen«: Durch die Tat ausgelöste starke Traumata/Ängste, emotionaler Rückzug/ Selbstisolation, Nervenzusammenbruch u.a.
Wichtig: Nur bei Äußerung größerer Betroffenheit ist diese Alternative anzukreuzen, nicht schon bei jedem Hinweis auf Schrecken oder Angst.
Führen Sie auch diesbezügliche Schmerzensgeldforderungen mit auf.
»Körperschäden«: Neben direkten Einwirkungen/Verletzungen durch die Tat werden von diesem Stichwort auch die dadurch ausgelösten Krankheiten und Spätfolgen erfasst.
»Sonstige«: Hierunter werden u.a. immaterielle oder symbolische Schäden erfasst (z.B. Zerstörung eines Gegenstandes von hohem ideellem und geringem materiellen Wert; Affektionsinteresse des Opfers).

26 Unter Umständen ändern sich die Angaben des Opfers zu seinen finanziellen Forderungen. Im ersten Moment werden Schäden zu hoch oder zu gering eingeschätzt, nach Diskussion über Zahlungsmöglichkeiten des/der Beschuldigten werden Summen reduziert.
Beachten Sie daher etwaige Veränderungen und tragen Sie diese hier ein.

27 Die Beurteilung der Schwere der Verletzungen ist Ihnen als Schlichter/Schlichterin überlassen. Da die Einschätzung der verschiedenen Instanzen (Opfer, Polizei, Arzt, Beschuldigte/r) in der Regel variieren, können Sie hierbei auf sämtliche zur Verfügung stehenden Informationsquellen zurückgreifen.

28 Entscheidend ist das letztendliche Ergebnis der Kontaktaufnahme und nicht die erste Reaktion des Opfers, die unter Umständen zurückhaltend oder zögerlich war.

30 Falls Sie bei mehreren Kontaktversuchen verschiedene Formen der Kontaktaufnahme gewählt haben, geben Sie diese alle an. Es können also unter Umständen alle drei Kategorien angekreuzt werden.

31 Tragen Sie hier bitte ein, wenn Versicherungen eingetreten sind und Schäden ersetzt haben, wenn durch Opferhilfe-Organisationen finanzielle oder emotionale Unterstützung geleistet wurde oder andere Dritte Leistungen erbracht haben.

III. Schlichtungsfall-Meldebogen – Angaben zur/zum Beschuldigten

32 An dieser Stelle tragen Sie bitte wiederum (wie auch unter 01) die interne Fallnummer der Schlichtungsstelle ein.

33 Sind mehrere Beschuldigte an einer Tat (Gruppendelikt) beteiligt, so gilt für diese dasselbe wie für eine Mehrheit von Opfern. Zur notwendigen Identifizierbarkeit ist für jede/n Beschuldigte/n eine Nummer zu vergeben und der Bogen mit den Angaben zur/zum Beschuldigten vollständig auszufüllen. Der Vorname wird benötigt, um eine einheitliche Nummerierung zu erreichen. Das gilt vor allem dann, wenn ein Schlichtungstermin stattfindet, der von der Begleitforschung beobachtet wird. Der Vorname dient dazu, die Nummerierung von Beobachter/in und Schlichter/in zu vereinheitlichen. Sollten zufällig mehrere Beschuldigte mit identischem Vornamen beteiligt sein, geben Sie bitte auch den Anfang des Nachnamens an.

34 Die Frage nach dem Tatvorwurf kann unter Umständen nicht ganz einfach auszufüllen sein. Wenn die Justiz hier bereits Einordnungen vorgenommen hat, dann übernehmen Sie diese und nehmen Sie keine eigene Einordnungen mehr vor. Das gilt auch für die Frage nach der Tatvollendung. Kreuzen Sie Versuch nur dann an, wenn der Tatvorwurf die §§ 22, 23 StGB enthält.
Füllen Sie für jede vorgeworfene Tat eine eigene Zeile aus.
Im übrigen dürften sich die erforderlichen Angaben selbst erklären.

35 Es ist nicht erforderlich, dass der/die Beschuldigte den gesamten Inhalt der Anklageschrift oder der Ermittlungsakten voll bejaht.
Sofern der/die Beschuldigte einzelne der vorgeworfenen Taten abstreitet, geben Sie diese bitte an. Ob es sich bei den verbleibenden akzeptierten Taten nur um einen Teil des Tatvorwurfes oder um den Tatvorwurf im Wesentlichen handelt, obliegt Ihrer Einschätzung.

38 Maßgebend für Altersstufeneinteilung sind die gesetzlichen Vorgaben und nicht der tatsächliche Reifungs- bzw. Entwicklungsstand.

- Strafunmündig: bis zum 14. Geburtstag (§ 19 StGB)
- Jugendlich: ab dem 14. bis zum 18. Geburtstag (§ 1 Abs. 2 JGG)
- Heranwachsend: ab dem 18. bis zum 21. Geburtstag (§ 1 Abs. 2 JGG)
- Erwachsen: ab dem 21. Geburtstag.

Wichtig: Entscheidend ist der Tatzeitpunkt.

40 Geben Sie bitte den gegenwärtigen Status an.
Bei Auszubildenden geben Sie bitte die Ausbildungsrichtung und „Azubi" an (z.B. *Elektriker/Azubi*). Bei Schülern/innen und Studenten/innen geben Sie bitte die (Hoch)Schulart an.
Bei Berufstätigkeit geben Sie bitte die Art der derzeitigen Tätigkeit an, nicht die Firma.
Bei Arbeitslosigkeit geben Sie bitte die letzte ausgeübte Tätigkeit/Ausbildung an. (Vgl. auch schon Frage 24).

41 Gemeint sind damit Schlichtungen im Rahmen des Projektes oder, sofern hierüber Angaben vorliegen, auch ein TOA im Rahmen eines TOA-Projektes (z.B. Die Brücke München).

42 Für den Konflikthintergrund sind die Beziehungen zwischen Beschuldigter/Beschuldigtem und Opfer wichtig. Die Einordnung, wie gut sich die Beteiligten gekannt haben, obliegt Ihnen als Schlichter/in, da sich teilweise wahrscheinlich selbst Beschuldigte/r und Opfer hierin nicht einig sein werden.
Beispiele für die Einordnung:

- Beschuldigte/r und Opfer gehen in dieselbe Klasse: »Ja, gut«
- Beschuldigte/r und Opfer gehen in dieselbe Schule, kennen sich vom Sehen, machen aber nichts gemeinsam: »Ja, flüchtig«
- Nachbarschaftsbeziehungen ohne größere gemeinsame Aktivitäten: »Ja, flüchtig«
- Diskothekenstreitigkeiten unter ehemaligen (Schul-) Freunden: »Ja, gut«
- Fahrrad-/Autounfall zwischen Unbekannten: »Nein«

43 Wie auch beim Opfer (Frage 28) ist allein das letztendliche Ergebnis entscheidend und nicht die erste Reaktion des/der Beschuldigten.

45 Ebenfalls wie beim Opfer (Frage 30) sind hier sämtliche angewendeten Formen der Kontaktaufnahme anzukreuzen, d.h. unter Umständen alle drei Varianten.

46 **»Private – vor der Schlichtung«** im Sinne dieser Frage sind nur solche, die auf eine Schlichtung/Wiedergutmachung gerichtet sind, nicht aber rein zufällige Begegnungen auf der Straße oder in der Schule o.ä.
»Private – während der Schlichtung« sind ebenfalls nur solche, die auf eine Schlichtung gerichtet sind, nicht aber das bloße, schweigende Warten auf demselben Flur.
Fälle **mangelnder Schlichtungseignung** sind bei dieser Frage nur unter der Variante **»nicht erfolgt«** zu erfassen.
Wichtig: Tragen Sie bei mehreren Geschädigten bitte jeweils die entsprechende Opfernummer ein.

47 Halten Sie die Ergebnisse der Schlichtungsbemühungen möglichst genau fest. Differenzieren Sie insbesondere nach den Opfern (Nummern eintragen).
Unter der Kategorie **»Kein Ergebnis«** tragen Sie bitte auch die Opfer ein, die eine Teilnahme an der Schlichtung verweigert haben. Des weiteren sind hier die Fälle der sonstigen Verfahrenshindernisse aufzunehmen. Angebote des/der Beschuldigten analog Frage 48.
Unter **»Rücktritt bzw. Abbruch durch einen Beteiligten«** sind die Fälle einseitigen Abbruchs nach zunächst bestehender Schlichtungsbereitschaft zu verstehen. Ein solcher Abbruch kann z.B. auch dadurch geschehen, dass eine Seite weiteren Gesprächen ohne Begründung fernbleibt. **Achtung:** Hierunter fällt nicht, wenn sich die Beteiligten nicht einigen konnten, d.h. gemeinsame Anstrengungen unternahmen, aber dennoch keinen Kompromiss erzielten.

48 Tragen Sie hier bitte nur die vereinbarten Leistungen ein, nicht solche, die der/die Beschuldigte bereits vor der Schlichtung als „private Leistung" erbracht hat. Stellen Sie solche Leistungen bitte bei Frage 17 dar.

49 Kreuzen Sie bitte **»Leistungen werden z.Zt. noch erbracht«** an, wenn im Zeitpunkt der Ausfüllung des Bogens noch Leistungen zu entrichten sind (z.B. Ratenzahlung) oder wenn noch nicht feststeht, ob die Leistung bereits vollständig erbracht wurde. Beachten Sie bitte auch hier die Differenzierung nach den Opfern (sofern möglich).

Aktenauswertungsbogen

50 **Interne Fall-Nr.:** ....

Angaben zum Opfer

51 **Hat das Opfer Strafantrag/ -anzeige gestellt?**
(Wichtig: Bei mehreren Opfern bitte deren Nummer – Frage 19a des SF02 – eintragen!)
❍ Ja .... ❍ Nein ....

52 **Wurde – falls gestellt – Strafantrag/ -anzeige nach der Schlichtung zurückgenommen?**
(Wichtig: Bei mehreren Opfern bitte deren Nummer – Frage 19a des SF02 – eintragen!)

❍ Ja, daher Verfahrenshindernis (§ ....) ....

❍ StA bejaht ohnehin besonderes öffentliches Interesse (§ ....) ....

❍ Opfer hat kein weiteres Interessen an Strafverfolgung, es handelt sich aber um kein Antragsdelikt

❍ Nein bzw. nicht bekannt.......................................

Angaben zum/zur Beschuldigten

53 **Lagen „Vorverurteilungen" vor?**
(Wichtig: Bei mehreren Beschuldigten bitte deren Nummer – Frage 33 des SF02 – eintragen!)

❍ Ja, Eintragungen im BZR ....

❍ Zusätzliche Eintragungen im Js-Register ....

❍ Nein ....

Bei mehreren Beschuldigten bitte für jede/n Beschuldigte/n ab hier einen eigenen Bogen zur Aktenerhebung ausfüllen!

Wenn Frage 53 mit „Ja" beantworte wurde, genauere Angaben zu den Vorstrafen Fragen 62 bis 64!

Angaben zum/zur Beschuldigten Nr. ....
(Fragen 54 bis 58 sind schon dem Bogen SF02 [36 bis 40] zu entnehmen, dienen hier aber der Überprüfung/Korrektur bei Ungenauigkeiten)

54 **Geburtsjahr:** (ggf. schätzen) .... 55 **Geschlecht:** ❍ männlich ❍ weiblich

56 **Alter und Altersstufe zum Tatzeitpunkt:** .... Jahre
❍ Strafunmündig ❍ Jugendlich ❍ Heranwachsend ❍ Erwachsen

57 **Staatsangehörigkeit:** ❍ Deutsch ❍ Andere (bitte angeben): ....

58 **Beruf/Schule:** ....
(Bitte angeben: Beruf und Position, z.B. Bäckermeister, selbständig; bei Schülern/innen bzw. Studenten/innen Art der Schule/Hochschule)

59 **Familienstand:**
❍ ledig ❍ verheiratet ❍ getrennt lebend ❍ geschieden ❍ verwitwet

60 **Kinder:** Anzahl [ ] Alter: 1. .... 2. .... 3. .... 4. .... 5. ....
6. .... 7. .... 8. .... 9. .... 10. ....

61 **Einkommen:** DM .... netto 61a **Schulden**: DM ....

61b **Zahlungsverpflichtungen** DM............................für..

62 **Wenn Vorverurteilungen vorlagen: Anzahl der Eintragungen - <u>ohne</u> den Gegenstand des Schlichtungsfalles - ...**
.... im BZR: .... zusätzlich im Js-Register
(Genauere Angaben hierzu unter 63) (Genauere Angaben hierzu unter 64)

63 **Inhalt der letzten 8 Eintragungen im BZR:**
1. Eintragung:
Jahr (*nach dem Tag der HV*): ....

1. Straftat (*§§ Gesetz*): ....
Täterschaft: ❍ Ja ❍ Nein
Teilnahme: ❍ Ja ❍ Nein
Versuch: ❍ Ja ❍ Nein

2. Straftat (*§§ Gesetz*): ....
Täterschaft: ❍ Ja ❍ Nein
Teilnahme: ❍ Ja ❍ Nein
Versuch: ❍ Ja ❍ Nein

3. Straftat (*§§ Gesetz*): ....
Täterschaft: ❍ Ja ❍ Nein
Teilnahme: ❍ Ja ❍ Nein
Versuch: ❍ Ja ❍ Nein

4. Straftat (*§§ Gesetz*): ....
Täterschaft: ❍ Ja ❍ Nein
Teilnahme: ❍ Ja ❍ Nein
Versuch: ❍ Ja ❍ Nein

5. Straftat (*§§ Gesetz*): ....
Täterschaft: ❍ Ja ❍ Nein
Teilnahme: ❍ Ja ❍ Nein
Versuch: ❍ Ja ❍ Nein

6. Straftat (*§§ Gesetz*): ....
Täterschaft: ❍ Ja ❍ Nein
Teilnahme: ❍ Ja ❍ Nein
Versuch: ❍ Ja ❍ Nein

Erledigungsart:
- O (1) Strafbefehl gem. § 407 StPO (alle Cs-Aktenzeichen) Anzahl der TS:.........
- O (2) Geldstrafe (bitte Anzahl der Tagessätze angeben) ....
- O (3) Verwarnung mit Strafvorbehalt gem. § 59 StGB (Anzahl der TS)..............
- O (4) Freiheitsstrafe mit Bewährung (Dauer bitte angeben) ....
- O (5) Freiheitsstrafe ohne Bewährung (Dauer bitte angeben) ....
- O (6) Sonstiges (bitte angeben) ....

2. Eintragung:

Jahr (*nach dem Tag der HV*): ....

1. Straftat (*§§ Gesetz*): ....
   - Täterschaft: O Ja O Nein
   - Teilnahme: O Ja O Nein
   - Versuch: O Ja O Nein

2. Straftat (*§§ Gesetz*): ....
   - Täterschaft: O Ja O Nein
   - Teilnahme: O Ja O Nein
   - Versuch: O Ja O Nein

3. Straftat (*§§ Gesetz*): ....
   - Täterschaft: O Ja O Nein
   - Teilnahme: O Ja O Nein
   - Versuch: O Ja O Nein

4. Straftat (*§§ Gesetz*): ....
   - Täterschaft: O Ja O Nein
   - Teilnahme: O Ja O Nein
   - Versuch: O Ja O Nein

5. Straftat (*§§ Gesetz*): ....
   - Täterschaft: O Ja O Nein
   - Teilnahme: O Ja O Nein
   - Versuch: O Ja O Nein

6. Straftat (*§§ Gesetz*): ....
   - Täterschaft: O Ja O Nein
   - Teilnahme: O Ja O Nein
   - Versuch: O Ja O Nein

Erledigungsart:
- O (1) Strafbefehl gem. § 407 StPO (alle Cs-Aktenzeichen) Anzahl der TS:.........
- O (2) Geldstrafe (bitte Anzahl der Tagessätze angeben) ....
- O (3) Verwarnung mit Strafvorbehalt gem. § 59 StGB (Anzahl der TS)..............
- O (4) Freiheitsstrafe mit Bewährung (Dauer bitte angeben) ....
- O (5) Freiheitsstrafe ohne Bewährung (Dauer bitte angeben) ....
- O (6) Sonstiges (bitte angeben) ....

3. Eintragung:

Jahr (*nach dem Tag der HV*): ....

1. Straftat (*§§ Gesetz*): ....
   - Täterschaft: O Ja O Nein
   - Teilnahme: O Ja O Nein
   - Versuch: O Ja O Nein

2. Straftat (*§§ Gesetz*): ....
   - Täterschaft: O Ja O Nein
   - Teilnahme: O Ja O Nein
   - Versuch: O Ja O Nein

3. Straftat (*§§ Gesetz*): ....
   - Täterschaft: O Ja O Nein
   - Teilnahme: O Ja O Nein
   - Versuch: O Ja O Nein

4. Straftat (*§§ Gesetz*): ....
   - Täterschaft: O Ja O Nein
   - Teilnahme: O Ja O Nein
   - Versuch: O Ja O Nein

5. Straftat (*§§ Gesetz*): ....
   - Täterschaft: O Ja O Nein
   - Teilnahme: O Ja O Nein
   - Versuch: O Ja O Nein

6. Straftat (*§§ Gesetz*): ....
   - Täterschaft: O Ja O Nein
   - Teilnahme: O Ja O Nein
   - Versuch: O Ja O Nein

Erledigungsart: O (1) Strafbefehl gem. § 407 StPO (alle Cs-Aktenzeichen) Anzahl der TS:.........

O (2) Geldstrafe (bitte Anzahl der Tagessätze angeben) ....

O (3) Verwarnung mit Strafvorbehalt gem. § 59 StGB (Anzahl der TS)..............

O (4) Freiheitsstrafe mit Bewährung (Dauer bitte angeben) ....

O (5) Freiheitsstrafe ohne Bewährung (Dauer bitte angeben) ....

O (6) Sonstiges (bitte angeben) ....

4. Eintragung:

Jahr (*nach dem Tag der HV*): ....

1. Straftat *(§§ Gesetz)*: ....
Täterschaft: O Ja O Nein
Teilnahme: O Ja O Nein
Versuch: O Ja O Nein

2. Straftat *(§§ Gesetz)*: ....
Täterschaft: O Ja O Nein
Teilnahme: O Ja O Nein
Versuch: O Ja O Nein

3. Straftat *(§§ Gesetz)*: ....
Täterschaft: O Ja O Nein
Teilnahme: O Ja O Nein
Versuch: O Ja O Nein

4. Straftat *(§§ Gesetz)*: ....
Täterschaft: O Ja O Nein
Teilnahme: O Ja O Nein
Versuch: O Ja O Nein

5. Straftat *(§§ Gesetz)*: ....
Täterschaft: O Ja O Nein
Teilnahme: O Ja O Nein
Versuch: O Ja O Nein

6. Straftat *(§§ Gesetz)*: ....
Täterschaft: O Ja O Nein
Teilnahme: O Ja O Nein
Versuch: O Ja O Nein

Erledigungsart: O (1) Strafbefehl gem. § 407 StPO (alle Cs-Aktenzeichen) Anzahl der TS:.........

O (2) Geldstrafe (bitte Anzahl der Tagessätze angeben) ....

O (3) Verwarnung mit Strafvorbehalt gem. § 59 StGB (Anzahl der TS)..............

O (4) Freiheitsstrafe mit Bewährung (Dauer bitte angeben) ....

O (5) Freiheitsstrafe ohne Bewährung (Dauer bitte angeben) ....

O (6) Sonstiges (bitte angeben) ....

5. Eintragung:

Jahr (*nach dem Tag der HV*): ....

1. Straftat *(§§ Gesetz)*: ....
Täterschaft: O Ja O Nein
Teilnahme: O Ja O Nein
Versuch: O Ja O Nein

2. Straftat *(§§ Gesetz)*: ....
Täterschaft: O Ja O Nein
Teilnahme: O Ja O Nein
Versuch: O Ja O Nein

3. Straftat *(§§ Gesetz)*: ....
Täterschaft: O Ja O Nein
Teilnahme: O Ja O Nein
Versuch: O Ja O Nein

4. Straftat *(§§ Gesetz)*: ....
Täterschaft: O Ja O Nein
Teilnahme: O Ja O Nein
Versuch: O Ja O Nein

5. Straftat *(§§ Gesetz)*: ....
Täterschaft: O Ja O Nein
Teilnahme: O Ja O Nein
Versuch: O Ja O Nein

6. Straftat *(§§ Gesetz)*: ....
Täterschaft: O Ja O Nein
Teilnahme: O Ja O Nein
Versuch: O Ja O Nein

Erledigungsart: ❍ (1) Strafbefehl gem. § 407 StPO (alle Cs-Aktenzeichen) Anzahl der TS:.........
❍ (2) Geldstrafe (bitte Anzahl der Tagessätze angeben) ....
❍ (3) Verwarnung mit Strafvorbehalt gem. § 59 StGB (Anzahl der TS)..............
❍ (4) Freiheitsstrafe mit Bewährung (Dauer bitte angeben) ....
❍ (5) Freiheitsstrafe ohne Bewährung (Dauer bitte angeben) ....
❍ (6) Sonstiges (bitte angeben) ....

6. Eintragung:

Jahr (*nach dem Tag der HV*): ....

1. Straftat (*§§ Gesetz*): ....
Täterschaft: ❍ Ja ❍ Nein
Teilnahme: ❍ Ja ❍ Nein
Versuch: ❍ Ja ❍ Nein

2. Straftat (*§§ Gesetz*): ....
Täterschaft: ❍ Ja ❍ Nein
Teilnahme: ❍ Ja ❍ Nein
Versuch: ❍ Ja ❍ Nein

3. Straftat (*§§ Gesetz*): ....
Täterschaft: ❍ Ja ❍ Nein
Teilnahme: ❍ Ja ❍ Nein
Versuch: ❍ Ja ❍ Nein

4. Straftat (*§§ Gesetz*): ....
Täterschaft: ❍ Ja ❍ Nein
Teilnahme: ❍ Ja ❍ Nein
Versuch: ❍ Ja ❍ Nein

5. Straftat (*§§ Gesetz*): ....
Täterschaft: ❍ Ja ❍ Nein
Teilnahme: ❍ Ja ❍ Nein
Versuch: ❍ Ja ❍ Nein

6. Straftat (*§§ Gesetz*): ....
Täterschaft: ❍ Ja ❍ Nein
Teilnahme: ❍ Ja ❍ Nein
Versuch: ❍ Ja ❍ Nein

Erledigungsart: ❍ (1) Strafbefehl gem. § 407 StPO (alle Cs-Aktenzeichen) Anzahl der TS:.........
❍ (2) Geldstrafe (bitte Anzahl der Tagessätze angeben) ....
❍ (3) Verwarnung mit Strafvorbehalt gem. § 59 StGB (Anzahl der TS)..............
❍ (4) Freiheitsstrafe mit Bewährung (Dauer bitte angeben) ....
❍ (5) Freiheitsstrafe ohne Bewährung (Dauer bitte angeben) ....
❍ (6) Sonstiges (bitte angeben) ....

7. Eintragung:

Jahr (*nach dem Tag der HV*): ....

1. Straftat (*§§ Gesetz*): ....
Täterschaft: ❍ Ja ❍ Nein
Teilnahme: ❍ Ja ❍ Nein
Versuch: ❍ Ja ❍ Nein

2. Straftat (*§§ Gesetz*): ....
Täterschaft: ❍ Ja ❍ Nein
Teilnahme: ❍ Ja ❍ Nein
Versuch: ❍ Ja ❍ Nein

3. Straftat (*§§ Gesetz*): ....
Täterschaft: ❍ Ja ❍ Nein
Teilnahme: ❍ Ja ❍ Nein
Versuch: ❍ Ja ❍ Nein

4. Straftat (*§§ Gesetz*): ....
Täterschaft: ❍ Ja ❍ Nein
Teilnahme: ❍ Ja ❍ Nein
Versuch: ❍ Ja ❍ Nein

5. Straftat (*§§ Gesetz*): ....
Täterschaft: ❍ Ja ❍ Nein
Teilnahme: ❍ Ja ❍ Nein
Versuch: ❍ Ja ❍ Nein

6. Straftat (*§§ Gesetz*): ....
Täterschaft: ❍ Ja ❍ Nein
Teilnahme: ❍ Ja ❍ Nein
Versuch: ❍ Ja ❍ Nein

Erledigungsart: ❍ (1) Strafbefehl gem. § 407 StPO (alle Cs-Aktenzeichen) Anzahl der TS:.........
❍ (2) Geldstrafe (bitte Anzahl der Tagessätze angeben) ....
❍ (3) Verwarnung mit Strafvorbehalt gem. § 59 StGB (Anzahl der TS)...............
❍ (4) Freiheitsstrafe mit Bewährung (Dauer bitte angeben) ....
❍ (5) Freiheitsstrafe ohne Bewährung (Dauer bitte angeben) ....
❍ (6) Sonstiges (bitte angeben) ....

8. Eintragung:
Jahr (*nach dem Tag der HV*): ....

1. Straftat (*§§ Gesetz*): ....
Täterschaft: ❍ Ja ❍ Nein
Teilnahme: ❍ Ja ❍ Nein
Versuch: ❍ Ja ❍ Nein

2. Straftat (*§§ Gesetz*): ....
Täterschaft: ❍ Ja ❍ Nein
Teilnahme: ❍ Ja ❍ Nein
Versuch: ❍ Ja ❍ Nein

3. Straftat (*§§ Gesetz*): ....
Täterschaft: ❍ Ja ❍ Nein
Teilnahme: ❍ Ja ❍ Nein
Versuch: ❍ Ja ❍ Nein

4. Straftat (*§§ Gesetz*): ....
Täterschaft: ❍ Ja ❍ Nein
Teilnahme: ❍ Ja ❍ Nein
Versuch: ❍ Ja ❍ Nein

5. Straftat (*§§ Gesetz*): ....
Täterschaft: ❍ Ja ❍ Nein
Teilnahme: ❍ Ja ❍ Nein
Versuch: ❍ Ja ❍ Nein

6. Straftat (*§§ Gesetz*): ....
Täterschaft: ❍ Ja ❍ Nein
Teilnahme: ❍ Ja ❍ Nein
Versuch: ❍ Ja ❍ Nein

Erledigungsart: ❍ (1) Strafbefehl gem. § 407 StPO (alle Cs-Aktenzeichen) Anzahl der TS:.........
❍ (2) Geldstrafe (bitte Anzahl der Tagessätze angeben) ....
❍ (3) Verwarnung mit Strafvorbehalt gem. § 59 StGB (Anzahl der TS)...............
❍ (4) Freiheitsstrafe mit Bewährung (Dauer bitte angeben) ....
❍ (5) Freiheitsstrafe ohne Bewährung (Dauer bitte angeben) ....
❍ (6) Sonstiges (bitte angeben) ....

64 **Inhalt zusätzlicher Eintragungen im Js-Register:**

1. Eintragung:
Eingangsjahr bei der StA: .... Straftat (*§§ Gesetz*): ....
Täterschaft: ❍ Ja ❍ Nein Teilnahme: ❍ Ja ❍ Nein Versuch: ❍ Ja ❍ Nein
Erledigungsart: ❍ Einstellung gem. § 170 Abs. 2 StPO
❍ gem. §§ 153, 153a StPO
❍ aus sonstigen Gründen
❍ Anklage, Strafbefehlsantrag
❍ Freispruch

2. Eintragung:
Eingangsjahr bei der StA: .... Straftat (*§§ Gesetz*): ....
Täterschaft: ❍ Ja ❍ Nein Teilnahme: ❍ Ja ❍ Nein Versuch: ❍ Ja ❍ Nein
Erledigungsart: ❍ Einstellung gem. § 170 Abs. 2 StPO
❍ gem. §§ 153, 153a StPO
❍ aus sonstigen Gründen
❍ Anklage, Strafbefehlsantrag
❍ Freispruch

3. Eintragung:

Eingangsjahr bei der StA: .... Straftat (*§§ Gesetz*): ....

Täterschaft: ❍ Ja ❍ Nein Teilnahme: ❍ Ja ❍ Nein Versuch: ❍ Ja ❍ Nein

Erledigungsart: ❍ Einstellung gem. § 170 Abs. 2 StPO
❍ gem. §§ 153, 153a StPO
❍ aus sonstigen Gründen
❍ Anklage, Strafbefehlsantrag
❍ Freispruch

4. Eintragung:

Eingangsjahr bei der StA: .... Straftat (*§§ Gesetz*): ....

Täterschaft: ❍ Ja ❍ Nein Teilnahme: ❍ Ja ❍ Nein Versuch: ❍ Ja ❍ Nein

Erledigungsart: ❍ Einstellung gem. § 170 Abs. 2 StPO
❍ gem. §§ 153, 153a StPO
❍ aus sonstigen Gründen
❍ Anklage, Strafbefehlsantrag
❍ Freispruch

5. Eintragung:

Eingangsjahr bei der StA: .... Straftat (*§§ Gesetz*): ....

Täterschaft: ❍ Ja ❍ Nein Teilnahme: ❍ Ja ❍ Nein Versuch: ❍ Ja ❍ Nein

Erledigungsart: ❍ Einstellung gem. § 170 Abs. 2 StPO
❍ gem. §§ 153, 153a StPO
❍ aus sonstigen Gründen
❍ Anklage, Strafbefehlsantrag
❍ Freispruch

6. Eintragung:

Eingangsjahr bei der StA: .... Straftat (*§§ Gesetz*): ....

Täterschaft: ❍ Ja ❍ Nein Teilnahme: ❍ Ja ❍ Nein Versuch: ❍ Ja ❍ Nein

Erledigungsart: ❍ Einstellung gem. § 170 Abs. 2 StPO
❍ gem. §§ 153, 153a StPO
❍ aus sonstigen Gründen
❍ Anklage, Strafbefehlsantrag
❍ Freispruch

Angaben zum Verfahren

65 **Daten der Hauptverhandlung:**

1. Termin .... /........ /.......... 2. Termin .... /........ /.............

3. Termin .... /........ /.......... 4. Termin .... /........ /.............

Letzter Termin .... /.................. /....................

66 **Erledigung des Verfahrens, das Gegenstand des Schlichtungsfalls war:**

Erledigungsart: ❍ Einstellung gem. §§ 153 ff. StPO (bitte möglichst genau angeben) - § ....

Auflagen/Weisungen nach § 153a I Nr.........; angeben:..................... ....

❍ Strafbefehl gem. § 407 StPO (Anzahl der TS bzw. Dauer der FS) ....

❍ Freispruch

❍ Absehen von Strafe (siehe auch Frage 74)

❍ Verwarnung mit Strafvorbehalt gem. § 59 StGB (Anzahl der Tagessätze) ....

❍ Geldstrafe (bitte Anzahl der Tagessätze angeben) ....TS

❍ Freiheitsstrafe mit Bewährung (Dauer bitte angeben) .... J ..... Mon.

Dauer der Bewährungszeit .... J ......Mon.

❍ Freiheitsstrafe ohne Bewährung (Dauer bitte angeben) .... J ..... Mon.

❍ Sonstiges (bitte angeben) ....

....

(z.B. Einstellung gem. §§ 205, 206a, b, 260 III StPO, Ablehnungsbeschluß gem. § 204 StPO)

67 **Abgeurteilte Tat nach Einschätzung des Gerichtes** (Paragraphenkette aus dem Urteil):

....

68 **Begründung der Entscheidung:**

❍ (1) Einstellungsbeschluß ohne Gründe
❍ (2) -- mit formelhafter Begründung
❍ (3) -- mit individueller Begründung
❍ (4) -- mit urteilsähnlicher Begründung
❍ (5) Freispruch, abgekürzt nach § 267 V StPO
❍ (6) Freispruch, vollständig begründet
❍ (7) Verurteilung, abgekürzt nach § 267 IV StPO
❍ (8) Verurteilung, vollständig begründet

69 **Grund für die Nichtaussetzung zur Bewährung:**

❍ (1) Strafe über 2 Jahre
❍ (2) ungünstige Prognose
❍ (3) Verteidigung der Rechtsordnung
❍ (4) Fehlen besonderer Umstände
❍ (5) Kein Grund ersichtlich

70 **Bewährungsauflagen:**

❍ (1) Schadenswiedergutmachung
❍ (2) Geldauflage (Höhe: ....DM)
❍ (3) Erbringung gemeinnütziger Arbeit
❍ (4) Sonstiges (Angeben: ....)

71 **Bewährungsweisungen:**

❍ (1) keine
❍ (2) Bewährungshilfe

❍ (3) § 56c I StGB (Bitte genauer angeben: ....)

❍ (4) § 56c II Nr. .... StGB **(Bitte Nr. angeben)** ❍ (5) § 56c III Nr. .... StGB **(Bitte Nr. angeben)**

Vergleich Schlichtungsvereinbarung - Urteil / Berücksichtigung des § 46a StGB

72 **Erwähnung der Wiedergutmachungsvereinbarung:**

❍ (1) Überhaupt nicht erwähnt

❍ (2) Nicht erwähnt, aber indirekt als Auflage übernommen (z.B. bei Einstellungen)

❍ (3) Für weiteren Verfahrensablauf ausschlaggebend (z.B. Strafbefehl statt Anklage)

❍ (4) Konkludent erwähnt (z.B. durch Verwendung von Zitaten)

❍ (5) Ausdrücklich erwähnt, ohne sie wiederzugeben

❍ (6) Ausdrücklich erwähnt, mit teilweiser Wiedergabe/unter Verwendung von Zitaten

❍ (7) Ausdrücklich erwähnt, mit vollständiger Wiedergabe

73 **Erwähnung des § 46a StGB:**

❍ (1) Nicht erwähnt (weiter Frage 77)

❍ (2) Nr. 1 erwähnt, aber formelhaft abgelehnt (genauer Frage 74)

❍ (3) Nr. 1 erwähnt, aber mit Begründung abgelehnt (genauer Frage 74)

❍ (3) Nr. 1 erwähnt und formelhaft angenommen (genauer Frage 74)

❍ (4) Nr. 1 erwähnt und mit Begründung angenommen (genauer Frage 74)

❍ (5) Nr. 2 erwähnt, aber formelhaft abgelehnt (genauer Frage 75)

❍ (6) Nr. 2 erwähnt, aber mit Begründung abgelehnt (genauer Frage 75)

❍ (7) Nr. 2 erwähnt und formelhaft angenommen (genauer Frage 75)

❍ (8) Nr. 2 erwähnt und mit Begründung angenommen (genauer Frage 75)

74 **Beurteilung der Wiedergutmachungsvereinbarung im Urteil im Hinblick auf § 46a Nr. 1 StGB:**

❍ (1) Nicht ausreichend, weil ....

....

(Was fehlte dem Gericht an Angaben, Leistungen etc.?)

❍ (2) Ausreichend, weil ....

....

(Was überzeugte das Gericht?)

75 **Beurteilung der Wiedergutmachungsvereinbarung im Urteil im Hinblick auf § 46a Nr. 2 StGB:**

❍ (1) Nicht ausreichend, weil ....

....

(Was fehlte dem Gericht an Angaben, Leistungen etc.?)

❍ (2) Ausreichend, weil ....

....

(Was überzeugte das Gericht?)

76 **Wenn § 46a bejaht wurde** (Fragen 73 bis 75) **- Angaben zur Rechtsfolgenseite des § 46a:**

❍ Absehen von Strafe (siehe auch schon Frage 66)

Strafmilderung gem. § 49 Absatz 1 StGB

❍ ja ❍ nein, Begründung: ....

(Wenn wegen minder schweren Falles, genügt Verweis auf unten oder Angabe msF)

Annahme eines minder schweren Falles (§ 46a StGB **zusammen mit** anderen Milderungsgründen)
(Nur relevant, wenn die vorhergehenden Alternativen nicht zutreffen)

❍ ja, Begründung: ....

❍ nein, Begründung: ....

77 **Wenn § 46a verneint wurde** (Fragen 72 bis 74) - **Strafmilderung über § 46 Absatz 2 StGB:**

❍ ja, Schlichtung(sversuch) ausdrücklich erwähnt (genaueres unter Frage 81)

❍ nein, Begründung: ....
(z.B. auch: Schlichtung(sversuch) nicht erwähnt / ohne Begründung)

78 **Länge des Urteils in Seiten:** ....

79 **Länge der Strafzumessungsentscheidung insgesamt:**

In Seiten: .... In Zeilen: ....

80 **Länge der Ausführungen zu § 46a StGB:**

In Zeilen: .... davon zu Nr. 1: .... Zeilen

davon zu Nr. 2: .... Zeilen

81 **Länge der Ausführungen mit Bezug zur Wiedergutmachungsvereinbarung:**

In Zeilen: ....

Erwähnte Aspekte mit Bewertungsrichtung (d.h. zu Gunsten [+]/zu Lasten [-] des Täters): ....

....

82 **Sonstige im Rahmen der Strafzumessung erwähnte Gründe:**
(Bitte jeweils in Stichworten Genaueres angeben, insbes. zur Bewertungsrichtung, d.h. zu Gunsten [+]/zu Lasten [-] des Täters und zum Umfang)

	Einzelaspekte mit Bewertungsrichtung	Umfang in Zeilen
❍ (01) Vorverurteilungen	.... [+]/[-]	.... Z.
❍ (02) Schadenshöhe	.... [+]/[-]	.... Z.
❍ (03) Tatausführung	.... [+]/[-]	.... Z.
❍ (04) Täterrolle	.... [+]/[-]	.... Z.
❍ (05) Tatmotive	.... [+]/[-]	.... Z.
❍ (06) Geständnis	.... [+]/[-]	.... Z.
❍ (07) Tatfolgen beim Opfer	.... [+]/[-]	.... Z.
❍ (08) Tatfolgen beim Täter	.... [+]/[-]	.... Z.
❍ (09) Sozialisation des Täters	.... [+]/[-]	.... Z.
❍ (10) Strafempfindlichkeit	.... [+]/[-]	.... Z.
❍ (11) sonstiges	.... [+]/[-]	.... Z.
	.... [+]/[-]	.... Z.

Criminalia

Herausgegeben von Klaus Volk

Band 1 Ulrich Schroth: Vorsatz als Aneignung der unrechtskonstituierenden Merkmale. 1994.

Band 2 Torsten Poeck: Wartepflicht und Wartedauer des § 142 Abs. 1 Nr. 2 StGB. Ein Vorschlag zur Bestimmung der Wartelänge anhand rechtsprechungsanalytischer und empirischer Überlegungen. 1994.

Band 3 Tobias Schmid: Die Vergabe von Wirtschaftssubventionen und strafrechtliche Verantwortlichkeit gem. § 264 StGB (Subventionsbetrug). 1994.

Band 4 Erwin Lohner: Der Tatverdacht im Ermittlungsverfahren. Begriff, rechtliche Ausgestaltung, praktische Handhabung und Kontrolle am Beispiel der polizeilichen Verdachtsfeststellung. 1994.

Band 5 Gunther Lehleiter: Der rechtswidrige verbindliche Befehl. Strafrechtsdogmatische Untersuchung, demonstriert am Beispiel des militärischen Befehls. 1995.

Band 6 Dirk Steiner: Das Fairneßprinzip im Strafprozeß. 1995.

Band 7 Isabell Schwegler: Der Subsumtionsirrtum. 1995.

Band 8 Klaus Andreas Fischer: Die strafrechtliche Beurteilung von Werken der Kunst. 1995.

Band 9 Johannes Fredrikus Nijboer: Beweisprobleme und Strafrechtssysteme / Proof and Criminal Justice Systems. Rechtsvergleichende Aufsätze / Comparative Essays. 1995. 2. Auflage 1997.

Band 10 Winfried Hassemer / Karin Matussek: Das Opfer als Verfolger. Ermittlungen des Verletzten im Strafverfahren. 1996.

Band 11 Bettina Grunst: Steuerhinterziehung durch Unterlassen. 1996.

Band 12 Hans-Jörg Schwab: Täterschaft und Teilnahme bei Unterlassungen. 1996.

Band 13 Christos Mylonopoulos: Komparative und Dispositionsbegriffe im Strafrecht. 1998.

Band 14 Christina Erfurth: Verdeckte Ermittlungen. Problemlösung durch das OrgKG? 1997.

Band 15 Stephan Weber: Überstellung in den Heimatstaat. Ein internationales Konzept wider den Strafvollzug in der Fremde. Zugleich ein Beitrag zum Recht der internationalen Vollstreckungshilfe in Strafsachen. 1997.

Band 16 Bert Götting: Gesetzliche Strafrahmen und Strafzumessungspraxis. Eine empirische Untersuchung anhand der Strafverfolgungsstatistik für die Jahre 1987 bis 1991. 1997.

Band 17 Lars Otte: Der durch Menschen ausgelöste Defensivnotstand. 1998.

Band 18 Gregor Rieger: Die mutmaßliche Einwilligung in den Behandlungsabbruch. 1998.

Band 19 Yu-hsiung Lin: Richtervorbehalt und Rechtsschutz gegen strafprozessuale Grundrechtseingriffe. 1998.

Band 20 Sandra Pellkofer: Sockelverteidigung und Strafvereitelung. 1999.

Band 21 Christine Ferschl: Das Problem des unmittelbaren Zusammenhangs beim erfolgsqualifizierten Delikt. 1999.

Band 22 Peter König: Strafbarer Organhandel. 1999.

Band 23 Stefan Stauder: Die allgemeinen defenses des New York Penal Law. Eine rechtsvergleichende Untersuchung. 1999.

Band 24 Malte Merz: „Bewußte Selbstschädigung" und die Betrugsstrafbarkeit nach § 263 StGB. Zugleich ein Beitrag zur Zweckverfehlungslehre. 1999.

Band 25 Marc Tully: Poena sine Culpa? *Strict-Liability*-Sanktionen und Europäisches Gemeinschaftsrecht. 2000.

Band 26 Susanne Götting: Beweisverwertungsverbote in Fällen gesetzlich nicht geregelter Ermittlungstätigkeit. Durch V-Leute, Scheinaufkäufer und Privatleute. 2001.

Band 27 Christiane Hölscher: Der Rechtsschutz und die Mitteilungspflichten bei heimlichen strafprozessualen Zwangsmaßnahmen. 2001.

Band 28 Tobias Windhorst: Der Rechtsbegriff der „schweren Gesundheitsschädigung". Zugleich ein Beitrag zum 6. StrRG. 2001.

Band 29 Andrea Schmucker: Die "Dogmatik" einer strafrechtlichen Produktverantwortung. Das fahrlässige Unterlassen als Institut der Produktkriminalität. 2001.

Band 30 Stephan Beukelmann: Prävention von Computerkriminalität. Sicherheit in der Informationstechnologie. 2001.

Band 31 Markus B. Alder: Die Strafzumessungsrichtlinie der USA in ihrem Kontext mit Plea Bargaining. 2001.

Band 32 Tobias Brandis: Beweisverbote als Belastungsverbote aus Sicht des Beschuldigten? 2001.

Band 33 Britta Wolff: Begünstigung, Strafvereitelung und Hehlerei. Geschichtliche Entwicklung und Abgrenzung zur Beihilfe. 2002.

Band 34 Angelika Laitenberger: Die Strafbarkeit der Verbreitung rassistischer, rechtsextremistischer und neonazistischer Inhalte. Unter besonderer Berücksichtigung der Verbreitung über Netzwerke. Ein Rechtsvergleich. 2003.

Band 35 Antonia Seitz: *Die Todesstrafe ist keine Strafe.* Von der Beteiligung bedeutender Mediziner an Fragestellungen um Verbrechen und Strafe, unter besonderer Berücksichtigung der Todesstrafe 1865 bis 1933 im deutsch-italienischen Vergleich. 2003.

Band 36 Ro-Seop Park: Die Wahrheitsfindung im Ermittlungsverfahren. 2003.

Band 37 Ingo Jeckel: Schadenswiedergutmachung gem. § 46a Nr. 2 StGB über anwaltliche Schlichtungsstellen. Schlichtungsablauf und Auswirkungen auf das Strafverfahren. 2003.

FSC
www.fsc.org
MIX
Papier | Fördert
gute Waldnutzung
FSC® C083411

Kolibri 360 GmbH
Ferdinand-Jühlke-Straße 7
99095 Erfurt, Deutschland
produktsicherheit@kolibri360.de

Druck:
CPI Druckdienstleistungen GmbH
im Auftrag der
Kolibri 360 GmbH
Ferdinand-Jühlke-Str. 7
99095 Erfurt